鞋类设计与工艺专业校企合作系列教材

鞋产品开发实务

鹿　雷　主编
季福武　杨昌盛　杨庆臣　王淑诗　副主编

中国轻工业出版社

图书在版编目（CIP）数据

鞋产品开发实务 / 鹿雷主编. — 北京：中国轻工业出版社，2021.6

ISBN 978-7-5184-3274-5

Ⅰ. ①鞋… Ⅱ. ①鹿… Ⅲ. ①鞋-产品开发-研究 Ⅳ. ①F768

中国版本图书馆CIP数据核字（2020）第229777号

责任编辑：陈 萍　　责任终审：李建华　　整体设计：锋尚设计
策划编辑：李建华 陈 萍　　责任校对：朱燕春　　责任监印：张 可

出版发行：中国轻工业出版社（北京东长安街6号，邮编：100740）
印　　刷：艺堂印刷（天津）有限公司
经　　销：各地新华书店
版　　次：2021年6月第1版第1次印刷
开　　本：787 × 1092　1/16　印张：11.75
字　　数：260千字
书　　号：ISBN 978-7-5184-3274-5　定价：59.00元
邮购电话：010-65241695
发行电话：010-85119835　传真：85113293
网　　址：http://www.chlip.com.cn
Email：club@chlip.com.cn
如发现图书残缺请与我社邮购联系调换
171477J2X101HBW

前言

鞋产品开发是一项系统性工作，从前期市场调研到最终产品从生产线下线，其中既涉及与艺术审美相关的设计工作，也涉及生产规范编制等相关的技术工作；既涉及手工技艺，也涉及机械化和智能化新技术的应用，是新款鞋面市前的综合性工作。本书在高等职业院校鞋类设计与工艺专业十余年来开展校企合作育人的基础上，结合企业研发、生产一线工作范例，对鞋产品开发相关的各个环节进行了较为详细的介绍，希望能使学生对鞋产品的开发工作有一个较为清晰完整的认识，为学生系统化整理自己的专业知识点提供指导，开拓学生的知识视野，扩大学生的技能范围，为以后从事鞋类设计与生产相关的工作奠定基础。本书同时适合鞋类行业的从业人员学习与参考，也可作为“鞋类设计师”和“制鞋工”职业技能培训参考用书。

本书共分四章：第一章鞋的产品属性，讲解了鞋作为产品的功能属性、视觉属性和文化属性；第二章设计企划，讲解了鞋产品开发规划、市场调研、流行趋势分析以及鞋款设计开发的相关工作，并对调研问卷的设计和灵感板的创作进行了案例展示；第三章开发制板，从技术角度详细讲解了鞋产品的结构设计和样板制作，并分别以商务男鞋、休闲男鞋、女浅口鞋、高筒女靴为

例，介绍了四大类鞋款的结构设计和计算机辅助开板过程；第四章技术转移，介绍了鞋产品的技术转移工作要点，并展示了外销鞋和内销鞋的技术转移文档编制体例。

本教材编写人员由浙江工贸职业技术学院鞋类设计与工艺专业教师鹿雷、杨昌盛、王淑诗和浙江红蜻蜓鞋业股份有限公司团购部产品经理及鞋类设计师技师季福武、奥康鞋业股份有限公司康龙研发部经理及鞋类设计师技师杨庆臣组成。本书第一章、第二章的第四节、第三章的第一节由鹿雷编写，第三章的第二节由鹿雷和季福武共同编写，第四章由杨昌盛和杨庆臣共同编写，第二章的第一、二、三节由王淑诗编写，全书由鹿雷统稿，杨庆臣审稿。

本教材的编写得到了康奈集团有限公司、奥康鞋业股份有限公司、浙江红蜻蜓鞋业股份有限公司、意尔康股份有限公司、瑞安名都鞋业、知鞋数据科技（深圳）有限公司等多家企业的支持和协助，在此一并表示衷心的感谢！

由于编者水平有限，书中难免有不足之处，恳请广大读者批评指正，我们将不断修正和完善，主编邮箱：cnlulei@qq.com。

鹿雷

2021年2月

目 录

TABITHA SIMMONS
TABITHA SIMMONS

第一章

鞋的产品属性

鞋产品首先要满足功能性的需求，也就是它具有基本的产品属性。鞋产品可分为实用鞋和概念鞋，实用鞋即面向消费市场以满足穿用需求为核心的鞋品，概念鞋即面向设计师及相关技术人员以引导鞋产品开发方向及在设计、工艺等方面具有前瞻性的鞋品。

产品属性是指产品本身所固有的性质，是产品在不同领域差异性（不同于其他产品的性质）的集合。也就是说，产品属性是产品性质的集合，是产品差异性的集合。从鞋产品开发的角度来看，鞋产品包含功能属性、视觉属性和文化属性。

第一节　功能属性

鞋产品开发人员必须要明确鞋的基本功能和特殊功能，才能有针对性地进行产品的开发、优化和升级工作。鞋的特殊功能主要是指功能鞋的某些特定功能，如定位鞋、保健鞋、伞兵靴及各种专业运动鞋等，鞋的基本功能主要体现在以下两个方面。

1. 保护

鞋可以有效阻断脚与外界的不必要的接触，避免脚受到外力侵害。具体来说，鞋应该满足穿用者以下四个需求：避免脚受到尖锐或坚硬物体的刺伤或碰伤；避免脚受到过冷或过热天气、物体的冻伤和烫伤；避免人在行走运动时扭伤或挫伤；有效吸汗排气，营造舒适的鞋内环境。

图1-1　成鞋跟底结构

1—后跟帮脚　2—鞋垫　3—缓冲弹性软垫　4—内底　5—半内底　6—外底与鞋跟

2. 垫高

鞋通过跟底部件的厚度起到垫高人体的作用，为人类增加视觉身高提供了一个便利选择。从结构上看，鞋对人体的垫高作用是通过跟底部件完成的，后跟帮脚、鞋垫、缓冲弹性垫、内底、半内底、外底与鞋跟的厚度共同构成了成鞋对人体的原始垫高尺寸（图1-1），由于人体有一定的重量，实际垫高尺寸为以上部件被人体重量压缩后的尺寸。

根据成鞋结构的组成，鞋楦后跟部位的尺寸包含后翘高和内增高尺寸，以后翘高对成鞋穿用和外观的影响分类，鞋楦可以分为平跟、中跟、高跟和超高跟四种楦型（图1-2）。

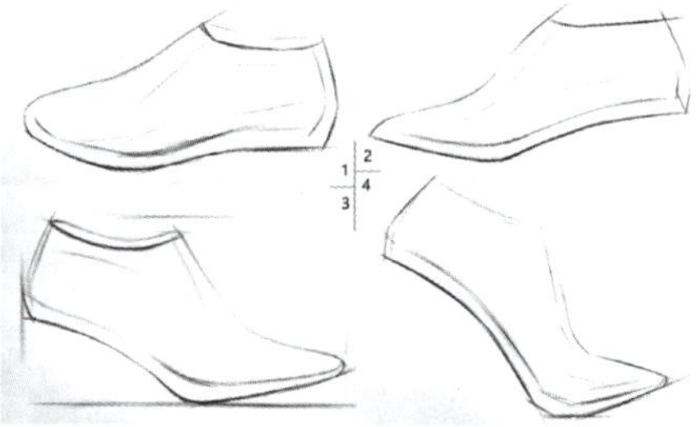

图1-2　不同跟高的楦型

1—平跟　2—中跟　3—高跟　4—超高跟

平跟、中跟、高跟和超高跟鞋楦尺寸范围如表1-1所示。以内增高对成鞋穿用和外观的影响分类，鞋楦可以分为微增高、隐形增高和外显性增高三种楦型，其鞋楦尺寸范围如表1-2所示。

表1-1　　后跟高范围

鞋种类	楦后翘高范围/mm	
男鞋	平跟	≤25
	中跟	30～35
	高跟	40～50
女鞋	平跟	≤30
	中跟	40～50
	高跟	60～80
	超高跟	≥90

一般来说，男楦后翘高度以5mm为等差，如后翘高为20，25，30mm等，女楦后翘高度以10mm为等差，如后翘高为20，30，40mm等。

表1-2　　内腔垫高范围

鞋种类	楦内增高范围/mm	
男鞋	微增高	≤5
	隐形增高	5～20
	外显性增高	≥20
女鞋	微增高	≤10
	隐形增高	10～30
	外显性增高	≥30

与鞋楦后翘高度不同，鞋楦内增高没有具体的等差，并且由于内腔增高材质多样化，弹性不同，表1-2所述尺寸为内腔垫高材料在鞋子未被穿用压缩时的原始高度。设计鞋楦后弧线时，后跟凸点的高度要充分考虑内腔垫高材料的弹性。一般来说，5mm的原始内增高材料的加入会使得鞋楦后弧凸点高度比相应的脚的后弧凸点高2～3mm。微增高鞋楦的后弧凸点高度占脚长的8.8%。

内增高鞋由于内增高垫占用了部分空间，鞋口高度设计时要适当提高，以保证鞋子的穿用跟脚性达到运动的要求。目前市面上常见的内增高垫造型有全垫和半垫两种，如图1-3所示。

图1-3　内增高垫示意图

第二节 视觉属性

鞋的视觉属性指的是人通过眼睛感知到的鞋的空间、色彩、形状及动态等特性。根据鞋产品视觉属性的要求，开发人员在做鞋产品开发工作时应充分考虑以下两个层面的要求。

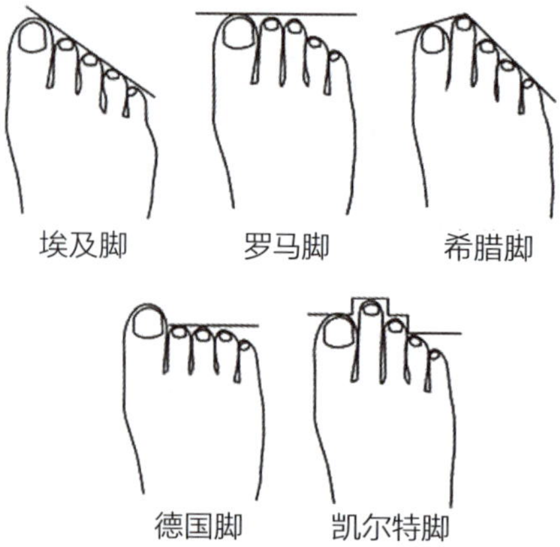

图1-4 脚型示意图

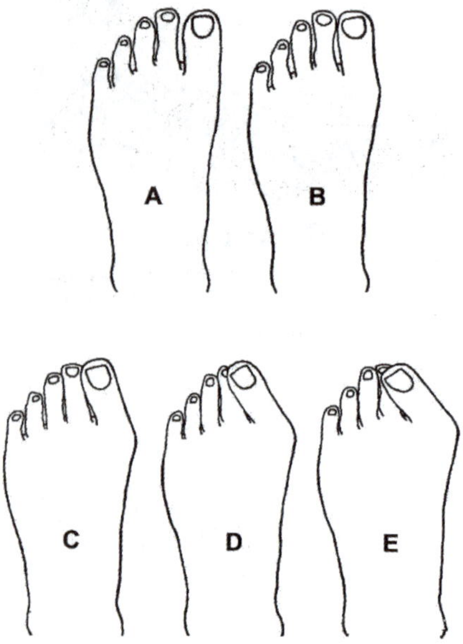

图1-5 踇外翻示意图

1. 遮蔽

作为一种独立的产品，鞋能够通过鞋头造型的变化，在保护脚的同时，有效遮蔽脚的不良外观造型和生长瑕疵或缺陷，满足人类对脚部的审美要求。

常见的脚型有埃及脚、罗马脚、希腊脚、德国脚、凯尔特脚五种，如图1-4所示。

五种脚型中，罗马脚、德国脚和凯尔特脚脚型较宽，圆头鞋、方头鞋或大半型的尖头鞋都比较有利于美化脚部造型，也可以避免磨脚趾，走起路来更舒适。而埃及脚和希腊脚又称为“超模脚”，这类脚型脚趾呈阶梯形，会相对较容易穿进各种鞋型的鞋，与前面三种脚型相比，这两种脚型能适应更为广泛的鞋头造型。

另外，人脚在生长过程中由于保护不力或先天性原因，会出现踇外翻（图1-5中B～E）、甲癣（俗称灰指甲，图1-6）等脚部外观瑕疵或缺陷，鞋能够有效遮蔽这些问题。

如图1-5所示，A为正常脚，B～E为踇外翻脚，B为轻微踇外翻，E则为重度踇外翻。踇外翻患者有的是一双脚都有踇外翻现象，有的则是一只脚有，另外一只脚正常，这类脚型可以通过鞋子有效遮蔽缺陷，使脚部造型得到视觉矫正。如图1-6所示甲癣的甲面有凹点或沟纹，有的甲面形成裂纹、变脆或增厚，呈棕色或黑色，脚趾部位外观质量差，鞋子也可以起到有效遮蔽的作用。

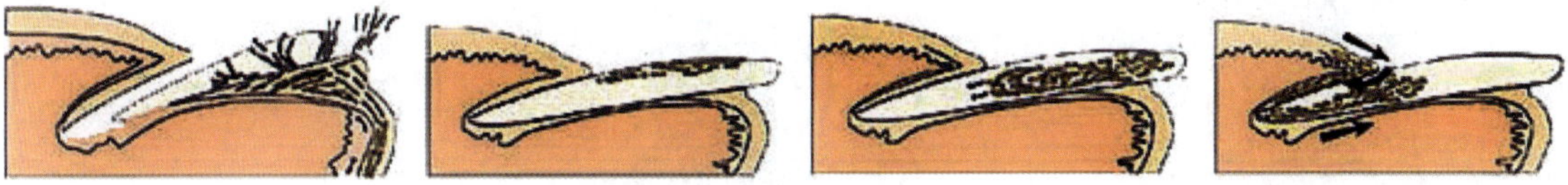

图1-6　甲癣示意图

2. 美化

作为服装服饰的重要组成部分，鞋能够通过与衣服、饰品搭配，美化整体服装穿着效果。鞋服搭配指的是鞋服在色彩、款式、面料、配饰等方面视觉上的和谐统一、相互呼应、彼此衬托的组织方案。在着装方面，鞋的选择应遵循服装搭配的TPO原则［T，P，O是三个英语单词的缩写，它们分别代表时间（Time）、地点（Place）和场合（Occasion），即着装应该与时间、地点和场合相协调］，达到优化和美化整体着装效果的作用。如图1-7所示是鞋服搭配示例图片。

这两组鞋服搭配中，鞋头部分的色彩运用，对整体服饰效果起到了显著的美化提升作用：第一款鞋的鞋头部分采用了与衬衣一致的色彩，第二款鞋的鞋底前端部分采用了橘红色设计，与手提包侧边沿的橘红色相呼应，鞋的色彩设计与服装及服饰品达到了高度协调统一，凸显了时尚而庄重的视觉感。

图1-8所示鞋服搭配中，鞋子既与服装采用了统一的图案设计，又在色彩上采用了互补色的搭配，使得鞋服在统一的设计风格下，红色更红、绿色更绿、紫色更紫，视觉冲击感强烈，从而凸显了整体服装的清新俏皮的美感。

图1-7　鞋服搭配实穿图

图1-8　鞋服搭配实穿图

第三节　文化属性

人的职业、地位、身份、爱好与气质等社会性印记造就了个人或特定群体的不同文化特质。鞋类消费群体中，经常有知名品牌的坚定支持者和追随者，这就是鞋的文化属性的魅力所在。鞋产品开发人员应熟知所开发的鞋产品的文化定位，在设计开发工作中，不断总结提炼属于自己品牌的设计风格与文化内涵，并通过各种渠道向品牌受众展示和推广，培养品牌的忠实用户。

国际知名鞋类品牌大都会通过影视作品向人们传递鞋子背后的文化内涵，其设计师以引领时尚潮流的审美理念、高超的设计表达能力，灵活地运用色彩、材质、工艺、图案图腾，设计出契合、彰显或强化穿用者的文化特质的鞋品。

每个知名鞋类品牌都在其发展过程中形成了自己的品牌故事，也就赋予了鞋独特的文化属性。风靡全球的美国电视剧《欲望都市》让人们记住了四个时尚女人和一个鞋子品牌——Manolo Blahnik。剧中女主角凯莉工作10年了，但还攒不够买房的钱，就是因为她几乎把所有积蓄都用来买鞋，在数百双鞋子中，她最偏爱的正是Manolo。在被强盗抢劫后，她的第一反应居然是哭天抢地地大喊："我什么都可以不要，请把那双Manolo留下！"甚至有人说，Manolo鞋的设计师马诺洛是该剧的第五位主角。窄尖头、细高跟，鞋面、鞋带、鞋跟缀满水晶、人造宝石、羽毛，甚至绣花和丝缎等，都是Manolo鞋的设计特征，有资料说在四十步外，它的品牌追随者就可以准确无误地凭优美的弧线认出Manolo Blahnik，其文化魅力可见一斑。Manolo这个简短的称呼不仅彰显了鞋子的品牌，也传递出穿鞋女人身份地位的所有信息，比如售货员一眼就能看出进店的某位女士愿意花钱，因为她穿着马诺洛鞋（引自《足下风光》）。Manolo经典蓝色方钻扣缎面高跟鞋如图1-9所示。

作为产品，文化内涵所带来的附加值一般来说都会远超产品本身的使用价值，鞋产品的开发应根植于品牌的文化属性，随意脱离文化属性进行的设计，会阻碍品牌的发展。

图1-9　Manolo经典蓝色方钻扣缎面高跟鞋

第二章

设计企划

鞋产品企划是指企业通过环境分析与目标市场选择，结合市场调研、流行趋势预测、企业自身条件等，在产品的品牌理念与设计风格框架下，制订能够最大限度满足消费者穿用及审美需求的鞋产品的战略规划。鞋产品企划是企业整体战略层面的工作，制订鞋产品企划方案有助于企业明确市场定位，进行科学的市场细分，找准目标客户，进而设计研发出符合市场需要的鞋产品，也就是说，鞋产品企划既要明确鞋产品的“来路”，同时也要找准鞋产品的“去向”。

鞋产品属于服饰品范畴，鞋产品设计应在服从服装的整体流行态势和趋势的前提下开展，因此，鞋产品开发的市场调研、分析等工作应与相同目标市场的服装市场调研工作同期开展，鞋产品设计师据此可更全面、客观地把握消费市场的真实需求。

第一节 产品开发规划

鞋产品开发规划要根据企业自身的产品线布局、生产能力、行业发展趋势、下一季产品业绩目标的预测来确定，并据此确定鞋产品的产量任务、样品开发任务以及相应的时间节点，制订市场调研计划和产品推广计划。

一、确定产品商业属性

鞋产品的商业属性主要在于市场营销学中常说的4P（people，product，price，place），即卖给谁（目标消费群）、卖什么产品（产品定位）、卖多少钱（价格定位）、在哪里卖（销售渠道）。在鞋产品设计开发之前，确定要开发的产品的商业属性，能够为设计项目奠定良好的基础方向。

1. 目标消费群

目标消费群的分析主要包括以下几个方面：

（1）年龄定位

①婴幼儿消费群体：年龄范围在0～6周岁，是年龄最小的消费群体；

②少年儿童消费群体：年龄范围在6～15岁，这个年龄阶段的消费者生理上逐渐呈现出第二个发育高峰；

③青年消费群体：年龄范围在15～30岁，这个年龄阶段的消费群体实际上可分为青年初期和晚期两个时期；

④中年消费群体：年龄范围在30～60岁，这个年龄阶段的消费者心理上已经成熟，有很强的自我意识和自我控制能力；

⑤老年消费群体：年龄范围在60岁以上，这个年龄阶段的消费者在生理和心理上均发生了明显的变化，由此形成了具有特殊要求的消费者群体。

（2）性别定位

当季开发的鞋产品面向的是男性、女性，还是男女产品线都有。

（3）职业定位

一般将消费者分为农民消费群体、工人消费群体、知识分子消费群体、行政单位工作人员消费群体等。现在主流市场的鞋服品牌大多以职场的“白领”为主，这类群体被称为最有购买力也最愿意在穿着方面消费的人群。

如今“90后”“00后”正在逐步成为消费的主力军，因此不少鞋服品牌也将大学生作为目标消费群体，鞋服产品的设计方向出现年轻化、潮流化的趋势，也有品牌会在原有产品定位的基础上增加年轻风格的支线品牌。

（4）消费习惯定位

对目标消费群的消费习惯进行了解也很有必要。消费习惯主要包括：习惯性购物渠道、习惯性购物频率、习惯性购物模式、日常业余爱好、常看的书或者杂志以及常登录的网站等。

2. 产品定位

对鞋服产品而言，产品定位主要是指具体所卖的产品大类、设计风格及潮流感定位。鞋服产品按性别、功能及设计风格可以分为以下类别：休闲装、运动装、日常时装（通常指女装）、中老年装、职业装、礼服、男装、童装等。对企业来说，自身鞋服产品设计的风格定位属于时尚潮流的跟随者、领导者还是创造者（图2-1），是产品定位的决定性要素。

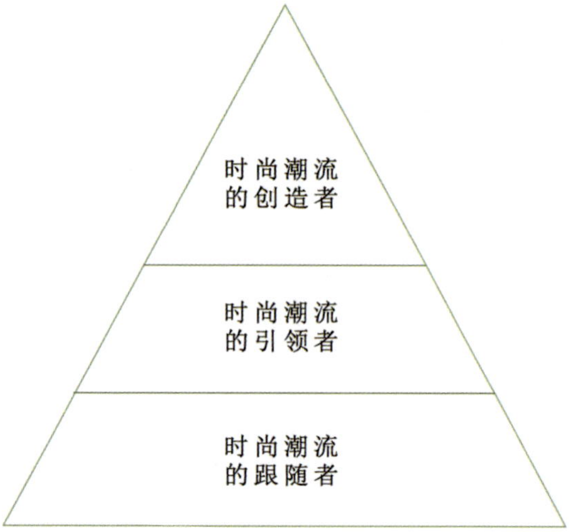

图2-1 时尚潮流感定位

时尚潮流的创造者通常是艺术家、著名设计师、新锐独立设计师或是一些极具设计感的一线鞋服品牌。通常此类品牌具有强大的设计创新能力，且敢于不受市场接受度的约束，能够做出令人耳目一新的创新设计，为鞋服产品的潮流发展奠定基础。

时尚潮流的引领者则指对时尚非常敏感的鞋服品牌，也被称为时尚潮流的前沿者。通常来说，高端的奢侈品及设计师品牌属于此类。

至于时尚潮流的跟随者，多为大众化的中低档鞋服品牌。一般来说，某一时尚元素流行初始阶段过后，在此时尚元素上扎堆雷同的众多鞋服品牌基本上都属于时尚潮流的跟随者。对中低档鞋服品牌公司而言，做时尚的跟随者相对比较安全，当然，品牌的个性与创新性就大打折扣了。

3. 价格定位

处于鞋服产品市场最高端价位的即是通常所说的一线“奢侈品”品牌，此类品牌的用料、工艺、款式等都代表了鞋服品牌业界的最高境界，品质感与价格成正比，价格通常超出一般消费者的承受范围，通常此类品牌的目标客户群是社会尖端人群，崇尚精致考究的生活方式（图2-2）。代表品牌有Ferragamo，Roger Vivier，Jimmy Choo，George Armani，Dior，Hermes等。

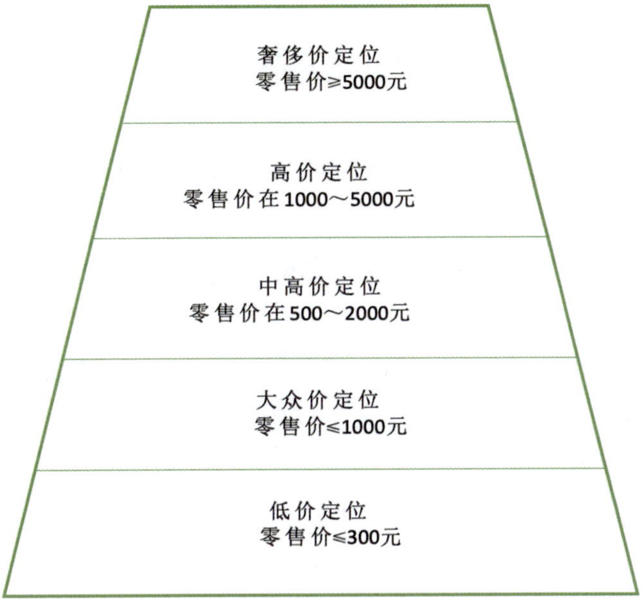

图2-2　品牌价格定位示例

高价定位的鞋服产品由国际二、三线品牌及国内设计师类品牌占据主导地位，此类鞋服品牌在倡导高品质工艺的同时，也推崇独特的设计风格。代表品牌有By Far，Dr.Martens，Tory Burch，玛丝菲尔，Edition，less等。

中高价位产品线则基本以500～1000元的价格为主，冬季产品可高达2000元左右。此类产品崇尚品质或者功能性，以讲究品位、收入中高等的人士为主要目标消费群。代表品牌有百丽、耐克、阿迪达斯等。

大众价定位是目前国内鞋服消费市场的主流品牌定位，以都市生活人群为主，品质中等，款式更新快且具有时尚感，价格在大众消费者容易接受的心理价位之内，通常以数百元为主，代表品牌有快时尚品牌Zara、H&M、奥康、康奈、意尔康等。

低价定位的鞋服产品通常款式简单、面料普通、易于标准化量产，占据价格低廉的优势。此类品牌更容易在二线城市以下地区得到扩张。代表品牌有美特斯邦威、以纯、卓诗尼、大东等。

二、确定产品开发任务

鞋产品属于季节类产品，非常讲究时效性。在确定好产品商业属性的大方向后，什么季度开发什么款式，以及不同时间段款式的价格和开发款式的总量都需要事先规划，以确保产品开发任务合理合规，适应季节变化的规律。另外，根据中国消费市场的特征，产品开发时，有必要专门针对“618”“双11”等特殊消费时段做好产品开发规划。

鞋产品开发任务内容包括具体上市时间、销售周期、各类商品上市的款式数量及相对占比、售价范围，以及基本款、时尚款、特色款、畅销款、节日款的各自占比等。

设计部门的产品开发任务通常需要考虑以下因素：

（1）季节与气候

换季的时间节点要把握好，因为这个时间节点是一个季的开端。一旦第一批货品上市晚了，会严重影响后面货品的上市日期，从而影响整季销售，因此产品开发需要设置合理的时间节点，营销与相关部门应及时做好商品上市的规划。

（2）销售周期

上市的鞋服新品销售周期的长短，决定了接下来一批新品上市的时间。由于新品上市与上一季产品下架存在一定的重叠时间，因此销售周期还决定了第一批新品上市的数量。销售周期主要由具体的品牌定位来决定，一般来说，走流行时尚路线的鞋服产品销售周期较短，以产品质量为主、款式变化不大的品牌则销售周期相对较长，男装一般比女装销售周期长等。其次要看气候，鞋服新品销售周期一般不宜超过两个月，否则可能因适应不了届时的气候状况导致被迫降价处理。

（3）节假日产品线

节假日对营销部门来说是重要的销售时间点，设计部门为了配合节假日的销售，在做产品开发任务的时候会加入有针对性的节日款，在节假日推出新品系列，例如“618”“双11”特供或“情人节”系列等。

（4）产品线系列

鞋服品牌可以做男装、女装、童装、服饰品等多产品线，也可以只做单一大类产品线。产品线越丰富，款量需求越大，且需要对产品线的款式品类做更细致的市场细分。如果是偏向休闲风格定位的品牌，则运动休闲线的产品占比要相应增加；如果是偏向都市白领风格定位的品牌，则流行时尚线的产品占比要相应增加。

（5）新品推出周期

鞋服品牌设定的新品推出周期也是重要的参考指标。现在大多数的女装鞋服品牌都可以做到1～3周推出新品，运动休闲装和男装相对慢一些，大概需要4～8周时间。新品推出的频率也将影响最后的产品规划，通常而言，频率越高，销售周期越短，款式需求量越大。

产品开发任务计划表是品牌对款量的总需求，这与设计师产品开发量并不完全对等。通常公司在开发计划中提出的数量要求都是最后能够上市的数量。而在实际运营中，并非设计师设计出来的每一款都能最终被营销部门接受，而且实际生产过程中常常还会遇到因为无法满足最低订量或者其他一些技术性问题而导致款式取消的情况。因此，设计师提供的款量应当大于实际需求的量，该比例应当控制在1.5：1以上，例如公司营销部门实际需求的是100款，设计部应该至少提供150款以上的样品。

三、确定产品开发时间进度

设计部在接到产品开发任务计划以后，需要将新一季的流行趋势调研、商品企划及产品开发等工作设定时间进度表，确保开发任务顺利完成，保证生产部门按时交付产品，以保证新季度产品按时上新，这对品牌形象、销售提升、增加消费者黏度都具有战略意义，如图2-3所示。

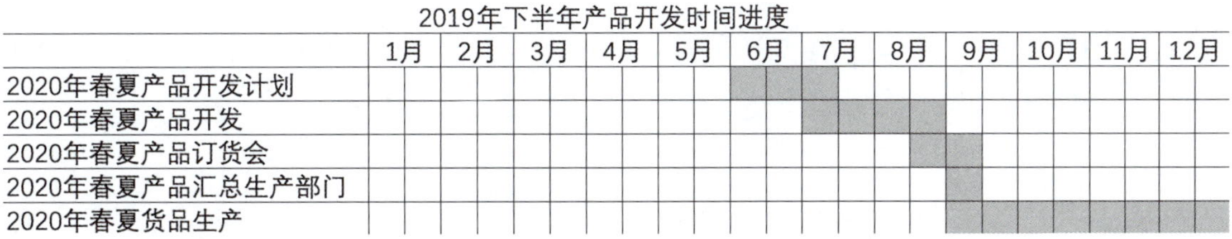

图2-3　设计部产品开发进度表示例

第二节　市场调研

好看≠好卖，叫好不叫座现象比比皆是，这种现象出现的根本原因是设计师简单地把设计作品等同于产品，从而导致设计作品偏离了市场需求。市场是最好的指挥棒，鞋产品设计师必须根植于市场，从目标市场上获取更全面的第一手资料，为准确把握消费者需求打好基础，才能做出“有人买的产品”。

一、市场调研的概念

鞋服品牌在构建自己产品线的时候首先要明白产品设计的服务对象是谁、市场的潜在需求如何等，设计的最终目标是在终端消费市场产生利润，科学合理的设计定位需要从市场调研出发。市场调研也称为市场营销调查，指调研者对商品以及行业市场的有关信息数据进行有计划、有组织的系统收集、整理、分析和报告的过程。其具有以下五个特点：

①系统性：包括设计、收集、分析等过程；

②客观性：调研必须采用科学方法，对事实证据的阐述应避免主观性；

③时效性：反映的仅是某一特定时期的信息和情况；

④多样性：主要体现在多种调研形式和方法上；

⑤不确定性：调研结果可能与实际情况或未来预期存在偏差。

鞋产品市场调研的目的在于收集、整理和分析市场，为认识市场、掌握规律、预测决策提供可靠的信息支撑。市场调研能够有效连接企业和消费者，消费者能够把自己对产品或服务的意见、想法及时反馈给企业或供应商，有利于市场的可持续发展。

二、市场调研对设计开发的作用

通过图2-4可以看出，市场调研处于设计前端。当企业提出一个设计项目，确定目标任务和进度之后，首先要进行的是市场调研，研究市场未来走向、目标消费者喜好、产品价格走势以及一些竞争品牌、目标品牌的现状，将市场调研的数据进行系统收集、分析之后，再根据分析结果进行流行资讯分析筛选、设计主题确定、波段拆分等一系列的操作。在经过1~2个季度的市场销售后，最终整合售后以及VIP代表客户的意见，对前期的市场调研进行复盘，考察前期的调研结果是否和后期实际投放的市场反馈相匹配，并将客户的建议融入新一轮的设计项目中，形成一个较为完整的闭环。

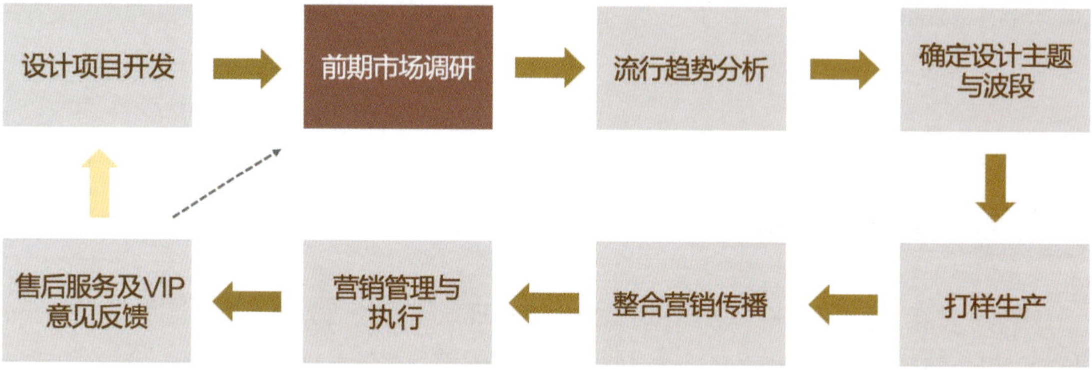

图2-4　设计项目开发闭环图

市场调研有助于设计师拓展视野，系统准确地认识到市场的实际需求，增进对目标消费者的了解，从而设计出更加贴近目标消费者需求的产品，同时也对后期营销环节方案的确定与推广起到指导作用。

三、市场调研的流程和方法

1. 市场调研的流程

开展一项具体的市场调研工作前，必须事先拟订合理的工作流程，作为控制整个调研工作过程进展的基础蓝图（表2-1）。

表2-1　　市场调研工作流程

工作流程	关键点控制
确定调研内容	市场调研人员确定本次调研的内容，一般市场调研内容大致分为以下几类： 1. 市场容量，指市场可能拥有的最大数量及本企业可能拥有的市场比例； 2. 需求特点，包括产品、价格、促销、广告等； 3. 竞争品牌，同类竞品及潜在竞争品牌； 4. 目标顾客，明确产品的目标顾客以及潜在客户群； 5. 市场环境，包括城市、经济、人口、自然、社会文化环境等； 6. 发展预测，对未来市场的发展趋势预测，找出影响市场发展的主要因素，分析可能的市场机会及不利情况
确定调研目的	明确调研目的，明确通过调研能够了解哪些问题并得出哪些结论，设计研发部门的调研目的一般是为了了解市场现状和市场动态，为公司的研发、生产、营销等环节提供依据
明确调研方案	1. 明确调研地点、调研对象条件、调查对象样本数目； 2. 调研时间、费用、人员安排
问卷设计	明确市场调研问卷的题目设计，问卷设计需要紧密围绕企业的产品定位、消费者定位、经营目标等重点问题而展开，从而让问卷结果更具意义
确定收集资料	市场调研人员根据计划实行调研工作，相互配合完成任务，并对调研信息进行收集
资料分析	资料收集完毕后按不同信息类型进行相应的资料审核、归类、分析
撰写最终调研报告并演示	调研人员根据调研信息的分析结果编写市场调研报告，进行汇报总结

2. 市场调研的方法

（1）观察法

观察法的特点是需要了解目标问题在正常情况下自然状态的表现。比如观察鞋品店铺陈列，会发现一般新款或者爆款都是陈列在店铺橱窗、门店入口处以及货架中层。通过观察来收集资料的方法称为观察法，观察方法有直接的观察法，也可以间接地靠仪器去观察，比如交通信号灯就是通过检测人流的数据来控制时间。

（2）提问法

采用例如提问、座谈、访谈、电话访问的方法来进行。这种调查方法通过提问达到信息交互，不仅可以了解问题的外在表现，同时也可以了解问题的内在原因，称之为提问调查法。

（3）线上调查法

通过互联网匿名问卷或文字问答的形式，消除被访人员接触陌生人的尴尬情绪，能够放心地在一些敏感问题上给出较为真实的答案，也让其有充足的时间回答问题，一定程度上扩大了调查范围，增加了样本量。但是一般线上问卷的回收率较低，信息反馈时间较长，所以要求问卷设计的时候题目简单易懂，题量适中。

（4）资料法

通过互联网、图书馆等多种渠道收集各种相关资料与文献，更为便捷、有效地获得较为专业成熟的资讯信息，但会缺乏一定的时效性与真实性，不一定与现阶段提出的市场调研问题相适应。

【案例】“5A 鞋服”调查问卷设计

作为服饰品的重要组成部分，鞋类产品的设计必须遵从服装流行及流行趋势的发展。本案例以某女装品牌“5A鞋服”（假定虚构品牌）设计部门的需求为目标展开市场调研，收集有效信息，分析总结出可行的实用信息，应用到同目标消费市场的鞋类产品设计开发项目中。

假定“5A鞋服”具有较高的知名度和辨识度，早在创立初始即吸引具有相同生活理念的支持者和追随者。随着对产品本身的不断探索与坚持，“5A鞋服”已发展成为目前国内颇具代表性的女装品牌。

1. 问卷设计

通过问卷调查可以得到较为客观真实的调查结果，便于统计处理与分析，是市场调研中常用的调研手段之一。在设计调查问卷之前，调研者需对“5A鞋服”品牌线下门店进行走访观察，对品牌的产品定位、消费者定位、经营目标等模块有较为清晰的认识，从而确定一份内容长度适当、易于消费者理解的问卷。

问卷设计包含六个方面的内容：

①消费者个人信息（年龄区间、学历、工作类型、收入情况等）；

②每月鞋服消费的金额区间；

③能够接受的单件鞋服价格区间；

④喜欢的鞋服风格；

⑤对“5A鞋服”品牌产品的满意度和不满意的原因；

⑥对“5A鞋服”品牌产品的改进意见（款式、面料、颜色、质量、搭配性、货品更新速度等）。

2. 样本的选择

问卷的调查对象主要针对“5A鞋服”品牌的VIP客户与潜在消费者。VIP客户指的是在品牌有过消费的消费者，潜在消费者是指未在品牌消费过，但穿着风格或定位与“5A鞋服”品牌有重叠区间的消费者。问卷的发放通过线上推送与线下发放两种方式，线上推送通过公众平台及小程序等进行有奖问卷调查，完成问卷给予消费者一定的产品消费代金券；线下发放则选择“5A鞋服”各大门店附近，通过随机的方式邀请行人进行问卷填写，样本总量控制在300份以上。

3. 资料分析

在收集调查问卷样本时，因为门店区域的不同，消费者在年龄、工作性质上也有一定的差异，为保证调查问卷样本具有代表性，应采用多种抽样方法，包括对门店的配额抽样，以及针对被调查对象的方便抽样。

4. 问卷设计示例

“5A鞋服”市场调研问卷

亲爱的朋友，您好！

我们是“5A鞋服”设计部，正在进行关于“5A鞋服”品牌的调查问卷，倾听您对我们鞋服的意见和建议。本次是匿名调查，不会对您的隐私进行收集。真诚感谢您的支持！

***1. 您的年龄**

□18～24岁	□25～35岁
□36～45岁	□46岁以上

***2. 您的职业**

□学生
□教师
□行政机关人员
□企业职员
□商业个体户
□自由职业者
□其他

***3. 您的月平均收入**

□2000元以下
□2000～4000元
□4000～6000元
□6000～8000元
□8000～10000元
□10000元以上

***4. 您每月花多少钱购置自己的服装？**

□500元以下
□500～1000元
□1000～1500元
□1500～2000元
□2000～2500元
□2500～3000元
□3000元以上
□没有预算，碰到喜欢的就会购买

***5. 您是通过什么方式认识“5A鞋服”品牌的？**

□报刊
□网络销售
□朋友介绍
□门店广告
□网络时尚资讯等新媒体平台
□偶尔一次的购买
□其他

***6. 您对“5A鞋服”品牌的了解程度?（“从未听说”则终止回答）**

□十分了解	□买过几次
□了解过但未曾购买	□从未听说

***7. 若购买“5A鞋服”品牌服装，您会选择以下哪种购买渠道?**

□专卖店	□网上旗舰店
□其他	

***8. 您一般会在什么情况下购买“5A鞋服”的鞋服?**

□没买过	□换季打折
□新款上市	□随意，喜欢就会购买

***9. 您认为“5A鞋服”鞋服产品适合穿着的场合?【多选题】**

□逛街	□工作
□聚会	□出游
□其他	

***10. 使您决定购买“5A鞋服”品牌服饰的因素是什么?【排序题】**

□品牌	□价格
□质量	□款式
□舒适度	□色彩
□商品更新速度	□店铺环境
□服务态度	□其他

***11. 请您对购买因素的满意程度进行打分:（1——→5 表示非常不满意——→非常满意）**

	1	2	3	4	5
款式	□	□	□	□	□
质量	□	□	□	□	□
色彩	□	□	□	□	□
穿着舒适度	□	□	□	□	□
价格合理	□	□	□	□	□
更新速度	□	□	□	□	□
实用、易搭配	□	□	□	□	□
店员服务	□	□	□	□	□
卖场环境	□	□	□	□	□

***12. 您如何看待“5A鞋服”品牌的质量和价格定位?**

□质量好，价格在可接受范围内
□质量好，价格偏高
□质量差，价格偏高
□质量差，价格在可接受范围内

***13. 您认为“5A鞋服”品牌服装在哪些方面需要改进?【多选题】**

□款式	□面料
□颜色	□质量
□产品更新速度	□价格
□服务	□服装搭配性

***14. 除了“5A鞋服”，您还会去哪些品牌店购买服装?【多选题】**

□玛丝菲尔（Marisfrolg）
□雅莹（EP）
□素然（ZUCZUG）
□播（Broadcast）
□例外（Exception）
□达衣岩（Donoratico）
□Less
□哥弟
□卓雅（Jorya）
□阿玛施
□玖姿（JZ）
□朗姿（LANCY）
□谜底（Miidii）
□ZARA
□欧时力（ochirly）
□UR
□其他

***15. 您认为“5A鞋服”品牌跟以上品牌相比有哪些优势?【多选题】**

□质量	□款式
□价格	□服务
□卖场环境	□商品更新速度
□商品陈列	

***16. 您认为“5A鞋服”品牌卖场环境怎么样?**

□时尚带有设计感	□整洁不失优雅
□杂乱	□没有感觉

***17. 您认为“5A鞋服”品牌卖场销售人员的服务怎么样?**

□十分热情	□服务较好
□一般，没有感觉	□服务较差
□服务很差	

***18. 哪种促销活动对您较有吸引力?**

□换季打折	□新品促销
□抵扣券	□会员打折
□礼品赠送	

***19. 您是否浏览过“5A鞋服”官方旗舰店?**

□是	□否

***20. 您认为“5A鞋服”品牌网店和实体店的差异在哪里?【多选题】**

□网店款式旧
□网店价格便宜，优惠多
□网店方便快捷

第三节 流行趋势分析

以时尚流行趋势为指导进行产品线企划是促使鞋服企业长远发展的重要因素。基于时尚流行趋势资讯的引导，可以对鞋服品牌企划的整体流程进行统筹规划，通过时尚流行趋势的分析与转化来保持品牌产品的时尚性与风格特色，从而赢得市场的青睐，提升品牌的市场竞争力。

一、时尚流行趋势的概念及作用

1. 时尚流行趋势的概念

（1）时尚流行趋势的含义

本书提及的“时尚流行趋势”中的“时尚”主要表现在鞋服、饰品等方面，指在某一时期内或某一群体中广泛流传的着装方式。对于鞋服设计者来说，时尚流行趋势非常重要，它能够提供季度设计灵感、重要的色彩方向和色彩搭配方案等。

时尚流行趋势并非因为某一场大秀而诞生，它一定是在某一时期、针对某一人群、因某些事物启发才被传播开来。时尚流行趋势有两个必备要素：一是要有一定规模的受众群体；二是流行特征需要具备一定的共性。

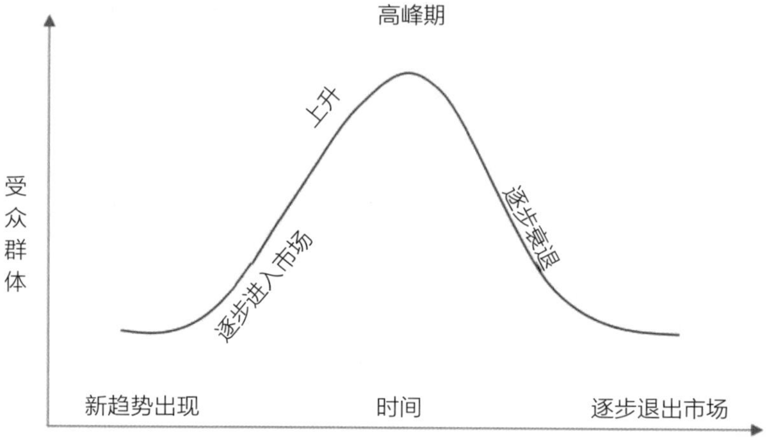

图2-5　时尚流行趋势演变过程及生命周期

（2）时尚流行趋势演变过程及生命周期

时尚流行趋势由流行到衰落的生命周期一般有三个阶段（图2-5）：

第一阶段：萌芽期或称导入期。此时一个创新设计或者元素开始出现，这一时期出现的服饰品作为潮流的先驱，主要为追求前卫风格的少数品牌或消费者所采用。

第二阶段：追随期或称高峰期。导入期出现的创新设计或元素由少数人接受转变为众多消费者所接受，随着人群对新设计的追捧，也让这种时尚流行趋势开始得到更多的市场关注度，达到流行高峰。

第三阶段：下降期或称衰退期。原时尚流行趋势的主要设计点逐渐被新的时尚流行趋势所取代，该流行趋势的流行过程逐渐完结和消亡。

由于多种因素、作用的影响，当某一流行元素进入主流市场后，市场对该时尚流行趋势的接受程度与范围有大有小，流行周期也会有长有短。流行时间非常短，很快便消失且受众面不大的时尚流行趋势可称为“短线款”或“快时尚”；流行元素可能在市场上流行了一定时间，则属于当时的“时尚”产品，比如某时期的时尚单品就包括泡泡袖、百慕大短裤等；流行元素或某一款式在市场上持续时间越久越会逐步成为“经典款”或“基础款”，典型的莫过于一字三接头、燕尾三接头等经典绅士鞋款。

2. 时尚流行趋势的作用

对一家正规的鞋服品牌公司而言，每一季产品的开发过程都是一个系统工程，开发新季度产品线的第一个环节便是对时尚流行趋势的掌握，这将直接影响下一季度产品款式、色彩、面料的选择。时尚流行趋势报告引导设计师了解与把握消费者关注的问题、新季度流行的走向以及国外的流行动态等，而设计师对流行趋势的掌握又主要依赖于充分、全面的调研，掌握每一阶段不同的时尚流行趋势是设计师必备的工作信息之一，只有较好地掌握该信息，才能了解市场的变化和消费者的消费态度、购物方式以及对鞋服的需求，进而帮助销售人员有效地与顾客沟通。

目前，国内外有众多专业的时尚预测机构与专家，每年每季度都有许多各类专业时装期刊、网站推出对未来6～24个月，甚至更长时间的流行趋势预测报告。因此，作为鞋服品牌公司的设计师，应根据外部专业人士或者机构提供的整体流行趋势预测报告，结合本地市场及本品牌的具体市场表现，得出适合本品牌及本地市场的总结性及预测性报告，此报告将是设计部门内部沟通未来新一季产品开发方向的重要依据。

二、时尚流行趋势调研

时尚流行趋势的调研收集渠道主要有以下几类：

1. 专业展会及资料

①参加国际贸易展会并采购同类产品样品；

②参加国内相关鞋服、面料、辅料展会；

③购买专业预测机构的预测资料；

④订阅专业鞋服期刊；

⑤参加鞋服、面料、色彩流行趋势预测机构专业会议。

其中，较为便捷且高效的方法是通过购买专业预测机构的预测资料获得最新的时尚流行资讯，以便精准预测消费者在未来几年需要的鞋服产品、体验、服务，帮助企业抓住行业风口，抢占市场先机。目前市面上做得较好的专业预测机构有WGSN、潘通、Promostyl等，如图2-6所示。

图2-6　潘通色彩研究所公布2020年度色——经典蓝

2. 时事新闻

关注当年重大政治、经济、文化、技术发明及革新等新闻，如一些重大的政治和经济事件、某种新兴的文化思潮、国家的政策导向变化等。

例如奢侈时尚品牌香奈儿在2010年秋冬成衣秀上将来自瑞典北部的巨型冰川搬上秀场，反映气温回暖、冰块消融的全球性生态问题。

图2-7 2010秋冬成衣秀香奈儿秀场

3. 艺术领域的主题展会

艺术领域的流行趋势与时尚常常相互交融。通过关注一些较有影响力的美术展、设计展或艺术展，设计师能够汲取较为前端的艺术领域主题资讯。

4. 国际时装周的秀场、国际时尚街拍以及具有影响力的时尚博主的风格和造型变化

这些信息通常代表着设计师和潮流引领者对流行趋势的敏锐捕捉，具有较大的参考性，如图2-8所示。

图2-8 2020流行元素泡泡袖在秀场与街拍中的体现

图2-8　2020流行元素泡泡袖在秀场与街拍中的体现（续）

5. 关注高端商场品牌动态

定期到高端商场观察鞋服行业龙头品牌新季度的货品、橱窗、海报的特点，并观察消费者在入店消费时的接受程度，可以通过此种观察时尚先行品牌的方法，找出一部分已经应用于市场并能够被消费者接纳的时尚流行元素。

三、时尚流行趋势的分类分析

设计师收集到较为完整的当季时尚流行趋势信息后，需要对信息进行分析归纳，便于后期转化设计时参考使用。一般通过以下五个模块进行时尚流行趋势分类分析：

1. 流行色

流行色是指在一定时期和范围内，鞋服产品中特别受消费者欢迎而风行起来的成为流行一时的主销色的几种或几组色彩和色调。如果这种色彩、色调得到国际流行委员会的认可，而向全世界发布，即成为国际流行色。

由于流行色具备一定的时效性，鞋服产品的流行色会呈现一定的季节差异，不同色彩存在不同的季节模式。

（1）春夏流行色

春夏以高明度、高纯度和暖色系为主，如图2-9和图2-10所示。

图2-9　2020春夏流行色

图2-10　Nike“橘皮”主题色设计

（2）秋冬流行色

秋冬则以降低色彩明度、纯度以及搭配冷色系色彩的色盘为主，如图2-11所示。

图2-11 秋冬流行色示例——夏加尔蓝

2. 流行面料

面料作为构成鞋服主要的物质材料之一，它包含了质地、纹样与色彩等方面，它能体现鞋服的主体特征，传递设计的灵感意图，给人最直观的视觉和触觉感知。随着科技工艺的更迭与流行元素的不断更新，每年的流行面料也会不同，及时根据流行趋势更新品牌的面料库，才能对市场需求做到迅速反应，如图2-12所示。

图2-12 2020年鞋服流行面料肌理

3. 流行款式

款式通常指鞋服式样，包括外轮廓和细节设计，如图2-13和图2-14所示。

图2-13 2020年流行款式——泡泡袖

图2-14 2020年猫跟系带靴设计

4. 流行图案

图案依附于鞋服存在，其风格必须与鞋服风格相呼应。通过图案本身的美以及与色彩、材质、工艺的协调形成外在美和内在美的统一，可表现出多种鞋服风格，从而更能体现鞋服的设计主题和精神内涵。因此，除了流行色，图案和印花也是流行趋势的重要因素，如图2-15和图2-16所示。

图2-15 花卉图案鞋服设计

图2-16 大理石纹与植物叶元素复合印花

5. 流行配件

配件指鞋服主体之外参与完成着装状态的一切附属品，它包括与服装搭配的头饰、颈饰、胸饰、腰饰、腕饰、指饰、脚饰、鞋饰、包等。配件是鞋服的点睛之笔，它可以通过造型、色彩、装饰等弥补鞋服主题的缺憾。在把控好鞋服流行趋势后，通过流行配件的搭配，能让整体造型更加完整，如图2-17和图2-18所示。

图2-17　2020年流行服饰配件

图2-18　鞋配饰示例

第四节　设计开发

鞋产品的设计开发是产品设计与研发部门层面的实施规划，是将企划方案落实到实施层面的工作。

一、鞋产品企划

鞋产品设计开发工作落地，离不开主题企划和款式企划。

1. 主题企划

主题是通过某种艺术形式表现出来的蕴含在产品系列中的主要设计思想和设计灵感的出发点，通常是在品牌定位或经营理念的基础上，受不同灵感的启发产生的。主题企划非常重要，每季一个核心主题，再细分几个子主题，从而形成几个鞋品系列。

创意是高附加值的来源，确定主题的过程是将创意集中化、具象化的过程。主题指出鲜明的设计方向，设计团队围绕主题开展设计工作。系列产品具有秩序化的美感，便于消费者完成鞋服搭配，也为销售、订货、海报设计等奠定良好的推广基础。

主题企划的流程如下：

（1）主题确定

①核心主题：根据流行趋势，以品牌定位和发展需求为核心；

②系列主题：互相关联，各不相同。

（2）主题诠释

物化到具体的图片和文字。

（3）要素提取

提取廓形、色彩、面料、细节等设计元素。鞋的基本廓形是由鞋楦造型决定的，廓形所反映的是鞋总体形象的基本特征，可以理解为从远处所看到的鞋的整体形象效果，如鞋头造型为方、圆、尖、扁、厚等，鞋跟部位的平、低、中、高和超高跟等。鞋产品的廓形往往直接决定产品的商务、时装、休闲、运动等属性。鞋的廓形要素提取和研究的意义在于通过廓形把握鞋造型的基本特征，从而在式样繁多的鞋款中，抓住鞋流行趋势的主流和走向。

2. 款式企划

款式是鞋类设计从业人员描述鞋的廓形与细部结构组合所产生的造型特征。款式企划是根据企划主题，确定当季款式设计使用的主要廓形和可用的鞋口、面部分割、底型等细部特征，为后期款式设计提供基础设计元素。款式企划主要完成款式设计数量和配比企划表。产品设计数量一定要大于市场投放数量，因为总有一定比例的鞋款不符合设计要求或生产条件而被放弃。款式配比企划即确定所策划的鞋产品款式的构成比例，其中包括确定鞋产品构成比例、鞋品类构成比例、各鞋品类下属的鞋款型比例。

（1）鞋产品构成比例

鞋产品构成比例是指对所策划的整体鞋产品中主题产品、畅销产品、长销产品各自所占比例进行决策，并确定构成比例。

主题产品表现某季理念的主题，突出体现时尚流行趋势，常作为展示对象。主题产品设计、材料、色彩的组合搭配新颖，具有很强的生活方式提示性和倡导性。主题产品针对的人群为时尚敏感度很高的消费者，销量难以准确预测，产品推出风险较大，但是一般来说毛利也相对较高。

畅销产品多为上一季销售业绩突出的产品的更新迭代产品，也可以看作是上一季畅销产品的升级产品，融入微量当季流行趋势特征。这一类产品常被作为大力促销的对象而置于卖场中央或网店醒目位置，产品的穿着场合清晰明了、易于理解，有较大的市场需求，预期销售较好，风险中等，毛利中等。

长销产品在各季都稳定销售，受流行趋势影响较小，通常被作为经典鞋款和品类而置于卖场一侧或网店较为固定的位置，便于挑选。长销产品常以单品形式出现，品类丰富，有易与消费者原有服装搭配的优点，预期销售增长稳定，风险中等，毛利低。

（2）鞋品类构成的比例

根据目标消费者的穿着习惯、上一季或同一季服装品类的销售构成比例以及竞品的调研结果来调整廓形的分类。从款式企划的角度来看，调整廓形比例，也就是调整商务、时装、休闲等鞋品类的构成比例。

二、灵感板的设计

灵感板，也称为设计看板，通常是指一系列图像、文字、样品的拼贴，它是设计领域常用的表达设计定义与方向的视觉做法。无论对于设计师，还是设计专业的学生而言，在设计过程中使用灵感板，能够把设计企划方案以最直观的方式展现给鞋款设计开发人员，可以帮助他们更好地寻求设计方向、打磨设计过程，还可以在团队之间传递设计灵感与设计思路，从而使其设计思想充分融合，优化设计作品，提高创新水平。

灵感板的本质在于将设计思路可视化，因此灵感板需要有一个大的主题性以及叙事性。通过灵感板可以将一个季度的产品设计控制在一个大主题之下，不同波段的产品之间在设计点上能够有所呼应。

关于灵感板的体现形式，可以是图像拼贴，可以用手绘，也可以加上文字注释，这方面没有严格的要求，只要能将完整的设计思路体现出来即可，如图2-19所示。

图2-19　图像拼贴式灵感板

一般灵感板的创作分为两个步骤：明确设计主题和搭建设计框架。

1. 明确设计主题

对设计师来说，明确设计主题决定了一个设计项目产品的风格走向，也是设计师的创作高度、市场理念、设计语言的综合体现。选题的方向不限，在主题企划的基础上，可以从各个方向出发：文学、时政、艺术、绘画、哲学、神学、建筑、动物、时间、自然……也可以从整合的流行趋势资料中寻找主题灵感，但是要注意的是所选的主题必须能够落地，也就是设计主题能够应用在鞋服饰品的设计上，在产品上体现理念化、系列化。因此，主题越大越难以落地到产品，比如说以“格物致知”作为设计概念，远不如“骑士精神”来得直白和实在。

2. 搭建设计框架

设计主题是整个设计项目的精神领袖，精神不能脱离内容存在，框架是内容的支撑，也决定了内容的格局。在这里可以将这个框架理解为设计结构企划、设计色彩企划、设计细节企划。

（1）设计结构企划

根据设计项目提出的一个季度的产品数量去设定产品系列，确定每个系列从哪些角度阐述主题，确保主题的丰满性，并在每个系列进行款式设计的时候，确定款式之间如何呼应，确保系列设计之间的关联性和相对独立性。

（2）设计色彩企划

以流行色或流行色系为基础，赋予这些色彩或色系优美的名称，并据此为系列鞋款划分设计模块，直观地表现设计主题和设计理念，如图2-20所示。

图2-20 灵感板色彩企划示例

（3）设计细节企划

结合流行趋势筛选出符合主题以及品牌调性的细节，包括面料、款式、图案、配饰等，这些设计细节的加入，使得设计作品的主题表达更具完整性，如图2-21所示。

图2-21 灵感板细节企划示例

在获取灵感的过程中，有数不清的可能性和可能产生的效果，即使是同一灵感源，在不同层面的理解下也会激发各种可能性。设计师应该结合自己的美学理念、设计技巧、经验和想象，来打造带有创新意义风格的产品。对学生而言，用灵感板来对灵感做梳理和视觉呈现，并将其转化到自己的产品设计上，这是十分重要的学习过程。

【案例一】东方神秘风格灵感

（本案例选自 POP 鞋子趋势网，作者：苩蓿）

东方美学以其独特魅力，吸引着人们的探索。当世界刮起亚洲风时，得天独厚的优势让我们对东方文化理解得更加透彻。无论是以中国传统田园生活走红网络的李子柒，火到卖脱销的故宫文创，还是《中国诗词大会》《国家宝藏》《上新了，故宫》等国风文化类综艺的热播，这都折射了我们对东方文化根植在骨子里的认同与热爱。

东方元素风潮劲吹，各品牌设计师在鞋款设计上运用了大量中式和日式古典元素，通过现代的工艺手法让它们变成时尚爆款。日本艺伎、海水江崖、敦煌飞天等，都被设计师们二次创作后以更饱满鲜活的形式运用在鞋款、包等服饰品上，如图2-22所示。

图2-22 东方神秘灵感板示例

东方流行元素在时装鞋上的使用更加丰富多彩，传统戏曲、山水、动物等，都在设计师的脑海里形成一款款有创造性的设计，如图2-23和图2-24所示。

图2-23　运动休闲款式应用示例

图2-24　时装鞋款式应用示例

【案例二】艺术画作灵感

20世纪初，设计师们就常常通过艺术画作寻找灵感，艺术家独树一帜的色彩搭配与造型组合都能使设计师深受启发。

1. 知名设计师作品

设计师伊夫·圣·罗兰（Yves Saint Laurent）先生敏锐地意识到精品服装的潮流和成衣化的流行，受蒙德里安格子画的启发，设计出“蒙德里安无袖拼贴裙”，让这种设计流行了十几年。在那个人们认为艺术与时尚相违背的年代，这种惊艳时尚界的作品，模特穿上后宛如从画中走出的女郎，如图2-25所示。

图2-25 Yves Saint Laurent以20世纪60年代蒙德里安绘画为灵感设计的服装

Yves Saint Laurent 1988年春夏系列有两套时装，从画家梵高的两幅经典作品《向日葵》和《鸢尾花》中汲取灵感，并分别配以鲜艳的天空蓝和夜空蓝纯色半裙、丝质手套和同款面料高跟鞋，与上装的华丽图案和亮片细节完美融合，如图2-26所示。

图2-26　Yves Saint Laurent Spring/Summer 1988

以梵高的《向日葵》为灵感，在不同设计师的理解下，能够产生风格截然不同的设计。梵高的作品备受欢迎的一个原因就是他画作中的色彩运用，但设计师Herrera从梵高《向日葵》中找寻灵感的同时，还是坚持了传统的白色婚纱，从婚纱的图案设计上能够探查到灵感源的影子，尤其是模特手中的那束向日葵捧花很好地指明了这件礼服背后的灵感源，如图2-27所示。

以《鸢尾花》为灵感，对于擅长解构的Maison Margiela来说，摒弃了以整幅画作为图案的应用手法，让梵高的“鸢尾花”成为一件真正可以佩戴的艺术品。礼服使用亮片来表现颜色明暗的变化，突出了作品充满活力的色调，镂空的裁剪设计则让鸢尾花在视觉上更富立体感与层次感，如图2-28所示。

图2-27　Carolina Herrera Spring/Summer 2010

图2-28　Maison Margiela Fall/Winter 2014

2. 学生习作

以梵高名画《星空》或《向日葵》为灵感源，制作灵感板并设计鞋款，如图2-29和图2-30所示。

图2-29　以《星空》为灵感的鞋款设计（作者：林汝峰）

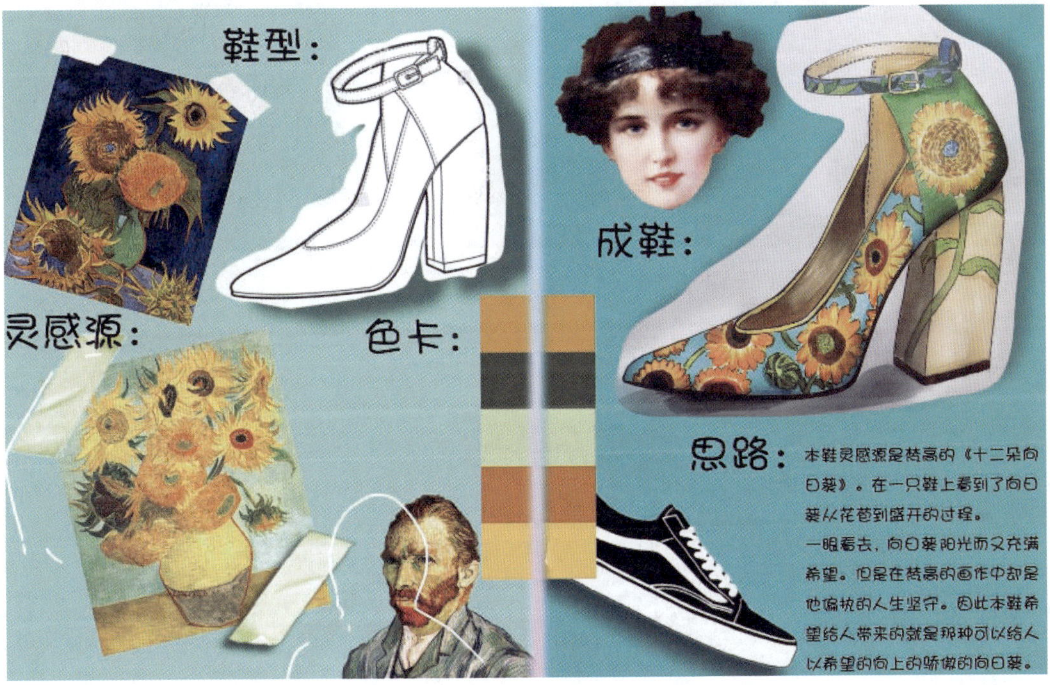

图2-30　以《向日葵》为灵感的鞋款设计（作者：施豪杰）

【案例三】艺术风格灵感

波普艺术仍然是时尚界喜爱的艺术风格之一，其特点是将大众文化的一些细节，如连环画、快餐及印有商标的包装进行放大复制，这些都是极好的时尚媒介。受安迪·沃霍尔（Andy Warhol）的作品影响，20世纪60年代的精品店时装上开始出现了鲜艳亮丽的色彩与连环图画般的有趣图案。

1. 知名品牌联名作品

Louis Vuitton与著名波普艺术家Jeff Koons合作推出“大师名画”系列手袋，该系列被命名为“Masters”，将想要呈现的元素通过波普艺术的理念，化繁为简直到只剩下抽象的、流行的、符号化的形象，拼贴在达·芬奇、梵高、提香、弗拉戈纳尔、鲁本斯这些大师的经典作品上，意在用现代摩登的元素与古典名画发生互动，营造一定的趣味性，如图2-31所示。

荷兰艺术家Piet Parra联名Nike打造了全新的Nike Air Max 1（图2-32），将其所擅长的波普艺术加入到设计当中，将蓝天和大山以抽象手法呈现，不同粗细密度的条纹元素采用了银灰色和粉色进行装点，用这双鞋表达了设计师心目中城市与乡村的样子，致敬了十几年来的City Pack精神。

图2-31 Jeff Koons × Louis Vuitton 部分产品

图2-32 Piet Parra × Nike Air Max 1

2. 学生习作

以波普艺术为主要灵感源，制作灵感板并设计鞋款，如图2-33和图2-34所示。

图2-33 以波普艺术为灵感的鞋款设计（1）（作者：陈敏）

图2-34 以波普艺术为灵感的鞋款设计（2）（作者：郁佳良）

第三章

开发制板

设计师根据设计规划，通过手工或计算机绘制出的设计效果图是鞋款开发的基本依据，板师通过对设计效果图的技术分析，得出鞋款的结构特点和相关支撑数据，并将设计师的设计思路转化为开发样鞋，这一过程即为开发制板。目前，制鞋行业开发制板工作中，手工开板与计算机开板共存，其中计算机开板所占的份额有逐年提升的趋势。国外以Shoemaster、麦德为代表开发的制板软件与国产以鞋博士为代表开发的制板软件正加快进入国内各大鞋企和鞋类相关设计公司的脚步，计算机开板或计算机辅助开板正逐渐成为开发制板工作的主流。

第一节 开发制板流程

开发制板是板师将设计师的鞋品设计方案通过技术手段转变为样品鞋的过程，包括结构设计、样板制作、样鞋制作以及相关技术文本的编写等。由于外底、内底和鞋垫一般都由制鞋企业的供应链企业完成配套，因此本书的开发制板工作以帮面样板的制作为主。

由于“样鞋制作与技术文本编写”环节在后续章节有详细讲解，本节将着重讲解“结构设计”与“样板制作”两个环节的相关技术知识，如图3-1所示。

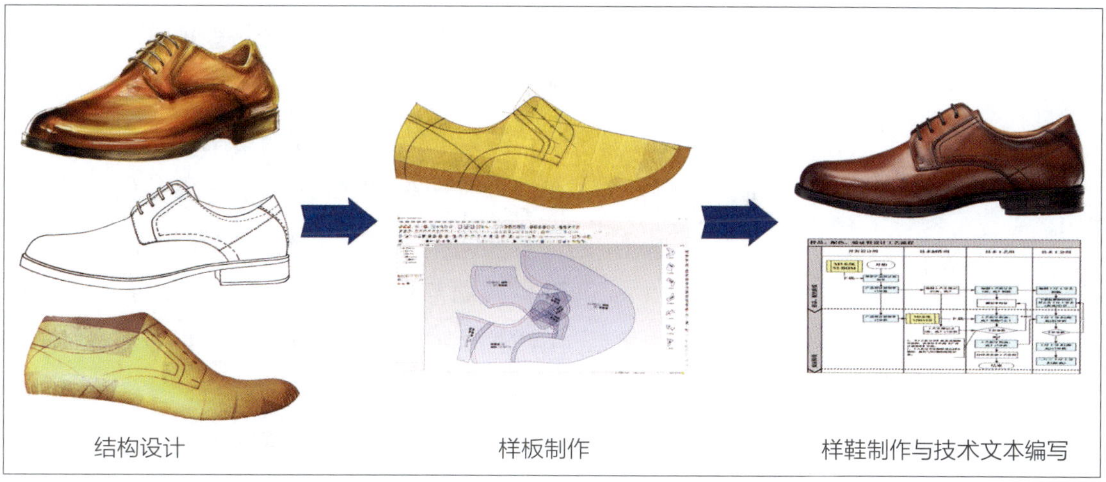

图3-1 开发制板工作流程图

一、结构设计

结构设计指的是板师将设计师的设计手稿所表达的设计思想完整地转移到鞋楦上的过程，也称为定位画样。结构设计是板师开发制板工作的基础，也是设计师的设计能够得到实现的关键环节。结构设计可分为以下三个步骤：结构分析、四点定穿和比例定版。

1. 结构分析

设计师手稿是设计师根据设计看板，围绕设计主题，应用设计元素在设计规划基础上完成的手绘或计算机效果图，以美观为第一要素，实用为第二要素，不能直接用于鞋款开发。板师需要根据鞋款穿用需求，分析手稿的部件结构，找准鞋款的基本结构分类、部件轮廓、部件数目，画出鞋款线稿图，为鞋款穿用定位和造型画样提供依据，如图3-2所示。

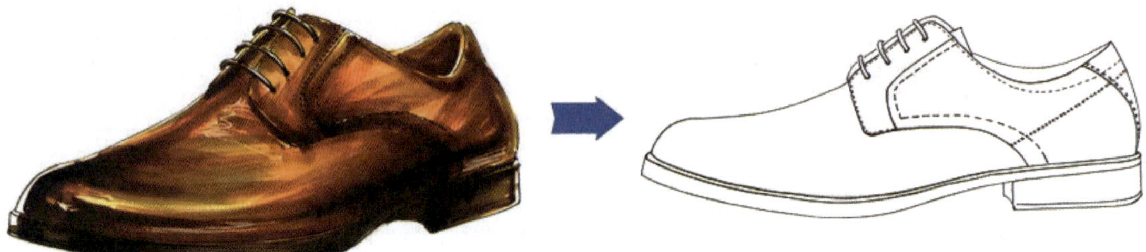

图3-2 效果图与线稿示意图

鞋款按帮面结构分类，大致分为筒靴类、高腰类、低腰类、凉鞋类，鞋款基本结构细分如图3-3所示。

鞋款式结构按帮面与内底的成型组合方式可以分为分体式（图3-4）和一体式（图3-5）。一般来说，分体式结构的鞋款，在绷帮成型前，帮面与内底部件是分离的，绷帮时采用“套楦”绷帮方式，即帮面通过绷拉帮脚与内底缝合或黏合等方式组合并成型；一体式结构的鞋款，在绷帮成型前，帮面与内底是一体的，绷帮时采用“排楦”绷帮方式，即将鞋楦从鞋口部位直接插入帮套从而挤压帮套成型。一体式结构的鞋款根据内底与帮面分割线的位置可以分为两类：帮底一体式和帮底缝合式（图3-5），其中帮底一体式的帮底分割线位于鞋楦底边沿线上方，帮底缝合式的帮底分割线与鞋楦底边沿线位置基本保持一致。

- 鞋款帮面结构
  - 筒靴类
    - 封闭式（一脚蹬）
    - 开口式
      - 拉链式
      - 系带式
      - 绊带式
  - 高腰类
    - 封闭式
      - 软口式
      - 松紧式
    - 开口式
      - 拉链式
      - 系带式
      - 绊带式
  - 低腰类
    - 系带式
    - 绊带式
    - 舌 式
    - 松紧式
    - 浅口式
    - 软口式
  - 凉鞋类
    - 全满式
    - 前满后空式
    - 前空后满式
    - 前后空中满式
    - 前后满中空式
    - 全空式

图3-3 鞋款帮面结构分类

图3-4 分体式结构示例

图3-5 一体式结构示例

1—帮底一体式 2—帮底缝合式

一般在企业实际开发中，不同款式大类的鞋款都会有相对固定的数据体系，便于板师快速定位画样，提高效率。

2. 四点定穿

板师在进行鞋款结构绘制时，首先要确保鞋品的实用性，即穿用性符合消费者需求，其次在满足穿用功能的基础上对设计效果图和线稿图进行造型移植，完成鞋楦立体画样工作。以低腰鞋为例，从结构上来看，鞋的穿用性指的是鞋口尺寸和口门点位置的设置符合脚型规律。所谓“四点定穿”，指的是鞋口部位的后帮中缝高度点A_X、外怀帮高点B_X、鞋脸全长点C_X以及鞋款口门点Q_Y四点的位置符合脚型规律以及穿用需求。口门点Q_Y是鞋口打开关闭的支点，具体位置由鞋款结构特点和脚型规律共同决定。由于鞋内腔穿用部分是鞋楦自身体积减去鞋楦底部内增高部分的体积（图3-6，楦底灰色区域为鞋楦内增高部分），且内增高部分与脚型规律没有直接数据关系，因此“四点定穿”所涉及的穿用数据均为减去内增高部分的净穿用数据。

为了便于更直观地讲解“四点定穿”与脚型的直接关系，本节脚楦关系图以鞋楦零内增高为例绘制，实际穿用定位工作中，加上内增高部分尺寸即可。

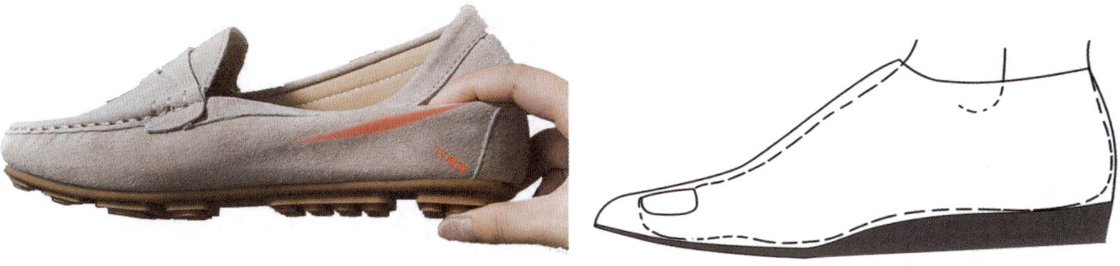

图3-6 脚楦关系示意图

（1）低腰鞋

低腰鞋指的是外踝骨部位的鞋帮高度在脚踝骨以下的满帮鞋。此类鞋款结构式样繁多，使用范围广，一年四季都可穿用，其“四点”位置如图3-7所示。

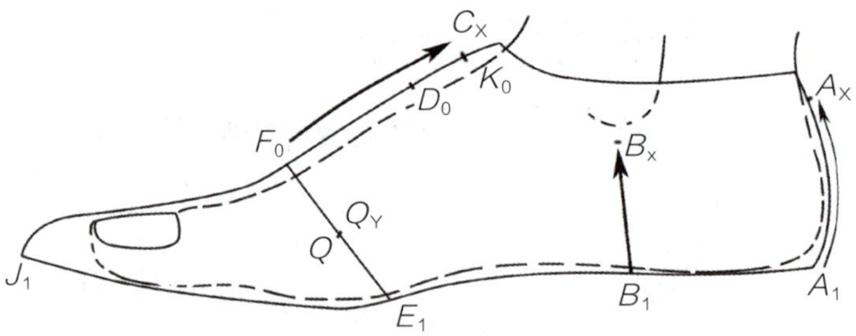

图3-7 低腰鞋的“四点”示意图

后帮中缝高度点A_X的位置应位于脚的后跟骨上边沿点以上、脚腕以下，既要保证鞋口后跟处不磨脚腕，又要保证鞋子跟脚，根据试穿效果，A_X点比后跟骨上边沿点高10mm左右，后跟骨上边沿点的脚型规律为21.66%，因此：

$$后帮中缝高A_1A_X=脚长\times 21.66\%+10\approx 脚长\times 25\%$$

以250男鞋为例，其后帮中缝高约为：250×25%=62.5（mm），根据鞋口材质特点和结构需要，后帮中缝高一般可以取60mm（硬质鞋口）至65mm（海绵鞋口）。

外怀帮高点B_X的位置应位于脚外踝骨下边沿点以下，避免鞋口磨脚踝骨，外踝骨下边沿点的脚型规律为20.14%，因此：

$$外怀帮高B_1B_X\leq 脚长\times 20.14\%$$

以250男鞋为例，其外怀帮高$B_1B_X\leq 250\times 20.14\%=50.35$（mm），考虑到鞋口造型，一般来说，外怀帮高可以取45mm（硬质鞋口）至51mm（海绵鞋口）。

鞋脸全长点C_X的位置应位于前掌凸度标志点F_0点至舟上弯点标志点K_0之间的这一段背中线上。一般来说，浅鞋口鞋（如浅口鞋）的鞋脸全长点C_X趋向于F_0点，较深鞋口鞋（如整体舌式鞋等套脚式类型的鞋）的鞋脸全长C_X设置在前跗骨标志点D_0点附近，深鞋口鞋（如三接头内耳式鞋）的鞋脸全长点C_X设置在K_0附近。

F_0、D_0、K_0与F、D、K对应关系如图3-8所示。

F、D、K点的脚型规律分别为：脚长×68.8%、脚长×55.3%、脚长×38.5%，如图3-8所示的AF、AD、AK分别为：

$$AF=脚长\times 68.8\%-后容差$$

$$AD=脚长\times 55.3\%-后容差$$

$$AK=脚长\times 38.5\%-后容差$$

以250（二型半）男鞋为例：

AF=250×68.8%-5=167（mm）

AD=250×55.3%-5=133.25（mm）

AK=250×38.5%-5=91.25（mm）

口门点Q_Y随着鞋口开闭形式不同，具体的位置也随之变动，其变化基点为F_0E_1的中点Q，Q点也是鞋帮结构的曲翘中心。为了确保鞋子能够顺利穿脱，A_XQ_Y的长度应不小于脚的兜跟围长的一半，由于脚的兜跟围长的脚型规律是：脚跖围×131%，因此：

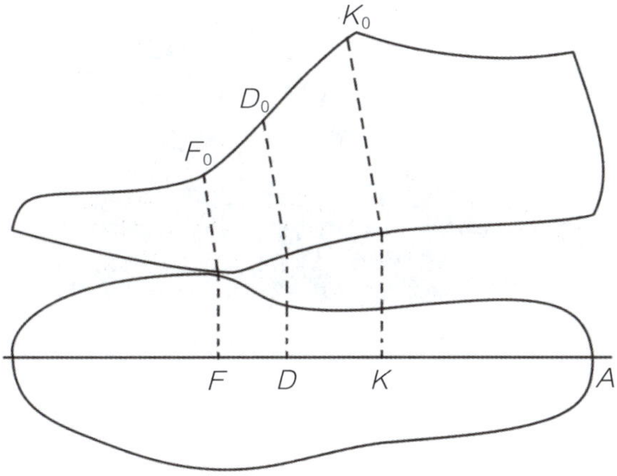

图3-8　F_0、D_0、K_0与F、D、K对应关系图

$$A_XQ_Y \geqslant 脚跖围 \times 131\% \times 0.5$$

以250（二型半，脚跖围为243mm）男鞋为例，

$$A_XQ_Y \geqslant 脚跖围 \times 131\% \times 0.5 = 243 \times 131\% \times 0.5 = 159.165\ (mm)$$

也就是说鞋口打开的尺寸应不小于159.165mm。

（2）高腰鞋

高腰鞋指的是鞋口部位的鞋帮高度在脚踝以上、脚腕以下的满帮鞋。高腰鞋有单鞋和棉鞋之分，单鞋多适用于秋冬季，棉鞋一般用于冬季较冷时穿用。由于高腰鞋鞋口开闭方式不同，口门点Q_Y的位置也随鞋口开闭位置变化。常见的高腰鞋鞋口开闭方式有耳式开闭、拉链开闭和松紧开闭三种，其Q_Y点的位置分别为：耳式开闭鞋款，Q_Y点在鞋耳打开到最大的位置上，即锁口位置（图3-9）；拉链开闭鞋款，Q_Y点在拉链拉开到最大幅度时拉链头所在的位置（图3-10），常见的拉链设计位置有内怀、背中线和后弧线位置；松紧开闭的鞋款，Q_Y点在鞋口松紧穿用拉伸到最大幅度时松紧形变的最下端点（图3-11）。

图3-9　耳式结构“四点”示意图

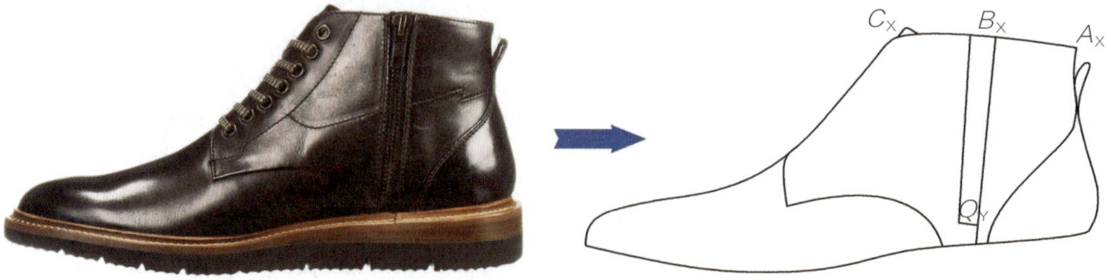

图3-10 拉链式（内怀）结构“四点”示意图

图3-11 松紧式结构“四点”示意图

口门点Q_Y随着鞋口开闭形式不同，具体的位置数据也随之变化。耳式开闭高腰鞋的Q_Y点与低腰鞋一致，变化基点是F_0E_1的中点Q点，拉链开闭高腰鞋的Q_Y点一般距离底边沿线15mm左右（侧拉链和后拉链）或在F_0点以前（背中线拉链），松紧开闭高腰鞋的Q_Y点的位置数据与侧拉链高腰鞋基本一致。

高腰鞋的鞋口线多以水平形式出现，结构定位时，可以先确定B_X高度的最高点的位置B_T，再将鞋的底部件（包括外底、内底、鞋垫等）扣在鞋楦上，过B_T点在楦面上画出与鞋跟底平面平行的鞋口线的水平基准线（图3-12）。

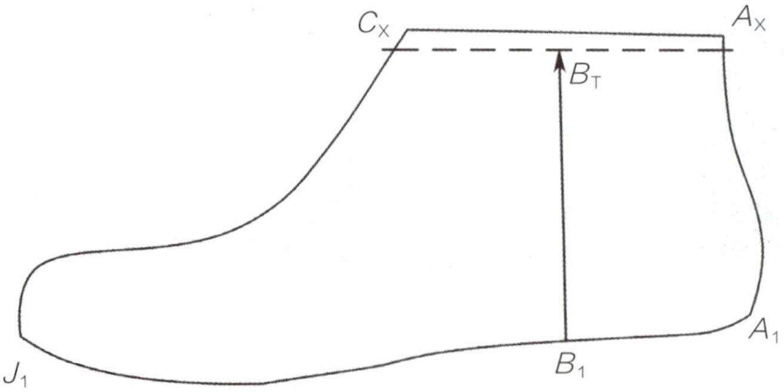

图3-12 高腰鞋的“四点”示意图

一般来说，筒高在脚腕以上的鞋子都属于靴子的范畴，这类鞋子的设计与腿肚造型有密切的联系，而高腰鞋的鞋口高度介于靴鞋和低腰鞋之间，因此，高腰鞋鞋口水平基准线的高度常设计为脚腕高度的80%，即：

$$鞋口水平基准线高度B_1B_T=脚长\times52.2\%\times80\%$$

其中，52.2%为脚腕高度的脚型规律。以250男鞋为例，鞋口水平基准线的高度为：

$$鞋口水平基准线高度B_1B_T=脚长\times52.2\%\times80\%=250\times52.2\%\times80\%=104.4（mm）$$

鞋脸全长点C_X和后帮中缝高度点A_X则根据设计师的设计思路，与B_T点保持等高或作上下高度的小幅适度调整。

外踝骨下边沿点的脚型规律为20.14%，因此：

$$脚长\times20.14\%\leqslant外怀帮高B_1B_X\leqslant脚长\times52.2\%\times80\%$$

其中，20.14%为外踝骨下边沿点的脚型规律。以250男鞋为例，B_1B_X高度为：

$$50.35（mm）\leqslant外怀帮高B_1B_X\leqslant104.4（mm）$$

从上式可以看出，外怀帮高B_1B_X的数据变化范围相对较大，因此高腰鞋的鞋口线造型变化也相应较多，如图3-13所示。

图3-13 鞋口造型示例

1—水平型 2—前低后高型 3—前高后低型 4—前后高中低平型 5—前后高中凹型

（3）筒靴

筒靴指的是鞋口高度在脚腕高度以上的鞋款。根据鞋口A_X、B_X、C_X三点高度的不同，筒靴可以分为短靴（鞋口位于脚腕高度附近）、中筒靴（鞋口位于腿肚高度附近）、高筒靴（鞋口位于膝下高度附近）和超高筒靴（鞋口在膝盖高度以上）四类，如图3-14所示。

图3-14　靴筒高度分类示例

从鞋口开闭方式来看，筒靴分为封闭式（一脚蹬）和开口式（拉链、系带、绊带等）。开口式筒靴的口门点Q_Y的位置与高腰鞋一致，而封闭式筒靴并非都有确定的口门点。封闭式短靴一般采用松紧开闭，Q_Y点在鞋口松紧穿用拉伸到最大幅度时松紧形变的最下端点上，而封闭式中筒及以上高度的筒靴，则常常通过采用高弹力靴筒材料或变更鞋楦后弧线和筒口造型尺寸的方式，以使靴筒最细处被脚穿用挤压后的围度尺寸大于兜跟围长，从而满足穿用的需求。

（4）凉鞋

根据帮面结构，凉鞋通常分为六类：满帮式、前满后空式、前空后满式、前后满中空式、前后空中满式和全空式（图3-15）。其中，所谓的“满”指的是鞋帮面面积较大且底边沿部位被帮面材料较大面积覆盖，“空”则指的是鞋帮面面积较小（一般表现为条带形式）且底边沿线部位没有被帮面材料较大面积覆盖，而“全空式”指的是帮面以数条较窄条带的形式断断续续地覆盖住较少面积的脚面和底边沿线。

图3-15　凉鞋

凉鞋根据鞋口高度大致可以设计为低腰式、高腰式和筒靴式三种形式，如图3-16所示。

低腰式　　高腰式　　筒靴式

图3-16　凉鞋款式示例

凉鞋的穿用设计取决于口门开闭方式。一般来说，后帮部位采用“满”式设计的，其定位规律与相应的低腰鞋、高腰鞋和筒靴保持一致；后帮部位采用“空”式设计的，有两种情况，一种是无部件的形式，另一种是有条带的形式，如图3-17所示。无部件形式的“后空式”凉鞋，其腰怀控制线C_XB_1以后部分无帮面部件覆盖，因此只需要根据脚型规律确定C_X的位置即可；有条带形式的“后空式”凉鞋，有低腰式、高腰式和筒靴式三种形式，其穿用定位与相应的低腰鞋、高腰鞋和筒靴保持一致。

无部件形式　　有条带形式

图3-17　凉鞋“后空”式结构示例

由于凉鞋的构成部件造型变化大，块状部件和条状部件之间的组合形式多变，且可采用各种弹性不同的材料，其穿用定位具体数据受其影响，也应适当调整，以满足凉鞋造型和穿用的双重需求。

3. 比例定版

所谓“比例定版”，指的是鞋帮面部件分割方案是由帮面分割后形成的部件之间以及各部件与整体帮面之间的均衡的视觉比例关系确定的。与“四点定穿”不同，“比例定版”需要设计师和板师根据自己的审美而不是数值来确定各个部件的大小、形状、位置等，使其整体比例协调。结构设计时遇到的数值分为两类，第一类是根据脚型规律和运动规律确定的与鞋子穿用有关的数据，第二类是测量设计师和板师根据审美比例确定并绘制下来的部件所获取的尺寸数据，也就是说前者是由数控形，后者是由形控数。

分割是鞋款结构构成的基本手段，能够营造出比例协调、均衡有序等视觉美感。在鞋款结构设计中，分割有规律分割和自由分割两种。其中，规律分割是指分割点、线的位置是通过一定的比例关系确定的（图3-18），自由分割则是分割点、线的位置突破固定比例关系的限制进行尺度（长度或面积）调整形成新的比例关系确定的（图3-19）。

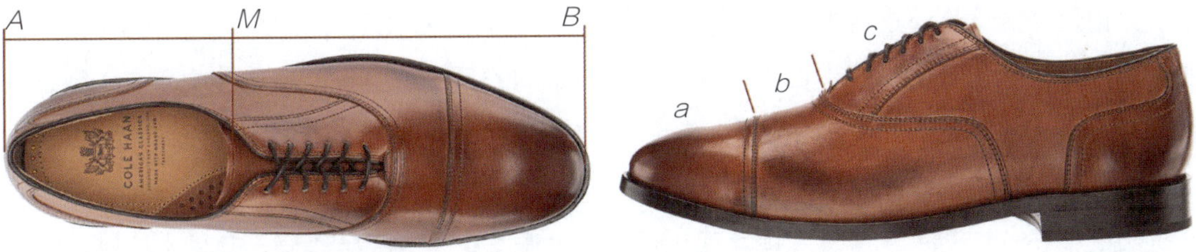

*M*为线段*AB*的黄金分割点

$a:b:c=2:1:2$

图3-18　规律分割示例

图3-19　自由分割示例

规律分割的鞋款，多采用直线或平面曲线进行分割，部件结构视觉上较为整齐，有明显的秩序感；自由分割的鞋款，各种分割线条使用较为灵活，部件结构视觉上往往会突出某一个或几个部件。需要注意的是，自由分割并不是随心所欲的分割，而是设计师在一定的目的驱使下，打破固有的比例关系，从而形成新的大小比例关系，以寻求更为强烈的感官刺激的设计方式。与规律分割一样，自由分割仍然追求鞋款部件分割的视觉美感。鞋款设计工作中，对整体视觉效果有比较明显影响的分割多为规律分割，局部分割则多采用自由分割。

另外，帮面设计中常见装饰线的设计，根据装饰线在部件中的位置，可以分为沿边装饰线和内部装饰线。其中，沿边装饰线一般能起到加强分割线的作用，内部装饰线往往有对部件进行二次分割的效果，是部件视觉分割的补充，如图3-20所示。

图3-20　装饰线应用示例

无论是规律分割还是自由分割，目的都是追求一种视觉均衡。人眼从鞋的一侧向另一侧看去，如果两侧的吸引力基本相当，目光会停在中间的某一点上，即为均衡中心。均衡是指均衡中心两边的视觉趣味、分量是相等的，并对鞋款设计的效果起着决定作用。一款在视觉上均衡的鞋，能给人以美的享受；反之，如果不能取得均衡，将会使穿着者和观看者都感到心理上的不适。均衡是一种艺术审美观和视觉心理概念，不能完全等同于几何上的轴对称或中心对称的概念，也就是说，均衡指的并不是鞋款设计中背中线或后弧线两侧外怀和内怀部件的造型、面料、工艺结构、色彩、排列等的一一对应，而是数量基本一致的部件在造型、面料、工艺结构、色彩、排列上的视觉稳定状态，是一种呼应均衡，是利用近重远轻、近大远小、深重浅轻等透视规律和视觉习惯的艺术均衡。

均衡分两种情况，第一种对称均衡，轴的两边造型、面料、工艺结构、色彩等鞋款的构成元素完全相同（图3-21）；第二种不对称均衡，是一种较为复杂的设计形式，轴两边的造型、面料、工艺结构、色彩等鞋款的构成元素不完全相同（图3-22）。为使两边元素在视觉上保持平衡，需要在设计元素的层次安排、面积大小、方向、多少等方面加以调整。

图3-21　对称均衡设计

图3-22　不对称均衡设计

从人的视觉特点上来研究鞋款设计的均衡，应当注意细节设置。如果均衡中心有核心设计元素细节的安排，设计师的设计理念就能更全面地传递给消费者。鞋款设计，无论是正装鞋、时装鞋还是休闲鞋，都需要有一些细节的设置，以达成设计师与消费者的“有效对话”。鞋款的细节主要有分割结构、部件组合工艺、装饰和配饰等。

了解材质、色彩对比例均衡关系的影响，首先要了解两个概念：体量和视量。体量指的是从数学的角度客观地对鞋帮部件的大小、形状进行界定的结果，而视量则是从观看者视觉感受的角度对鞋帮部件的大小、形状进行主观描述的结果。假设鞋款内怀和外怀部件用的是同种材质、同样色彩和同样体量的材料，那么内怀和外怀之间的视量关系是相同的，而一旦更改某一侧的某一部件的材质、色彩，则内怀和外怀的视量就会产生差异，从而导致两侧在视觉上失去与体量均衡一致的视量均衡。同样，前帮、后帮在达成视量均衡效果后，变更其中一部分的材质、色彩，也会使鞋帮前后体量失去原有的视量均衡。合理利用体量均衡与视量均衡之间的关系，可以营造出不同的视觉强调效果。

图3-23所示的两款鞋，图3-23左图所示鞋款的视量中心设计在金属饰扣与前帮褶皱处，图3-23右图所示鞋款在结构不变的情况下，将鞋口部件的颜色更换为土黄色，色彩变浅、变亮，视量中心则大幅度向后帮迁移，此时如果在鞋口部件上设计了商品标识，则标识的作用就会得到强化。

比例定版不是一个单纯的数学比例关系，更多的是强调鞋材、分割、配饰等完整的视量比例关系，板师充分理解“比例定版”的概念，才能全面、准确把握设计师的设计理念，正确认识形与数的关系，最终确定设计师的设计方案落实到鞋楦上的具体体量比例。

图3-23　不同视量中心鞋

二、样板制作

样板制作是鞋款楦面定位画样的后续技术工作，全套帮面样板一般包括展平样板、标准样板、做帮样板、划料样板、里样板等，其中展平样板、标准样板、里样板属于技术处理样板，由板师制作完成，做帮样板和划料样板属于生产样板，一般由技转部门使用计算机制作完成。本部分主要介绍展平样板、标准样板和里样板制作的有关要点，其他样板在第四章的技转部分进行介绍。

1. 展平样板

展平是将多向弯曲的不规则楦面的三维造型转变为二维样板的操作，是翘度、大小有所变化的有损转变。楦面多向弯曲的程度越大、越复杂，展平的难度就越大，折损量也越大，所以要完成样板展平工作中曲面向平面的转换，就需要明确翘度与大小的折损量，以便在标准样板制作时进行折损量的弥补，这个过程就是曲翘。

展平后获取的样板称为展平样板，由于贴楦多采用外怀半贴的方式，因此展平样板也常常被称为半面板。样板的展平需要在翘度、长度两个方面进行控制，根据帮面整体结构，样板展平的翘度控制一般有三种：按斜长线展平、按底边沿线展平和按背中线展平。

（1）按斜长线展平

按斜长线展平指的是以楦面斜长线为基准，首先贴平如图3-24所示的斜长线部分，然后再分别把斜长线两侧的美纹纸贴平，产生的褶皱要垂直于背中线或底边沿线，鞋口部分一般不起皱。较深鞋口、深鞋口的满帮低腰鞋、满帮高腰鞋以及靴鞋的展平样板制作多采用这种方式。

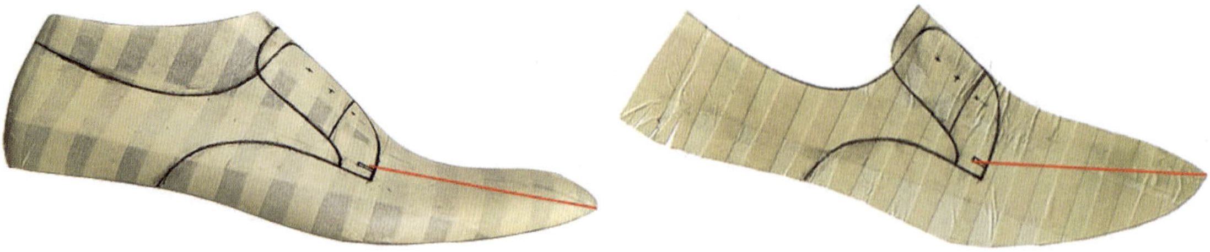

图3-24 按斜长线展平示例

（2）按底边沿线展平

按底边沿线展平指的是以鞋楦底边沿线的翘度为基准，首先按底边沿翘度走向贴平美纹纸底边沿线部分，然后把其他部分贴平，如有褶皱产生，褶皱应垂直于背中线，鞋口部分一般不起皱，如图3-25所示。浅口鞋的展平样板制作多采用这种方式。

图3-25 按底边沿线展平示例

（3）按背中线展平

按背中线展平指的是以背中线为基准，首先贴平背中线，然后向两侧展平，如图3-26所示，采用内外怀全贴方式制作的条带凉鞋多采用这种方式。按背中线展平的鞋款，多为鞋楦内外怀全贴且分部件展平，部分套包鞋在分部件展平时，也常采用这种展平方式。

图3-26 按背中线展平示例

2. 标准样板

标准样板是其他各生产性样板制作的基础，是样板制作的核心技术工作。曲翘处理并不能完全解决展平时产生的折损，因此标准样板制作要综合考虑部件分割、鞋材、生产设备条件等因素，确保样鞋能够最大限度符合设计师的造型设计。标准样板的制作过程是将二维展平样板通过合理翘度处理、尺寸修正转变成三维样板的过程，是展平的逆过程。标准样板是三维样板，指的不是各部件样板是三维曲面的，而是标准样板各部件按结构拼接起来形成的一个类似鞋楦造型的三维曲面。

从翘度处理的难度来看，鞋款结构（条带凉鞋除外）可以分为三类：背中线分割类、曲翘中心分割类和其他分割类。如图3-27左图所示为背中线分割类，鞋款在背中线处被分割为外怀和内怀两部分，翘度处理时只需要依照展平时翘度和尺寸的折损量以及相应位置进行对等补翘（并非完全相等，鞋材的自身延伸性可以弥补部分缺失）即可；如图3-27中间图所示为曲翘中心Q点位于前帮部件分割线上的鞋款，翘度处理时，以Q点为曲翘中心通过转翘的方式进行对等补翘即可；如图3-27右图所示为曲翘中心点不在分割线上的鞋款，也没有背中线分割，此时，无法直接对展平的翘度和尺寸折损量进行对等补翘，这样的鞋款就需要定型设备通过额外加热、加压、加水（蒸汽）等方式辅助完成翘度转换，也就是需要制作定型样板。与前面两种分割类型相比，第三种分割方式翘度处理难度最大。

图3-27 标准样板分割类型示例

3. 里样板

皮鞋里指的是贴附于帮面材料内侧、面向鞋腔的由皮革、纺织物等材质构成的脚与鞋帮面之间的隔离层。里样板的设计遵循以下四个原则：

（1）实用性原则

第一，有效隔离。有效隔离指的是鞋里设计的隔离面积符合设计师的设计方案。鞋里起到隔离帮面里侧（如皮革肉面）与脚（或袜子）的作用，但并不一定要完全隔离。一般来说，正装鞋需要设计为“全里”，即鞋里对帮面内侧全覆盖，而休闲鞋（特别是套包鞋）鞋里设计时，可设计为“半里”（鞋里覆盖部分帮面内侧，图3-28）或“无里”（不使用鞋里，图3-29）。“半里”和“无里”的设计除了需要考虑鞋帮款式结构之外，帮面材料的物理性能也至关重要。一般来说，色牢度差、外观质量差的帮面皮料不适合做“半里”或“无里”设计。

图3-28 “半里”设计示例

图3-29 “无里”设计示例

第二，穿着舒适。鞋里在起到隔离作用的同时，需要满足卫生性能和跟脚性的需求。

鞋里材料的选取需要考虑卫生性能，即鞋里的透气性、透水性和透水汽性，这对鞋的穿着舒适性有决定性的作用。分段的鞋里，如分前、中、后的三段里或分前、后的两段里，穿用状态下，前帮里部分对脚的包裹状态是接近封闭式的，相应的鞋里的三项卫生性能不达标，则会引起鞋腔潮湿、滋生细菌等问题，穿着舒适性会大打折扣。另外，前帮里与帮面之间黏合时不宜采用全覆盖式的刷胶方式，胶层的透气、透水和透水汽性差，会损害帮面和帮里的卫生性能，应采用点刷的方式，避免胶层形成大面积的隔离层。

后帮里材需要采用摩擦力较大的绒面材料或其他代用材料，有效增加鞋后帮里部分的摩擦力，减小行走时脚后跟在鞋腔内的滑动量，提高鞋子的跟脚性。

（2）美观性原则

第一，材质搭配。虽然鞋里在穿用时基本看不到，但是作为鞋款设计的重要组成部分，鞋里的美观性同样不可忽视。条带凉鞋鞋里基本上都是可见的，因此，条带凉鞋的鞋里设计要与帮面材质呼应，如图3-30所示，条带的鞋里材质纹样设计与帮面、鞋跟高度统一，鞋款时尚度比素色里更好。

图3-30　鞋里材质搭配示例

除条带凉鞋外，满帮鞋的鞋里是半封闭状态的，前帮部分鞋里基本是不可见的，中后帮鞋里则是可见的。消费者在购买鞋款时，鞋里可见部分的材质的肌理、色彩、纹样、图样等，都影响消费者的选择，中后帮鞋里材料可以在这几个方面与帮面材料的外观设计相呼应，如图3-31所示，也可以采用素色设计。同样，在鞋腔中后部的内底或鞋垫也可以纳入设计师的外观设计范畴，如图3-32所示，鞋垫与前帮采用同样的外观设计方案，鞋款的内外呼应性好，虽然穿用时看不到鞋垫的图案，但是在消费者选购鞋款时，这样的设计有效提高了消费者的审美感受。

图3-31　中后帮鞋里材料搭配示例

图3-32　鞋垫与前帮材质搭配示例

图3-33 里样板独立分割方式示例

图3-34 里样板按帮面结构分割方式示例

第二，结构分割。里样板结构分割方式有独立分割和按帮面结构分割两种。一般来说，满帮鞋多采用独立分割的方式（图3-33），条带凉鞋和有断帮设计的鞋可采用按帮面结构分割的方式（图3-34）。里样板的分割线型，除边口部位外，一般采用直线线型分割。

（3）加工性原则

第一，降低翘度。前帮与中帮的分割应能最大限度地降低单块部件的翘度，使得鞋里前帮与中帮部件组合时能够在背中线最凹处产生部件翘，以便于鞋里绷帮服楦。

第二，简化工艺。里样板结构设计应尽可能便于工艺加工，如非必要，一般不做复杂的设计。在不影响产品质量的前提下，里样板分割线要应少尽少、能直尽直。

（4）经济性原则

第一，差异性。在满足穿用和外观造型需要的前提下，鞋里选材要尽可能降低成本，提高经济性。以素头外耳式商务男鞋为例，在鞋产品品质达到要求的前提下，可以采用“前帮布里、中帮皮里、后帮绒面里”的搭配方式，降低鞋里材料的成本。

第二，一致性。鞋里材料的搭配应遵循质量等级一致的原则，理想化的鞋里材料搭配是“同在同损”，即各段里料应能够具有同等的生命周期，避免出现因材料搭配问题导致部分鞋里完好的同时，有的鞋里已经因质量问题出现破损的现象。

第二节 开发制板实务

本节选取商务男鞋、休闲男鞋、时装女鞋和高筒女靴各一款为例，介绍常见的四类鞋产品开发制板工作。以下案例一和案例二以Shoemaster软件制作方式介绍，着重介绍样板的制作过程；案例三和案例四以鞋博士软件制作方式介绍，着重介绍样板制作以及相应的样板扩缩和切割方法。两款软件的操作习惯和部分专用名词不统一，本节将依照软件的各自内置术语进行案例分析。

【案例一】商务男鞋

商务男鞋，也称为正装男鞋，可以理解为穿用者在进行商业贸易时穿的正式的皮鞋。广义的商务指的是一切与商品买卖交易服务相关的商业事务，狭义的商务指的是符合商务礼仪规范的商业或贸易。

商务男鞋款式头型有尖头、圆头、方头等多种式样，鞋跟高度一般在30～40mm，鞋底以组合底或仿组合底外观的成型底为主，帮面颜色以黑、棕为主，以牛皮为帮面主要材料，可以搭配鳄鱼皮、鸵鸟皮等，提高档次。商务男鞋常见的款式主要有系带式和套脚式（也称为“一脚蹬”式），如图3-35所示。

图3-35 商务男鞋款式示例

1. 结构分析

从设计手稿（图3-36）来看，本款鞋采用系带鞋结构为鞋款主结构框架，以圆头低跟鞋楦为廓形支撑，设计为典型的素头外耳式结构，鞋耳部分采用方耳四鞋眼造型，跗背部位分割出单独的鞋眼片，鞋眼片分割线型近似为直角折线型，与鞋耳边线造型保持一致，整个款式挺括大方；后跟部位采用上大下小的后包跟结构，鞋口采用翻缝方式，内嵌渐变式海绵，整款鞋既展现出了浓浓的商务风格，又通过软口设计提升了穿着舒适感。

根据设计手稿的整体分析，绘制鞋款外怀侧视线稿图，如图3-37所示。

图3-36 设计手稿（作者：彭艳艳）

图3-37 外怀侧视线稿图

2. 结构设计（定位画样）

此款鞋结构设计选用的是250二型半素头男楦，根据设计鞋款的款式结构分析，该款鞋“四点定穿”数据如下：

后帮中缝高A_1A_X约为脚长的25%，由于后帮上口有海绵，后帮中缝高可适当加高3mm左右，以增加舒适度和跟脚性，可取：A_1A_X=65mm。

同样，由于海绵口缘故，外怀帮高B_1B_X也可适当提高2mm左右，可取：B_1B_X=51mm。

本款鞋属于深鞋口鞋，鞋脸全长点C_X应设置在K_0附近，由于C_X点在一定数值范围内可以调整变动，因此可以通过比例定版进行辅助定位。商务男鞋鞋口长度与鞋脸全长的竖直投影距离比可采用黄金分割比设置，如图3-38所示，C_X点为$J_1'A_X'$的黄金分割点。

图3-38 比例定版示意图

口门点Q_Y（锁口）位置与脚型规律和鞋眼设计数量有关。一般来说，商务男鞋鞋眼距为13～15mm，此款鞋有四个鞋眼，鞋耳上的鞋眼线长度应为65～75mm，本款鞋取65mm。在背中线从C_X点向前量取65mm，定为F_X点（图3-39），则F_X点的外怀楦面宽度线的中点即可定为Q_Y。此时，A_XQ_Y＞158mm，能够满足穿脱需求。

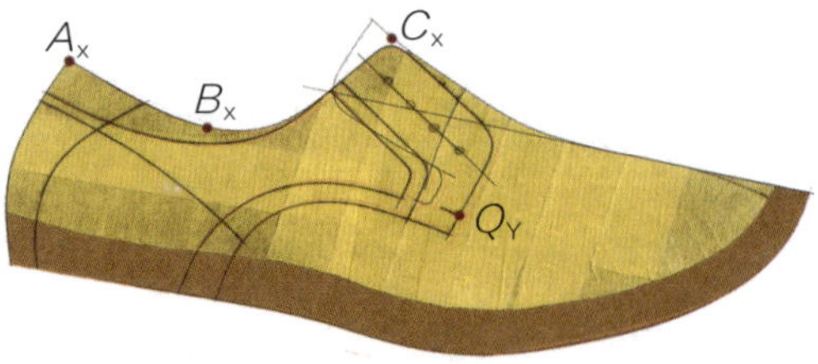

图3-39 四点定穿示意图

3. 样板制作

Shoemaster制作本款鞋样板的基本步骤如下：

• 选择档案——输入（快捷键“P”），根据输入精灵界面提示，输入图纸选项，将半面板导入软件操作界面。根据图纸轮廓线条，使用画线工具（快捷键“空格”）将结构线勾画完整，并补全设计师未在半面板上画出的结构线条，如鞋舌线条等。根据样板的内外怀差异，使用弹移、旋转（快捷键“Shift+V”）、节点（快捷键“Z”）调整等工具进行调整，如图3-40所示，画出内怀差异线条。点击档案——储存项目，进行文档保存。点击项目栏加号，A Files加号，将shell.she修改为“男商务.She”。点击菜单栏级放——设定——当前级放类型——法国尺码。点击菜单栏级放——设定——基本板级放规则（快捷键“8”），在弹出的对话框中，将楦肥距离设置为鞋楦的跖趾围数据，然后点击“执行”。将楦长距离设置为鞋楦的楦底样长，然后点击“执行”。将楦肥级放数据（内销成人）设置为“3.5”，然后点击“执行”。长度级放数据（内销成人）设置为“5”，然后点击“执行”。设置完成后点击关闭。点击菜单栏级放——设定——尺码范围（快捷键“9”），在弹出的对话框中，将级放“从…至…”设置为级放尺码组（如37～44，38～43），将基本号设置为半面板本码（演示样板本码250），楦肥设置为“F”，完成后点击“关闭”。

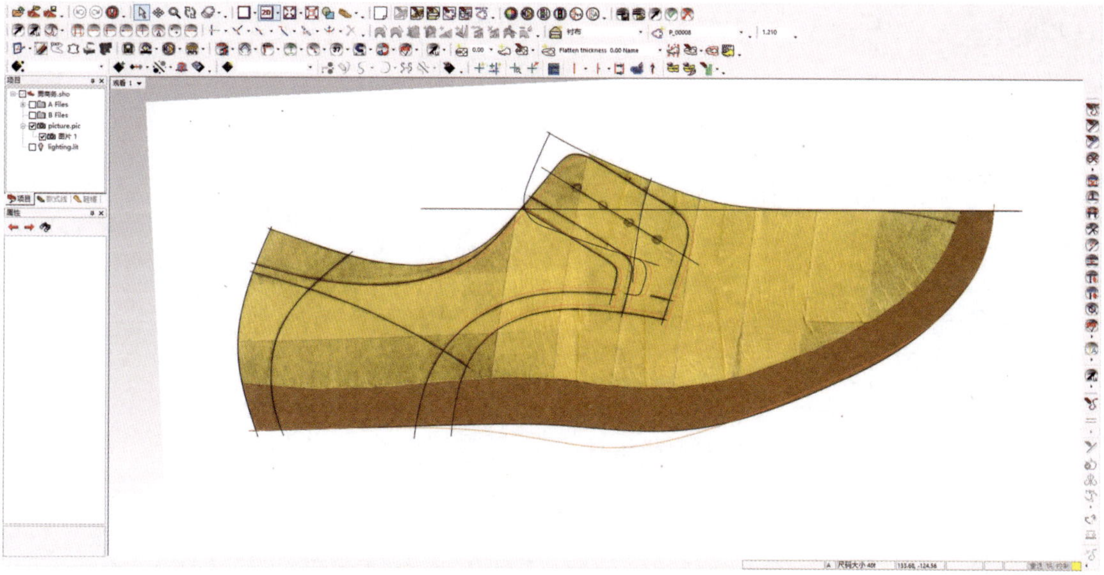

图3-40

• 隐藏半面板图纸，根据样片取片规则，画出主跟样片中线、鞋舌样片中心及头排样片中心。并使用复制功能（快捷键“X”）对主跟线条进行复制，然后使用弹移工具对复制后的线条进行编辑，如图3-41所示。

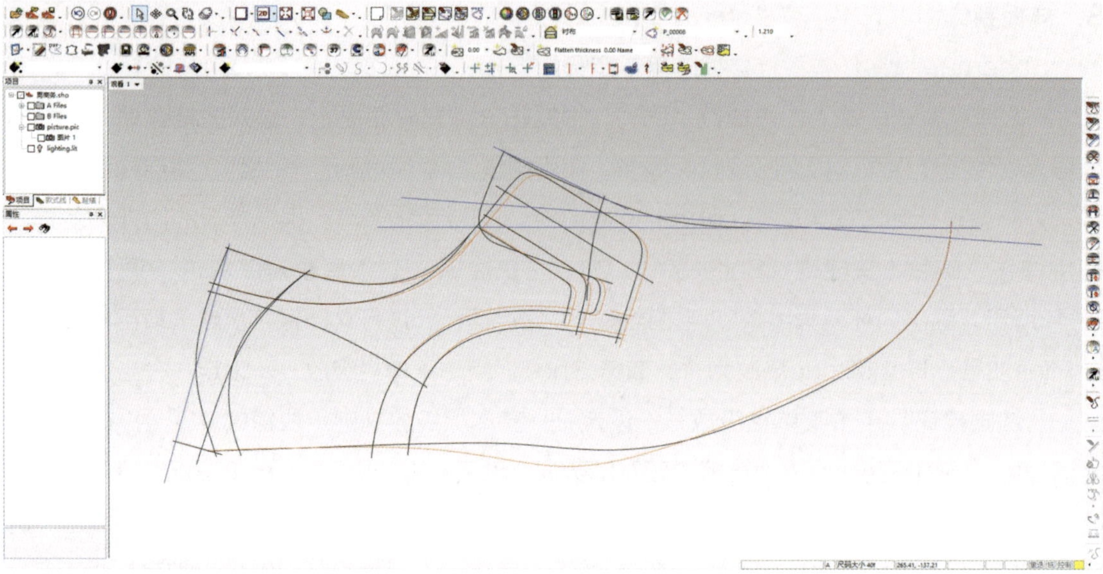

图3-41

• 选中和头排样片相关联的线条，使用复制功能（快捷键“X”），以锁口点为中心，对线条进行旋转（快捷键“Shift+V”），口舌连接线条与鞋耳控制定针需分两次旋转，如图3-42所示。

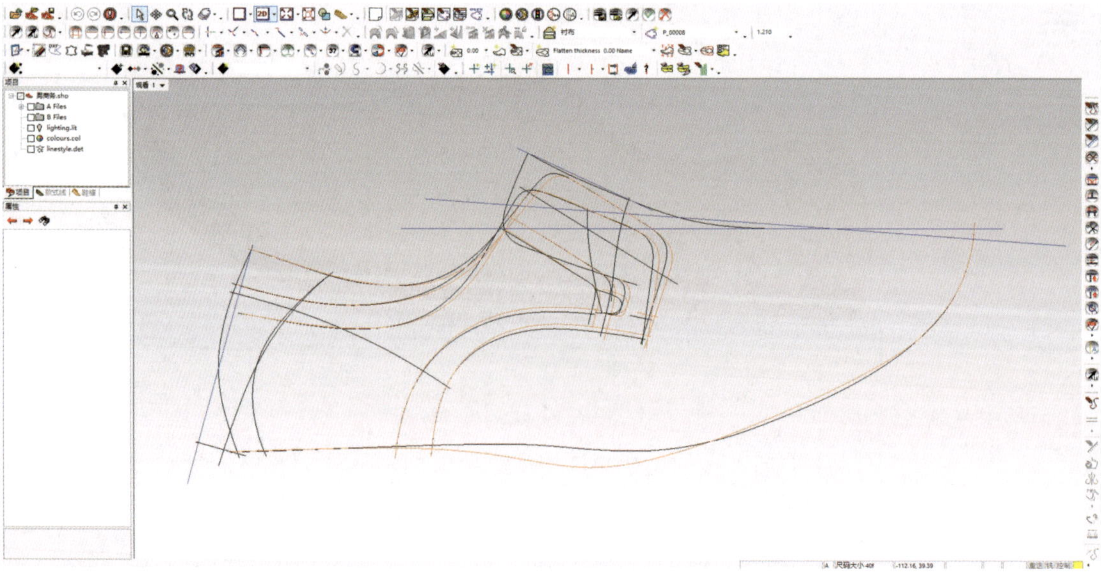

图3-42

• 选中帮脚线条，并复制（快捷键“X”），以前帮中线与背中线交点下方斜长线处为交点，使用弹移工具进行降翘，使之与头排中线平行。选中内怀帮脚线及两翼线，并复制（快捷键“X”)，以锁口点为中心，使用弹移工具向下转翘。形状如图3-43所示。

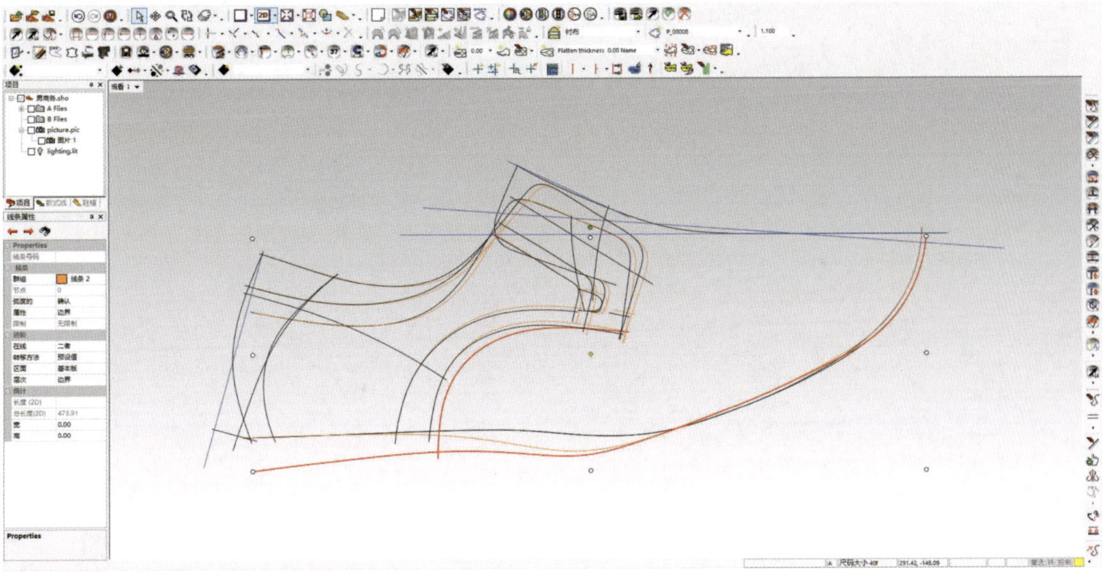

图3-43

• 选择分板集——新建分板集——新分板集，在弹出的对话框输入“做帮”。选择分板——新建立——新分板(快捷键“A”)，顺时针选择一周，优先选择内怀线条，生成一半样片。选择中心分板线，使用展开功能(快捷键“L”)，生成对称样片。选取需要替换的线条，使用分板线替换功能(快捷键“I”)，替换为正确的分板线条。选择需要生成槽线的半边边缘线条，使用生成分板线功能(快捷键“E”)，选取线条(选取顺序：需生成分板线的前一条线，分板线，需生成分板线的后一条线)，此功能起始线和末尾线仅用于控制，不显示。如图3-44所示，生成以上分板线。使用线条圆孔标记功能(快捷键“Shift+=”)，在关键的定针位置添加圆孔。使用大齿沟功能(快捷键“字母键盘7”)，在内怀帮脚分板线边缘中心位置标记内怀牙尖。使用中心齿沟功能(快捷键“字母键盘8”)，先选择任意一条帮脚分板线，再选择分板中线，生成中心牙尖，牙尖大小可在属性栏中进行设置。完成后，选择分板线——新建立——新的分板线文字(快捷键“F”)，在弹出的对话框中选择款式名称(%P)、尺码(%Z)、分板集名称(%K)、日期(%D)，也可以输入括号中的相关代码，然后点击“确定”，在样片内怀中心位置点击(第一次点击确定位置，第二次点击确定方向)。完成效果如图3-44所示。

• 选择分板——新建立——新分板(快捷键“A”)，顺时针选取一周，生成样片。选择中心分板线，使用展开功能(快捷键“L”)，生成对称样片。完成后，选择分板线——新建立——新的分板线文字(快捷键“F”)，在样片中心位置点击(第一次点击确定位置，第二次点击确定方向)，如图3-45所示。

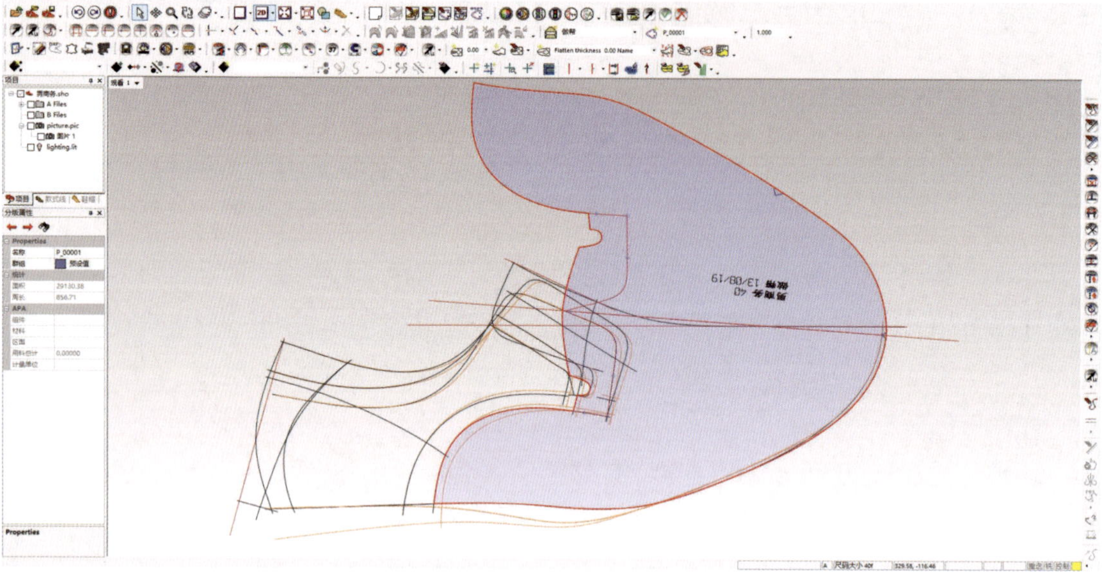

图3-44

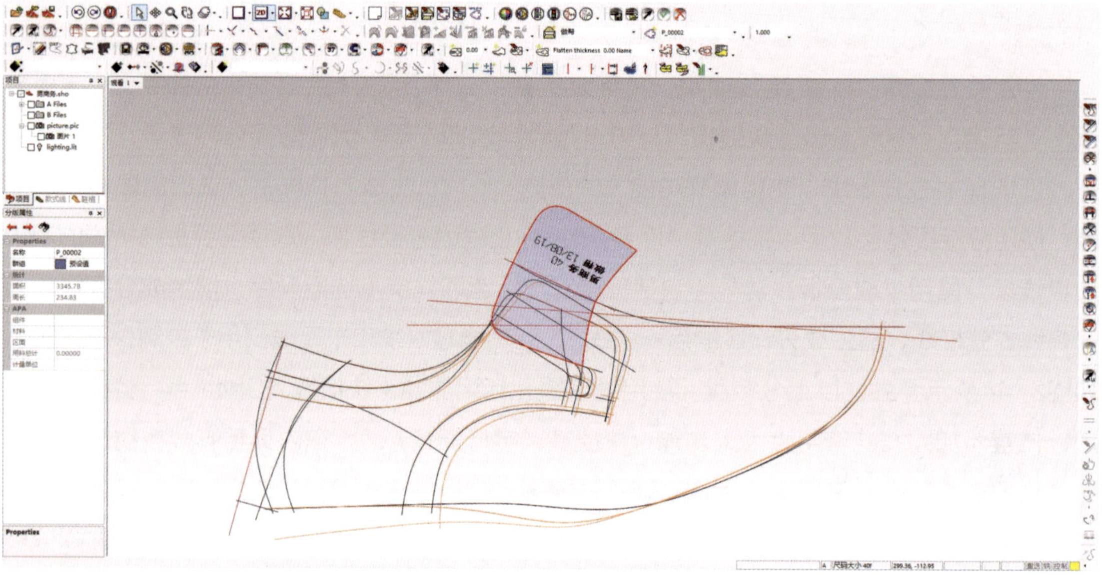

图3-45

• 选择分板——新建立——新分板（快捷键“A”），顺时针选取一周，生成样片。完成后，选择分板线——新建立——新的分板线文字（快捷键“F”），在样片中心位置点击（第一次点击确定位置，第二次点击确定方向）如图3-46所示。

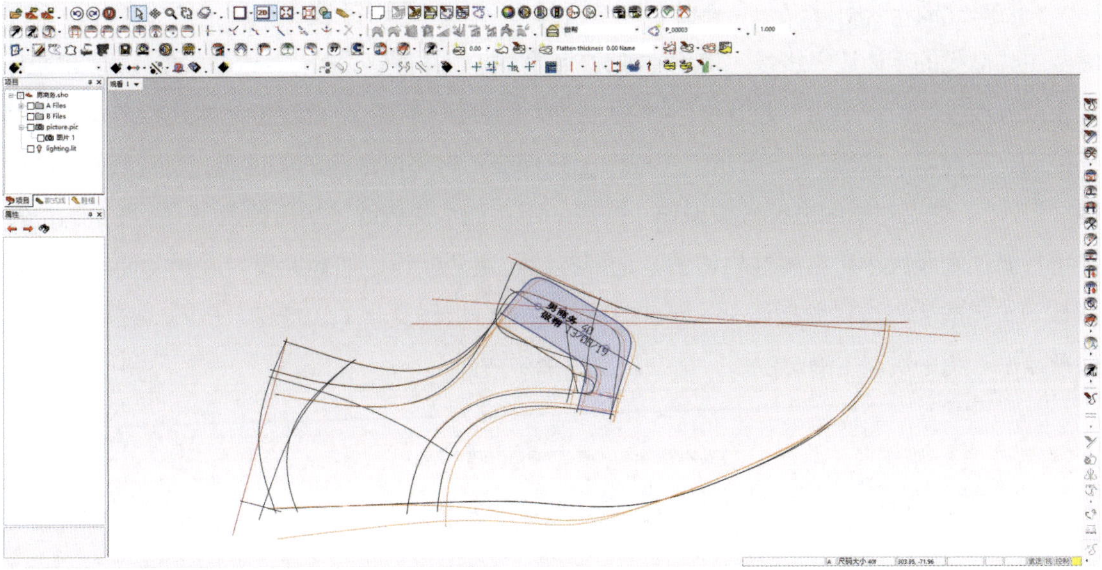

图3-46

• 选择分板——新建立——新分板（快捷键“A”），顺时针选取一周，生成样片。使用大齿沟功能（快捷键“字母键盘7”），在内怀平直分板线中心位置标记内怀牙尖。完成后，选择分板线——新建立——新的分板线文字（快捷键“F”），在样片中心位置点击（第一次点击确定位置，第二次点击确定方向）。选择镜像当前选取样片工具，翻转当前样片，如图3-47所示。

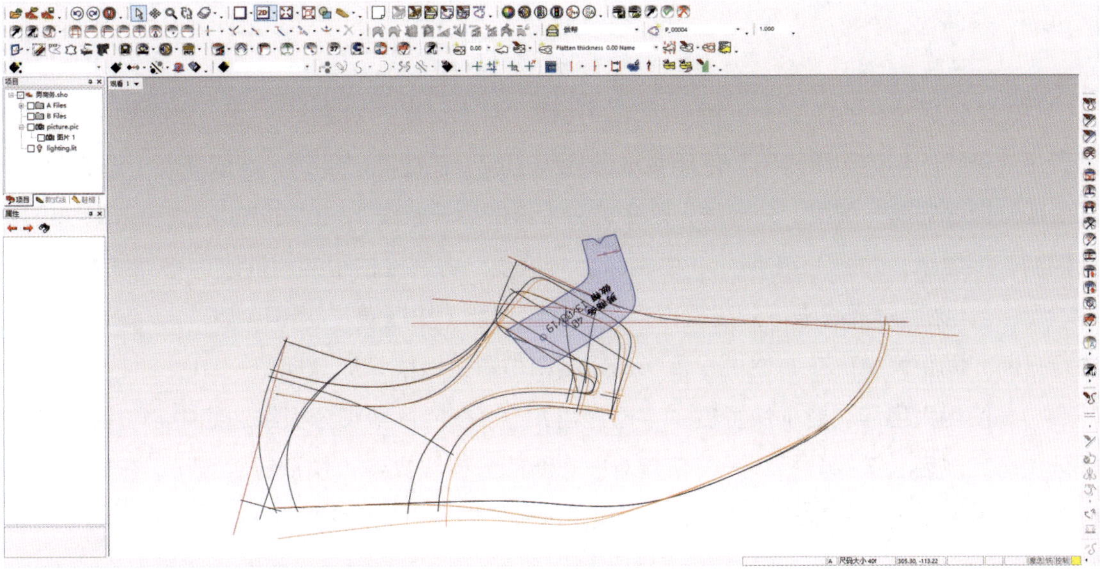

图3-47

• 选择分板——新建立——新分板（快捷键“A”），顺时针选取一周，生成样片。选择需要生成槽线的半边边缘线条，使用生成分板线功能（快捷键“E”），选取线条（选取顺序：需生成分板线的前一条线，分板线，需生成分板线的后一条线），此功能起始线和末尾线仅用于控制，不显示。如图3-48所示，生成以上分板线，将属性栏里的属性改为马克线A（快捷键“F6”），然后对槽线进行分段操作，使用间距功能（快捷键“字母键盘0”），在合适位置进行打断，间距大小可在属性栏设置。选择鞋口位置分板线，加翻拥量+5mm（使用快捷键“F5”）。完成后，选择分板线——新建立——新的分板线文字（快捷键“F”），在样片中心位置点击（第一次点击确定位置，第二次点击确定方向）。

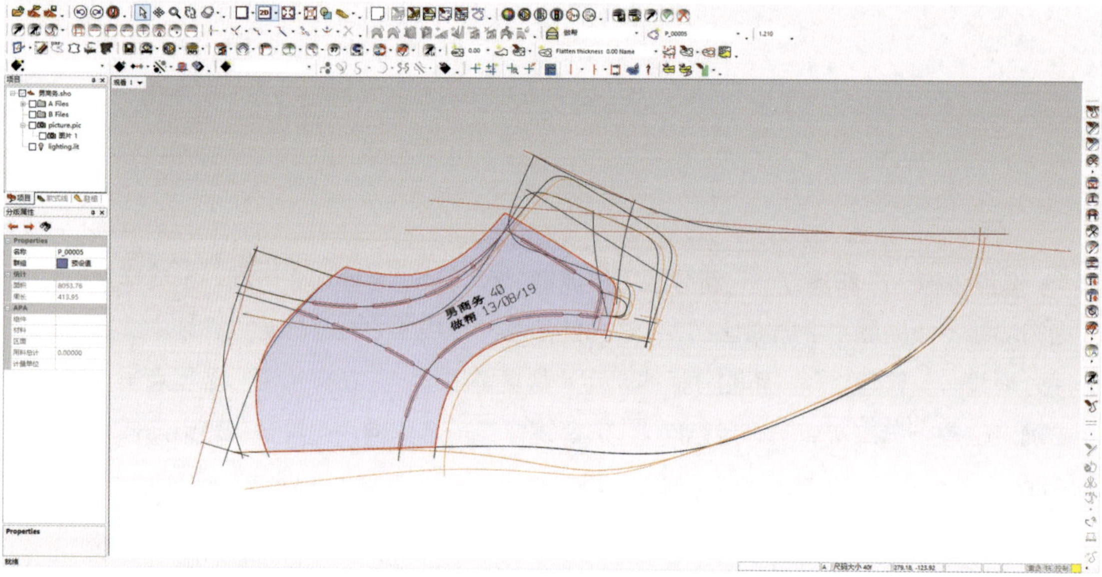

图3-48

• 选择分板——新建立——新分板（快捷键“A”），顺时针选取一周，生成样片。选择需要生成槽线的半边边缘线条，使用生成分板线功能（快捷键“E”），选取线条（选取顺序：需生成分板线的前一条线，分板线，需生成分板线的后一条线），此功能起始线和末尾线仅用于控制，不显示。如图3-49所示，生成以上分板线，将属性栏里的属性改为马克线A（快捷键“F6”），然后对槽线进行分段操作，使用间距功能（快捷键“字母键盘0”），在合适位置进行打断，间距大小可在属性栏设置。选择鞋口位置分板线，加翻拥量+5mm（使用快捷键“F5”）。使用大齿沟功能（快捷键“字母键盘7”），在内怀帮脚分板线边缘中心位置标记内怀牙尖。完成后，选择分板线——新建立——新的分板线文字（快捷键“F”），在样片中心位置点击（第一次点击确定位置，第二次点击确定方向）。选择镜像当前选取样片工具，翻转当前样片。

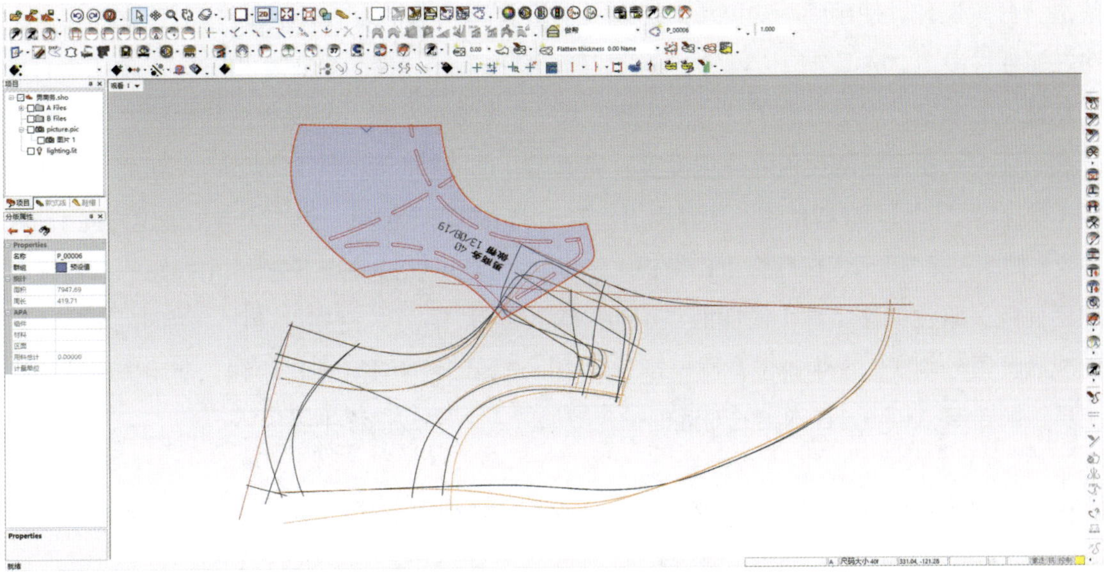

图3-49

• 选择分板——新建立——新分板（快捷键“A”），顺时针选取一周，生成样片。选择中心分板线，使用展开功能（快捷键“L”），生成对称样片。选择需要生成槽线的半边边缘线条，使用生成分板线功能（快捷键“E”），选取线条（选取顺序：需生成分板线的前一条线，分板线，需生成分板线的后一条线），此功能起始线和末尾线仅用于控制，不显示。如图3-50所示，生成以上分板线，将属性栏里的属性改为马克线A（快捷键“F6”），然后对槽

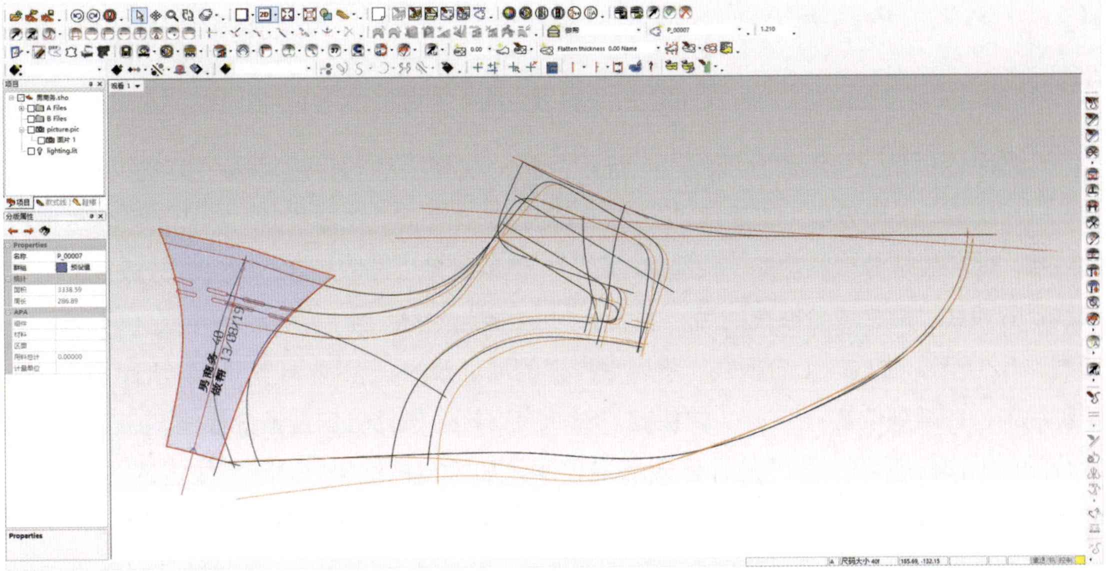

图3-50

线进行分段操作，使用间距功能（快捷键“字母键盘0”），在合适位置进行打断，间距大小可在属性栏设置。选择鞋口位置分板线，加翻拥量+5mm（使用快捷键“F5”）。使用中心齿沟功能（快捷键“字母键盘8”），先选择任意一条帮脚分板线，再选择分板中线，生成中心牙尖，牙尖大小可在属性栏中进行设置。完成后，选择分板线——新建立——新的分板线文字（快捷键“F”），在样片中心位置点击（第一次点击确定位置，第二次点击确定方向）。

• 如图3-51所示，在后弧上口缩进1.5mm位置至后弧最凸点下方5mm处画一条直线，然后使用关联性偏移工具（快捷键“V”），输入数值“50”，空格，“80”，点击“确定”，生成后套里分割线。在中排位置画一条分割线，选择口舌中线和头排中线，使用关联性偏移工具（快捷键“V”），在弹出的对话框输入数值“2”，生成偏移中线。

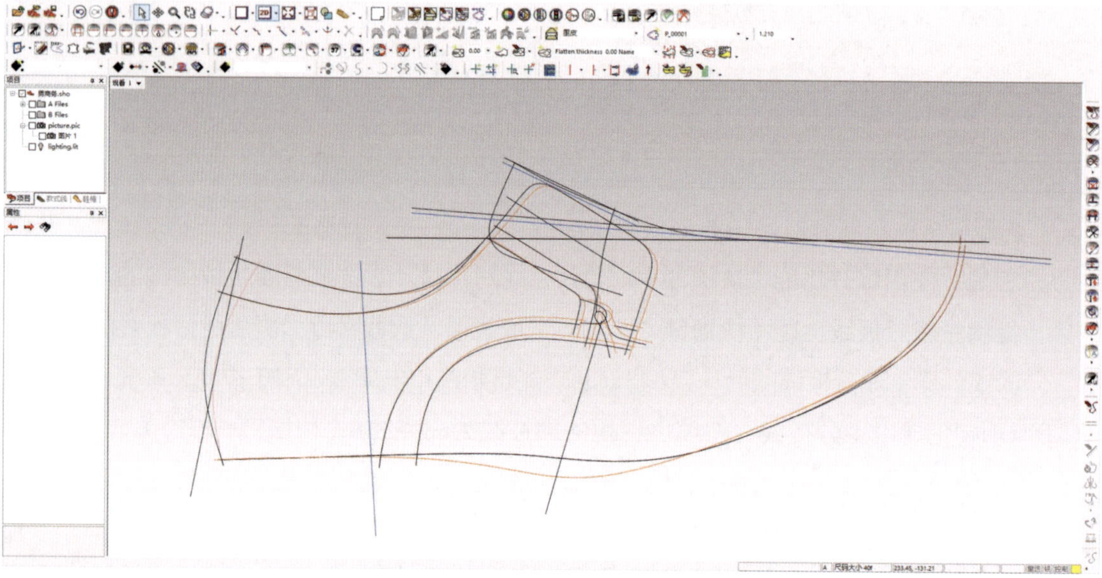

图3-51

• 选择分板集——新建分板集——新分板集，在弹出的对话框输入“里皮”。选择分板——新建立——新分板（快捷键“A”），顺时针选择一周，生成样片。选择需要生成槽线的线条，使用生成分板线功能（快捷键“E”），选取线条（选取顺序：需生成分板线的前一条线，分板线，需生成分板线的后一条线），此功能起始线和末尾线仅用于控制，不显示。如图3-52所示，生成以上分板线，将属性栏里的属性改为马克线A（快捷键“F6”），选择帮脚线条，在帮脚位置-8mm（快捷键“Shift+F8”）。选择鞋口位置分板线，加里皮翻拥量+2mm（快捷键“F2”）。选择里皮搭地位置，加里皮搭地量+8mm（快捷键“F8”），使用中心齿沟功能（快捷键“字母键盘8”），先选择鞋口分板线，再选择分板中线，生成中心牙尖，在属性栏将线条倾斜度“不对”改为“确认”，牙尖大小可在属性栏中进行设置。选择需要进行圆角的前一条分板线，使用圆角功能（大圆角快捷键“F7”，小圆角快捷键“Shift+F7”）进行圆角。选择中心分板线，使用展开功能（快捷键“L”），生成对称样片，删除部分多余的分板线。完成后，选择分板线——新建立——新的分板线文字（快捷键“F”），在样片中心位置点击（第一次点击确定位置，第二次点击确定方向）。

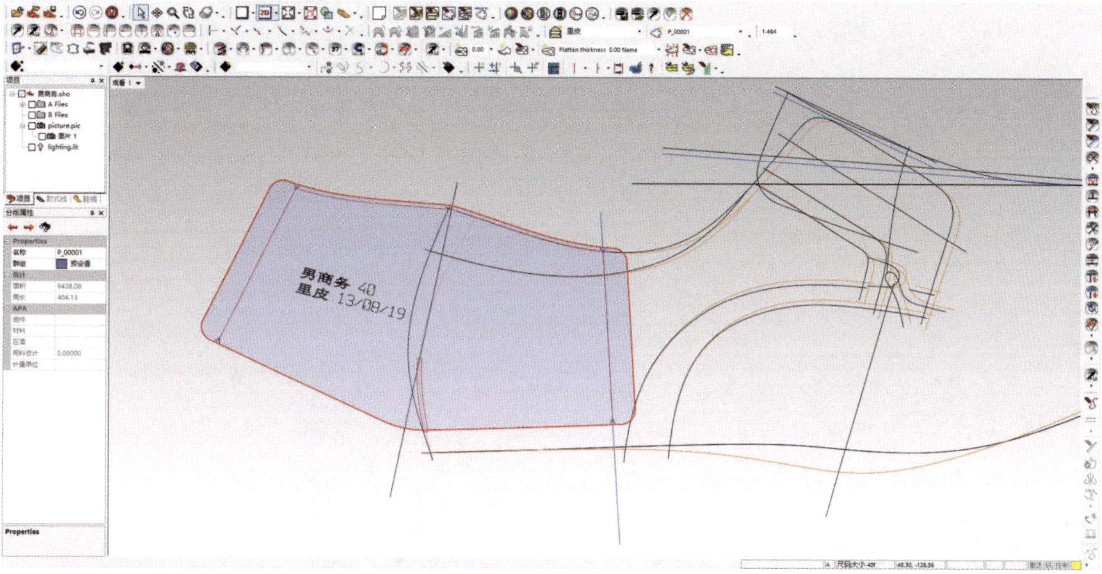

图3-52

• 选择分板——新建立——新分板（快捷键“A”），顺时针选取一周，生成样片。在搭接位置+5mm（快捷键“F5”），冲里位置+3mm（快捷键“F3”），选择需要进行圆角的前一条分板线，使用圆角功能（大圆角快捷键“F7”，小圆角快捷键“Shift+F7”）进行圆角。选择中心分板线，使用展开功能（快捷键“L”），生成对称样片，如图3-53所示。完成后，选择分板线——新建立——新的分板线文字（快捷键“F”），在样片中心位置点击（第一次点击确定位置，第二次点击确定方向）。

• 选择分板——新建立——新分板（快捷键“A”），顺时针选取一周，生成样片。在帮脚位置前端－4mm，后端－8mm，在属性栏移位栏输入数值“－4 －8”，搭接位置+5mm（快捷键“F5”）。选择中心分板线，使用展开功能（快捷键“L”），生成对称样片。使用大齿沟功能（快捷键“字母键盘7”），在内怀帮脚分板线边缘中心位置标记内怀牙尖。使用中心齿沟功能（快捷键“字母键盘8”），先选择任意一条帮脚分板线，在选择分板中线，生成中心牙尖，牙尖大小可在属性栏中进行设置，如图3-54所示。选择完成后，选择分板线——新建立——新的分板线文字（快捷键“F”），在样片中心位置点击（第一次点击确定位置，第二次点击确定方向）。

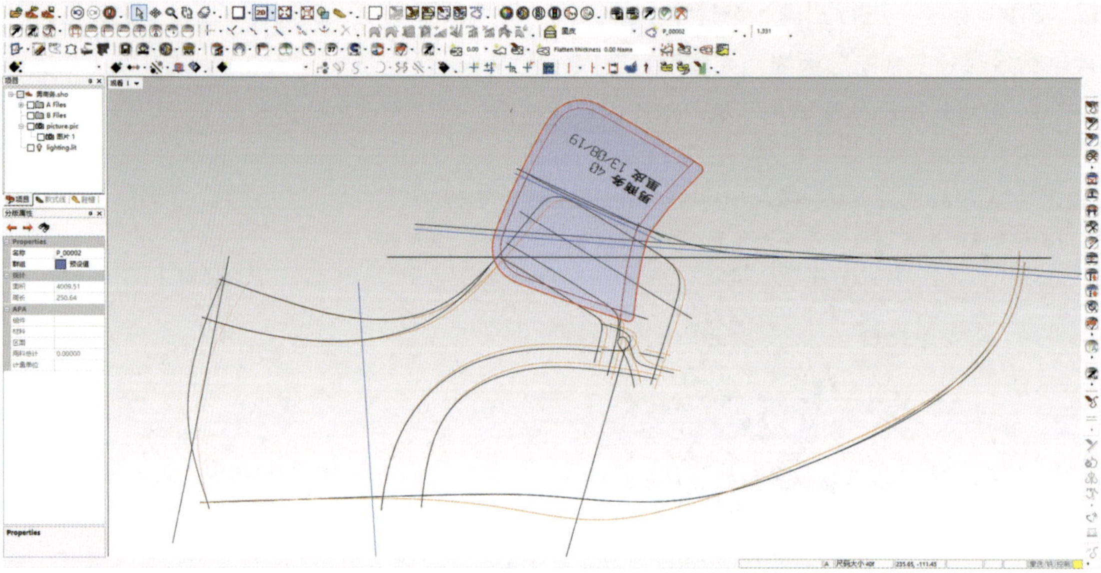

图3-53

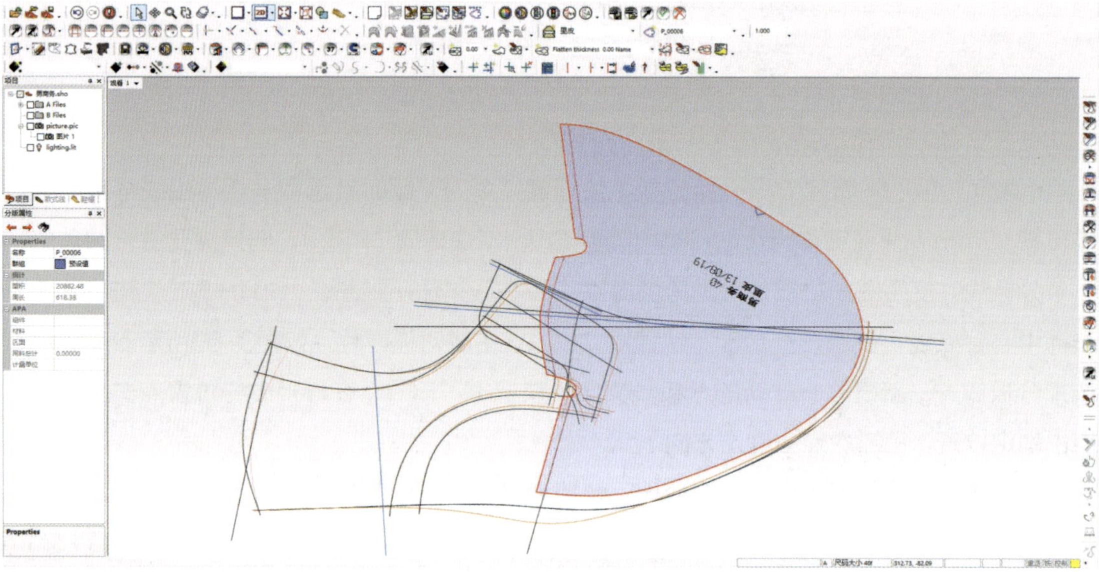

图3-54

• 选择分板——新建立——新分板（快捷键“A”），顺时针选取一周，生成样片。在帮脚位置－8mm（快捷键“Shift+F8”），在搭接位置+5mm（快捷键“F5”），选择鞋口分板线，使用分板线打断工具（快捷键“U”），在翻拥与拥边分割位置打断分板线，后段+2mm（快捷键“F2”），前段冲里位置+3mm（快捷键“F3”），在交接位置选择前一条线，在属性栏将连续性改为“落差”，如图3-55所示。完成后，选择分板线——新建立——新的分板线文字（快捷键“F”），在样片中心位置点击（第一次点击确定位置，第二次点击确定方向）。

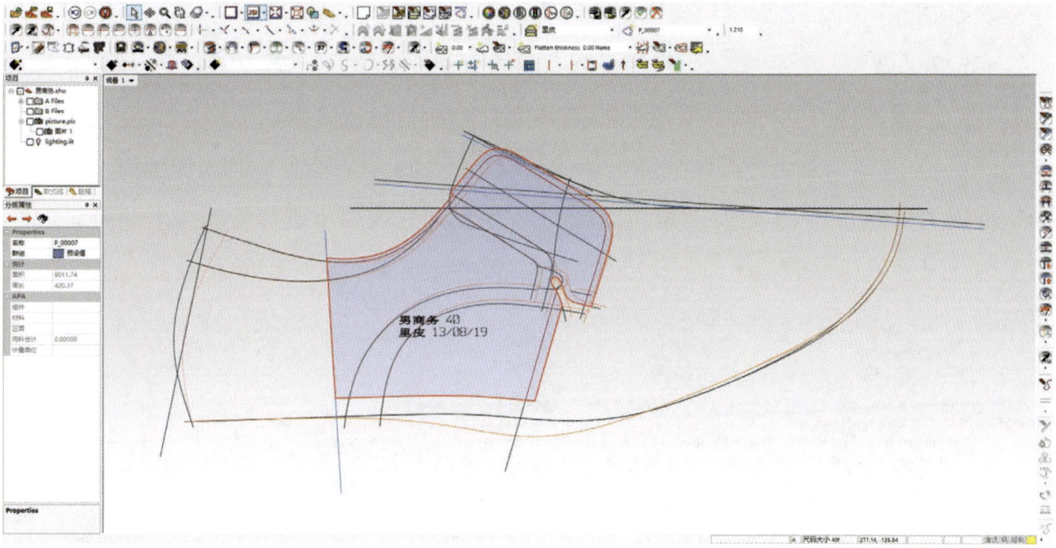

图3-55

• 选择分板——新建立——新分板（快捷键“A”），顺时针选取一周，生成样片。在帮脚位置－8mm（快捷键“Shift+F8”），在搭接位置+5mm（快捷键“F5”），选择鞋口分板线，使用分板线打断工具（快捷键“U”），在翻拥与拥边分割位置打断分板线，后段+2mm（快捷键“F2”），前段冲里位置+3mm（快捷键“F3”），在交接位置选择前一条线，在属性栏将连续性改为“落差”。使用大齿沟功能（快捷键“字母键盘7”），在内怀帮脚分板线边缘中心位置标记内怀牙尖，如图3-56所示。完成后，选择分板线——新建立——新的分板线文字（快捷键“F”），在样片中心位置点击（第一次点击确定位置，

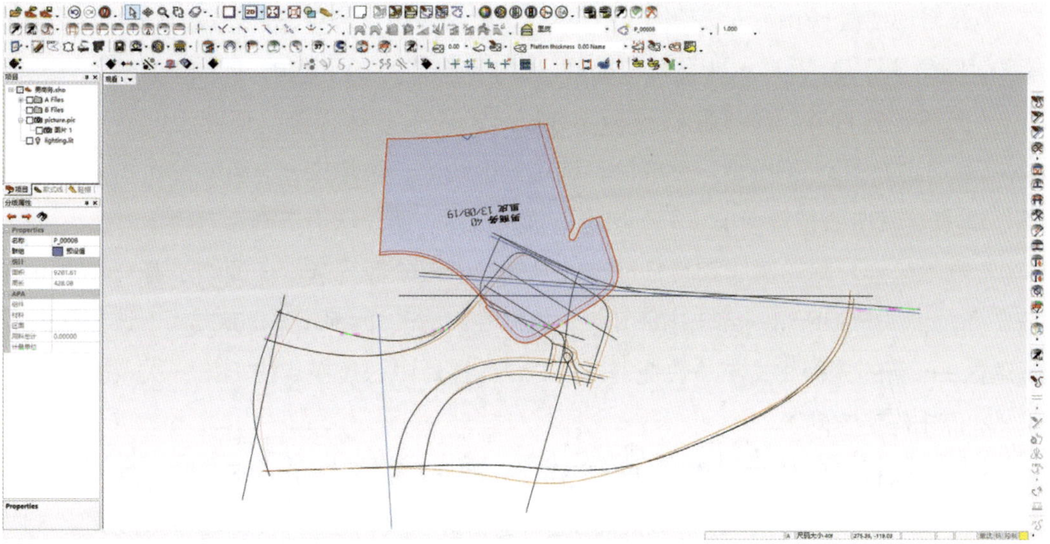

图3-56

第二次点击确定方向）。选择镜像当前选取样片工具，翻转当前样片。

• 选中“做帮”分板集，再选择分板集——新建分板集——复制，在弹出的对话框输入“划料”。删除该样片除轮廓线和特征标志线以外的所有分板线条。在搭地位置+8mm（快捷键“F8”），选择需要进行圆角的前一条分板线，使用圆角功能（大圆角快捷键“F7”，小圆角快捷键“Shift+F7”）进行圆角，如图3-57所示。完成后，选择分板线——新建立——新的分板线文字（快捷键“F”），在样片中心位置点击（第一次点击确定位置，第二次点击确定方向）。

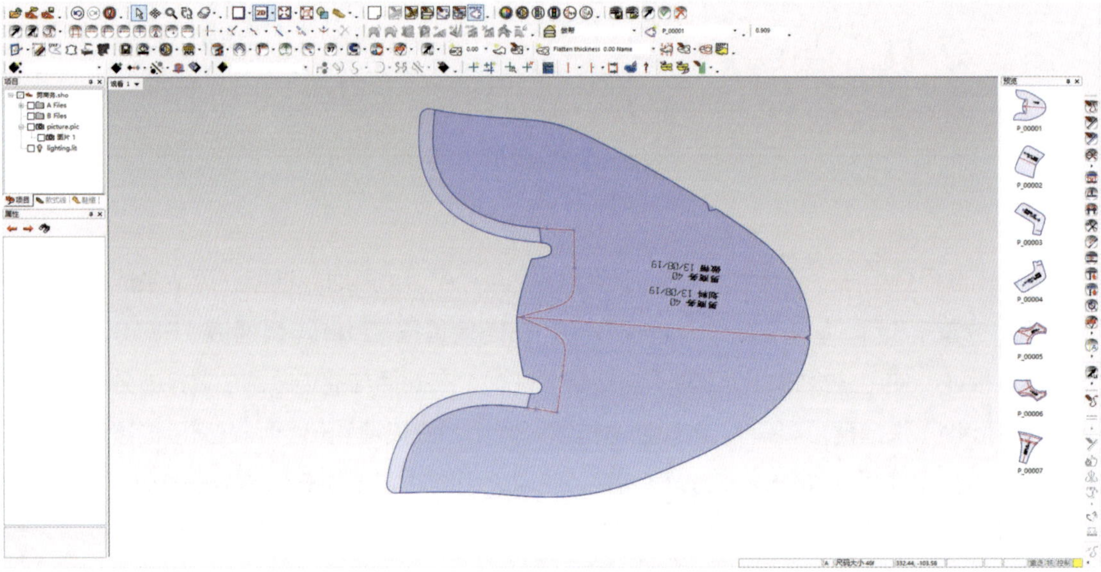

图3-57

• 在搭地位置+8mm（快捷键“F8”），选择需要进行圆角的前一条分板线，使用圆角功能（大圆角快捷键“F7”，小圆角快捷键“Shift+F7”）进行圆角，如图3-58所示。

• 删除该样片除轮廓线和特征标志线以外的所有分板线条。在拥边位置+5mm（快捷键“F5”），如图3-59所示。完成后，选择分板线——新建立——新的分板线文字（快捷键“F”），在样片中心位置点击（第一次点击确定位置，第二次点击确定方向）。

• 删除该样片除轮廓线和特征标志线以外的所有分板线条。在拥边位置+5mm（快捷键“F5”），如图3-60所示。点击内怀牙尖，将属性镜射改为“确认”。完成后，选择分板线——新建立——新的分板线文字（快捷键“F”），在样片中心位置点击（第一次点击确定位置，第二次点击确定方向）。

• 删除该样片除轮廓线和特征标志线以外的所有分板线条。在搭地位置+8mm（快捷键“F8”），如图3-61所示。完成后，选择分板线——新建立——新的分板线文字（快捷键“F”），在样片中心位置点击（第一次点击确定位置，第二次点击确定方向）。

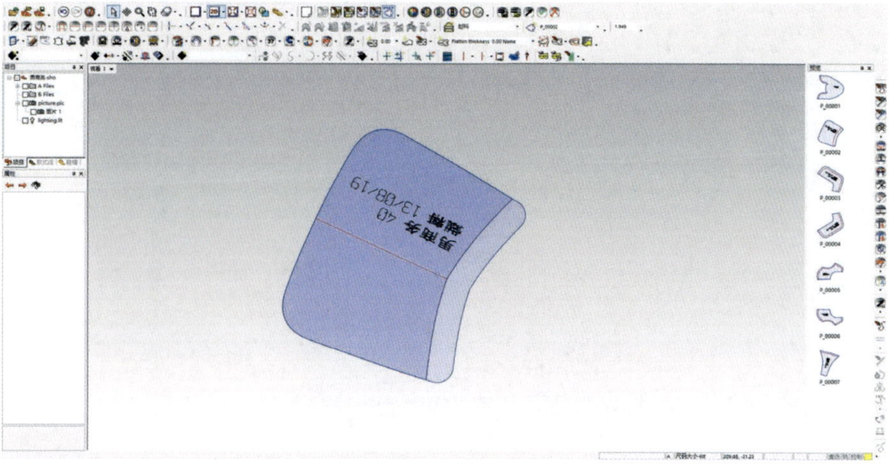

图3-58

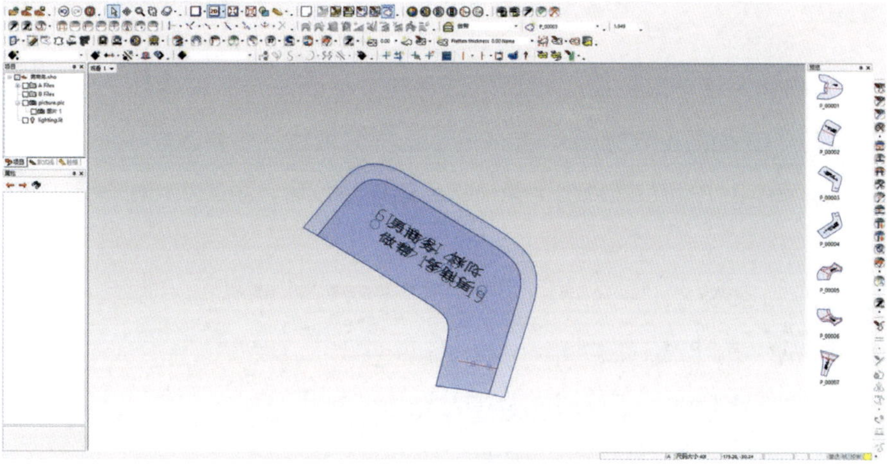

图3-59

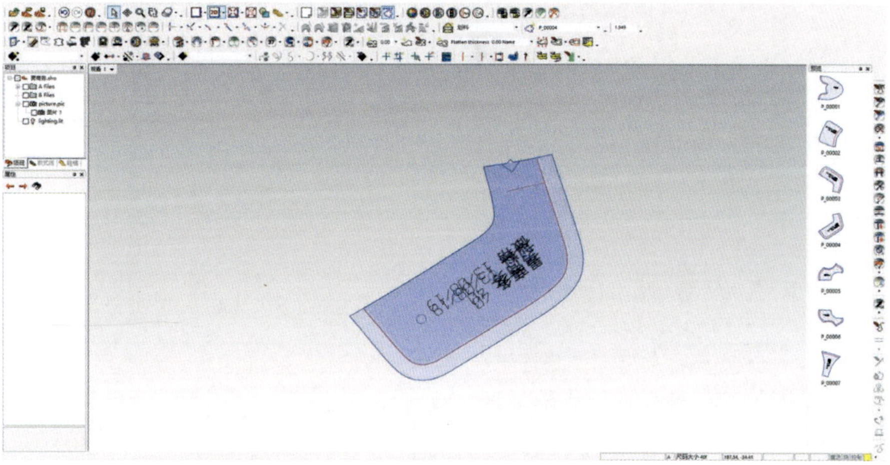

图3-60

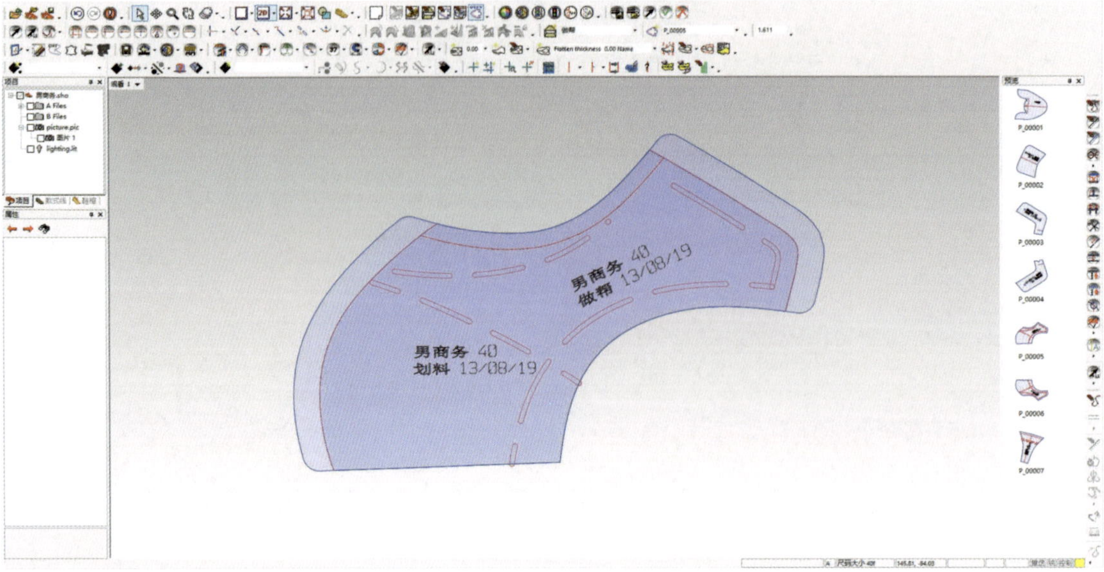

图3-61

• 删除该样片除轮廓线和特征标志线以外的所有分板线条。在搭地位置+8mm（快捷键“F8”），如图3-62所示。完成后，选择分板线——新建立——新的分板线文字（快捷键“F”），在样片中心位置点击（第一次点击确定位置，第二次点击确定方向）。

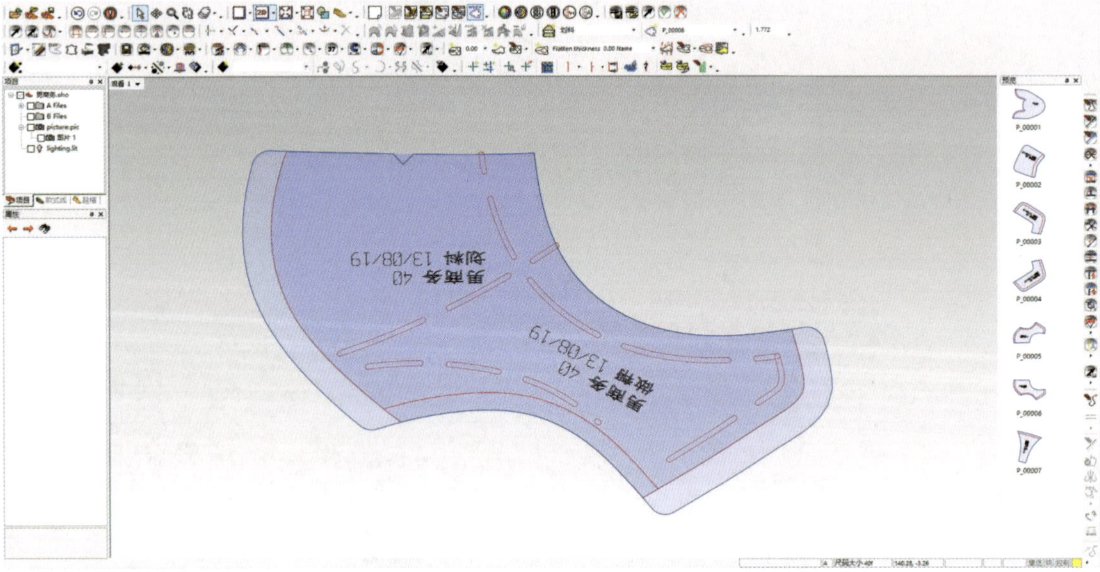

图3-62

• 删除该样片除轮廓线和特征标志线以外的所有分板线条，如图3-63所示。完成后，选择分板线——新建立——新的分板线文字（快捷键“F”），在样片中心位置点击（第一次点击确定位置，第二次点击确定方向）。

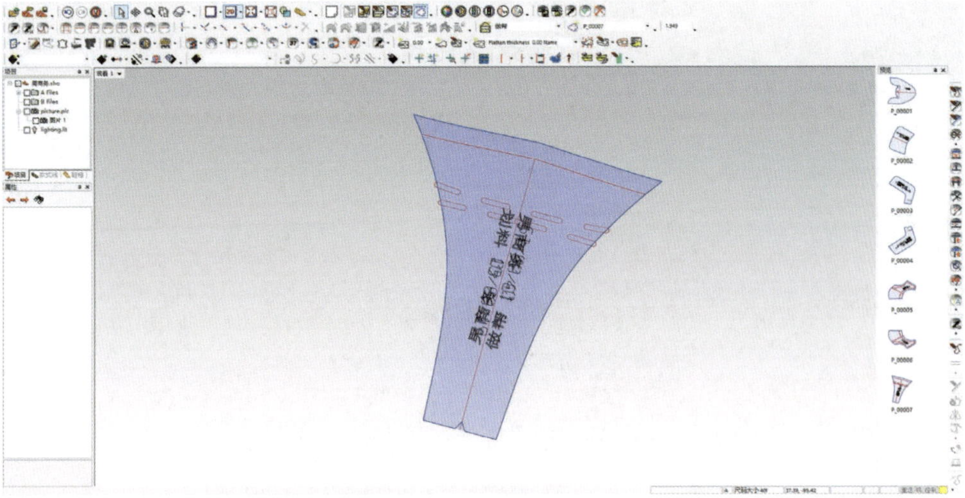

图3-63

• 选中“划料”分板集，再选择分板集——新建分板集——复制，在弹出的对话框输入“衬布”。选中帮脚位置分板线-6mm（快捷键“Shift+F4”），搭地位置+5mm（在属性栏将移位数值改为“5”），其他毛口位置 - 3mm（快捷键“Shift+F3”）。选中内怀牙尖标记，在属性栏将镜射“不对”改为“确认”。选中中心牙尖标记，在属性栏将镜射“不对”改为“确认”，如图3-64所示。

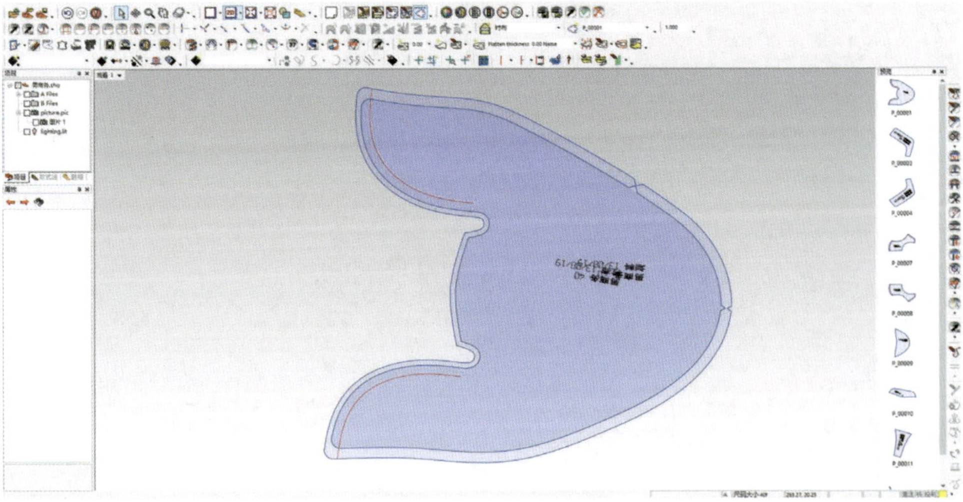

图3-64

• 选中一圈轮廓线，一圈减3mm（快捷键“Shift+F3”），然后删除无用分板线，如图3-65所示。完成后，选择分板线——新建立——新的分板线文字（快捷键“F”），在样片中心位置点击（第一次点击确定位置，第二次点击确定方向）。

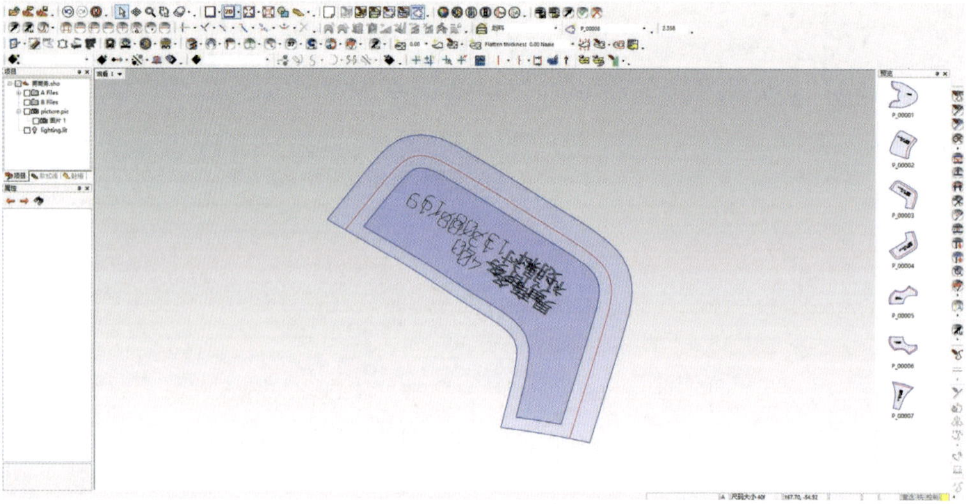

图3-65

• 选中一圈轮廓线，一圈减3mm（快捷键“Shift+F3”），然后删除无用分板线。选中内怀牙尖标记，在属性栏将镜射“不对”改为“确认”，如图3-66所示。完成后，选择分板线——新建立——新的分板线文字（快捷键“F”），在样片中心位置点击（第一次点击确定位置，第二次点击确定方向）。

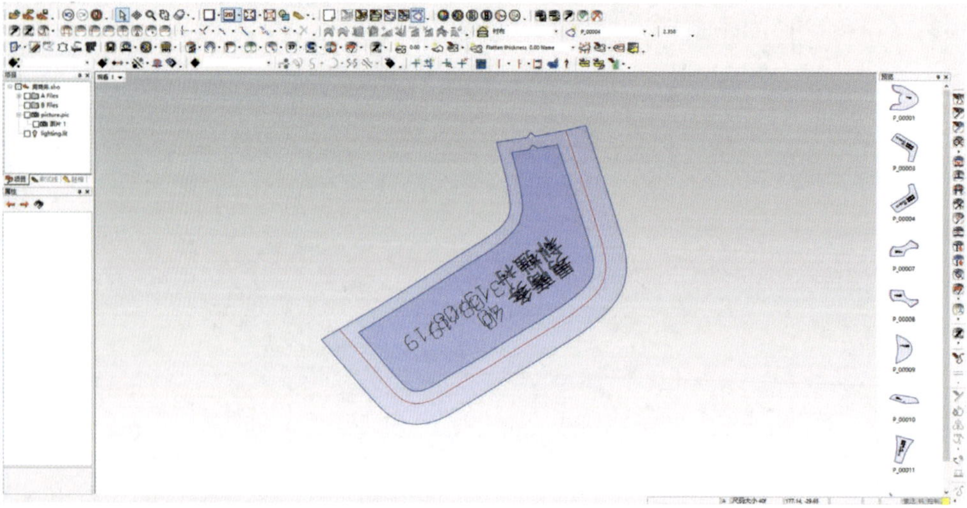

图3-66

• 删除该样片，打开原母线线条，选择分板——新建立——新分板（快捷键“A”），顺时针选取一周，生成样片。在海绵口位置-1mm（快捷键“Shift+F1”），鞋口位置－3mm（快捷键“Shift+F3”），帮脚位置-6mm（快捷键“Shift+F4”），搭地位置+5mm（快捷键“F5”）。完成后，选择分板线——新建立——新的分板线文字（快捷键“F”），在样片中心位置点击（第一次点击确定位置，第二次点击确定方向），如图3-67所示。

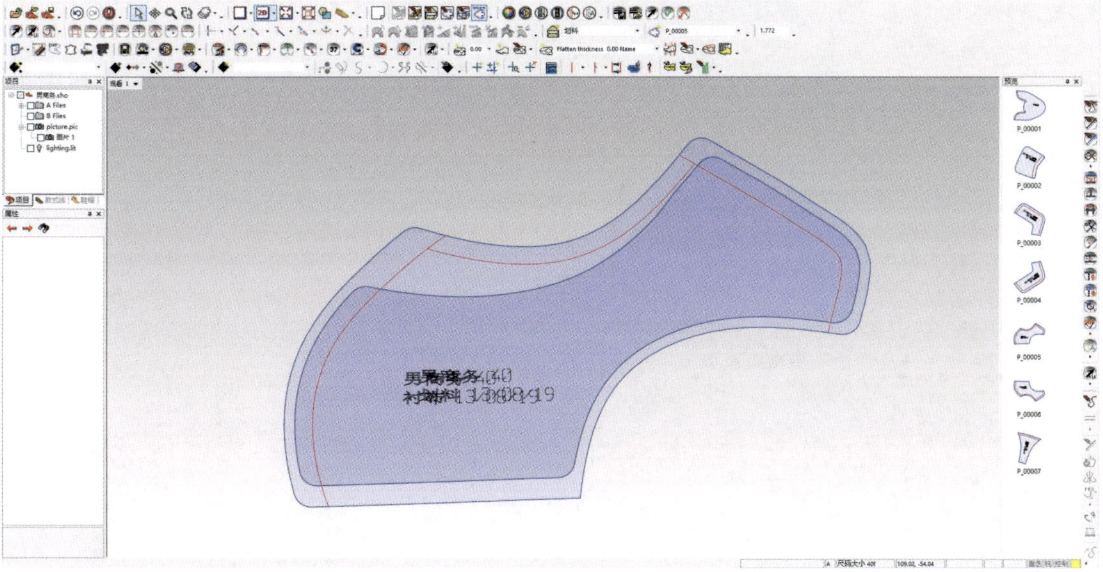

图3-67

• 删除该样片，打开原母线线条，选择分板——新建立——新分板（快捷键“A”），顺时针选取一周，生成样片。在海绵口位置－1mm（快捷键“Shift+F1”），鞋口位置-3mm（快捷键“Shift+F3”），帮脚位置-6mm（快捷键“Shift+F4”），搭地位置+5mm（快捷键“F5”）。在内怀帮脚分板线边缘中心位置标记内怀牙尖。选中内怀牙尖标记，在属性栏将镜射“不对”改为“确认”，如图3-68所示。完成后，选择分板线——新建立——新的分板线文字（快捷键“F”），在样片中心位置点击（第一次点击确定位置，第二次点击确定方向）。选择镜像当前选取样片工具，翻转当前样片。

• 删除该样片，如图3-69所示，打开原母线线条，选择分板——新建立——新分板（快捷键“A”），顺时针选取一周，生成样片。在海绵口位置－1mm（快捷键“Shift+F1”），鞋口位置－3mm（快捷键“Shift+F3”），帮脚位置－6mm（快捷键“Shift+F4”）。完成后，选择分板线——新建立——新的分板线文字（快捷键“F”），在样片中心位置点击（第一次点击确定位置，第二次点击确定方向）。

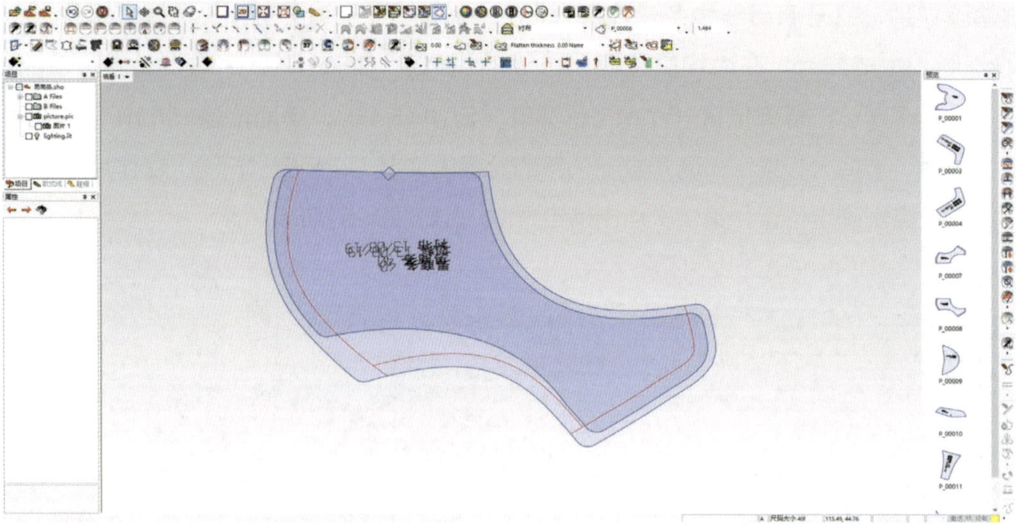

图3-68

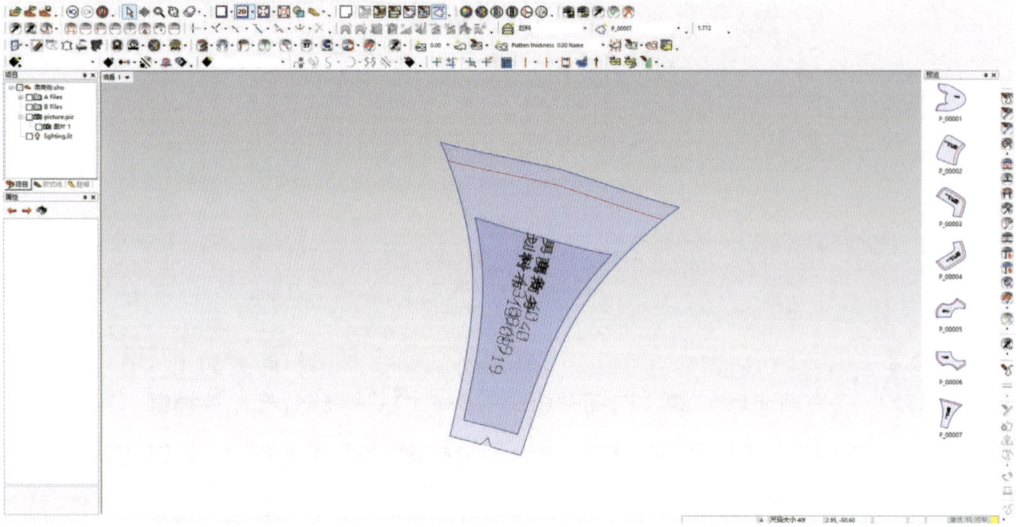

图3-69

• 选择分板——新建立——新分板（快捷键“A”），顺时针选取一周，生成样片。一圈-1mm（快捷键“Shift+F1”），如图3-70所示。

• 在头排定点位置画一条垂线，使用关联性偏移工具（快捷键“V”），在弹出的对话框中输入数值“80”，选中新生成的偏移线，再次使用关联性偏移工具（快捷键“V”），在弹出的对话框中输入数值“8”，根据内包头形状，画出包头线条。选择分板——新建立——新分板（快捷键“A”），顺时针选取一周，生成样片。选择帮脚线条，帮脚量-8mm（快捷键“Shift+F8”）。选择中心分板线，使用展开功能（快捷键“L”），生成对称样片。选取需要替换的线条，使用分板线替换功能（快捷键“I”），替换为正确的分板线条。使用大齿沟功能（快

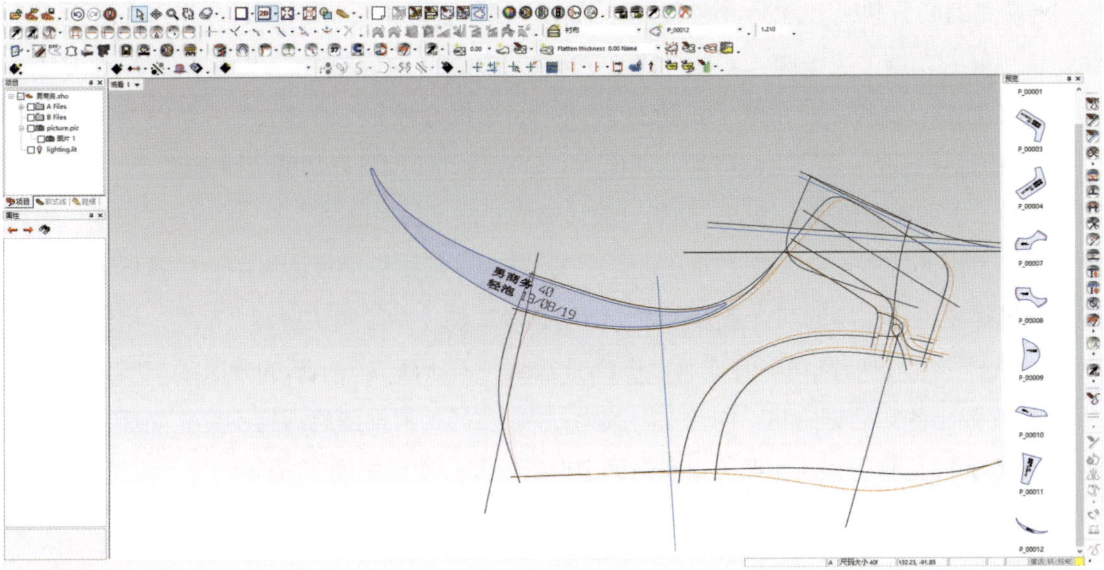

图3-70

捷键“字母键盘7”)，在内怀帮脚分板线边缘中心位置标记内怀牙尖。使用中心齿沟功能（快捷键“字母键盘8”)，先选择任意一条帮脚分板线，再选择分板中线，生成中心牙尖，牙尖大小可在属性栏中进行设置。完成后，选择分板线——新建立——新的分板线文字（快捷键“F”)，在弹出的对话框中分板集名称(%K)改为“内包头”，其他信息保持不变，然后点击“确定”，在样片中心位置点击（第一次点击确定位置，第二次点击确定方向)，如图3-71所示。

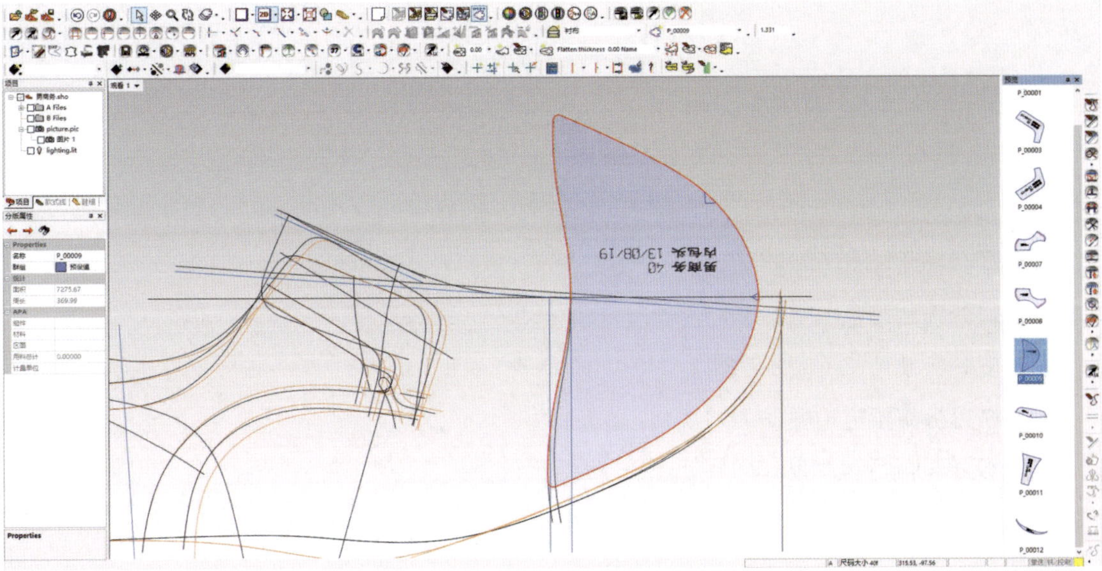

图3-71

• 在海绵口分割线下方3mm位置画一条内主跟分割线，形状如图3-72所示，选中后弧线，使用复制功能（快捷键“X”），然后使用旋转功能（快捷键“Shift+V”），以后弧线与中线交点为圆心旋转一定角度，如图3-72所示。选择分板——新建立——新分板（快捷键“A”），顺时针选取一周，生成样片。选择中心分板线，使用展开功能（快捷键“L”），生成对称样片。选取需要替换的线条，使用分板线替换功能（快捷键“I”），替换为正确的分板线条。使用大齿沟功能（快捷键“字母键盘7”），在内怀帮脚分板线边缘中心位置标记内怀牙尖。选择需要进行圆角的前一条分板线，使用圆角功能（大圆角快捷键“F7”，小圆角快捷键“Shift+F7”）进行圆角。完成后，选择分板线——新建立——新的分板线文字（快捷键“F”），在弹出的对话框中将“内包头”改为“内主跟”，其他信息保持不变，然后点击“确定”，在样片中心位置点击（第一次点击确定位置，第二次点击确定方向）。

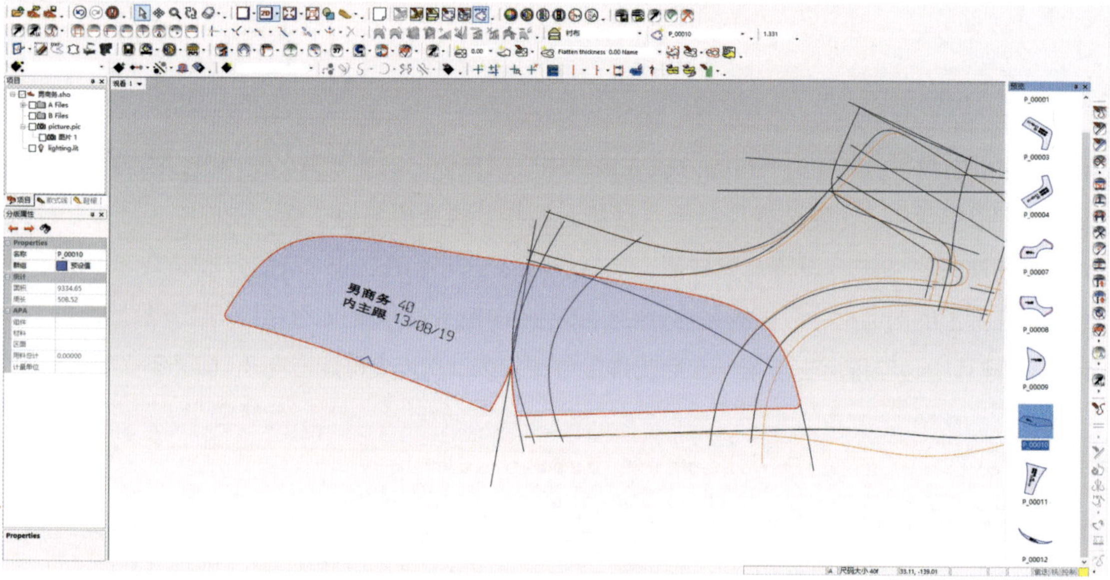

图3-72

• 做帮分板集预览（图3-73）。
• 划料分板集预览（图3-74）。
• 里皮分板集预览（图3-75）。
• 衬布分板集预览（图3-76）。

成鞋及不同配色鞋款制作效果如图3-77所示。

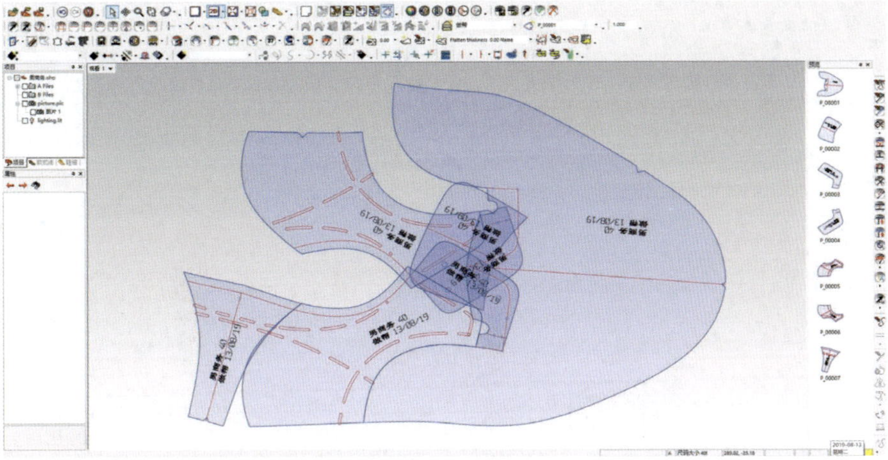

图3-73

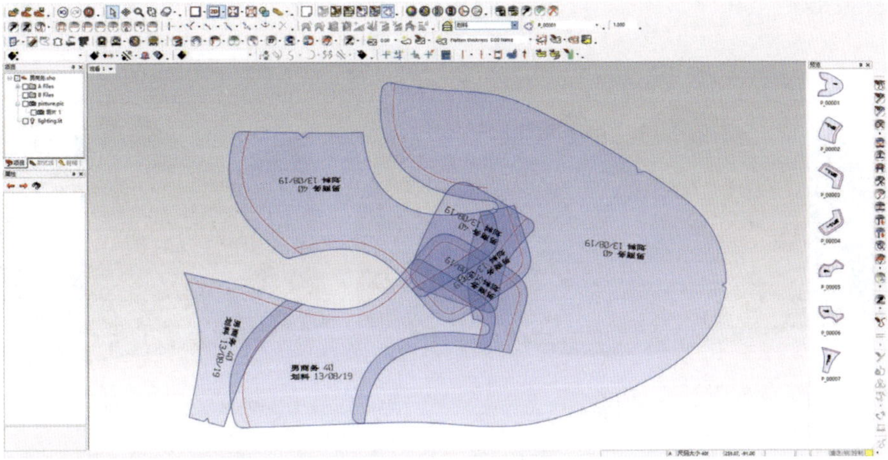

图3-74

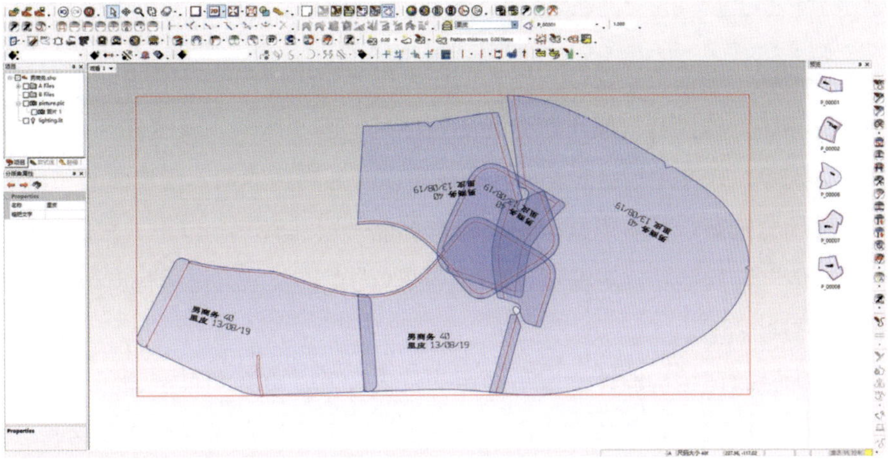

图3-75

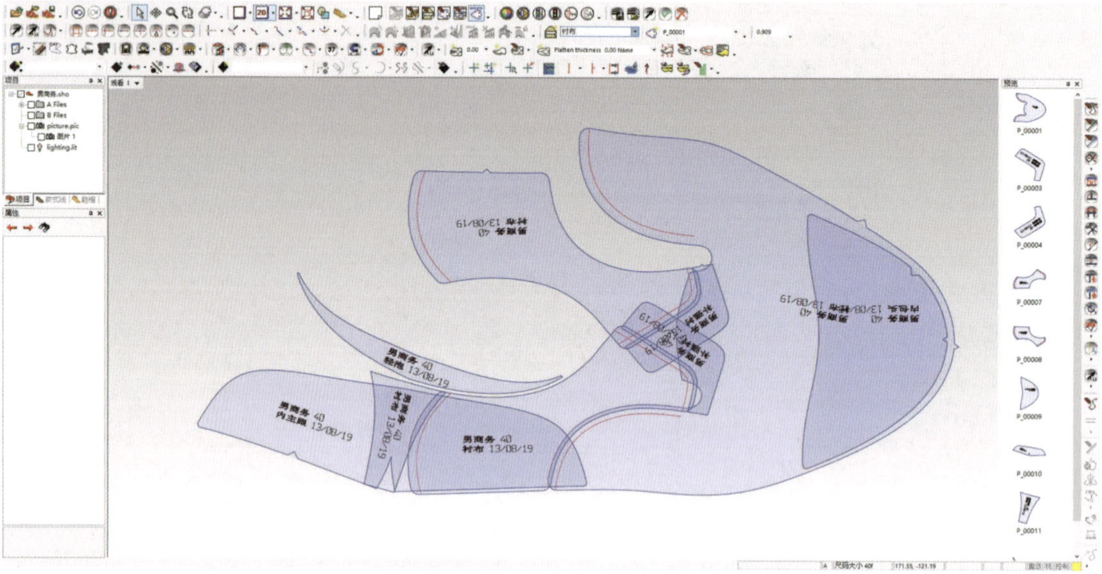

图3-76

图3-77　成鞋效果

【案例二】休闲男鞋

休闲鞋，也称为轻便鞋，是人们在无拘无束、自由自在的生活中穿着的舒适鞋品。在时尚流行领域，休闲鞋一般可以分为前卫休闲、运动休闲、浪漫休闲、古典休闲、民俗休闲和乡村休闲等；在穿用场合方面，休闲鞋可以分为商务休闲、日常休闲和运动休闲。

休闲男鞋多以圆头形式出现，鞋跟高度一般在30mm以下，鞋底以软质成型底为主，部分“板休”鞋款鞋底相对较硬，帮面一般较为柔软，常见材质有皮革、PU、超纤、帆布、飞织等（图3-78）。

休闲鞋款在结构设计上没有确定的款式规范，更强调其舒适随意的性能，且帮面材料丰富多彩，色彩既有基本色黑与白，也有当季的流行色彩做搭配；在鞋底材质的选择上，也比较多样性，如图3-79所示。

图3-78　休闲男鞋示例

图3-79　休闲鞋款式示例

图3-80　效果图手稿（作者：彭艳艳）

图3-81　款式结构图

1. 结构分析

本款鞋采用系带鞋结构为鞋款主结构框架，以圆头平跟鞋楦为廓形支撑，鞋耳间距比商务系带男鞋的鞋耳间距明显加大，鞋口部分采用翻缝和内嵌海绵结构，鞋头部分设计为双侧对称围条结构，后跟部位设计了后包跟与之呼应，中帮鞋耳部分在第二和第三个鞋眼间做了横向曲线分割，将鞋耳分为前后两部分，后部鞋耳以黑色“锚形”饰片装饰，后部四个鞋眼中间边沿线做了凹槽设计，休闲风格营造明显，如图3-80所示。

根据设计手稿的整体分析，绘制鞋款外怀侧视线稿图，如图3-81所示。

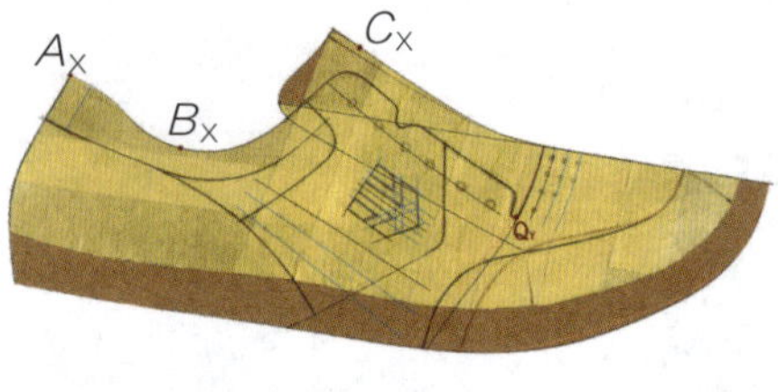

图3-82　四点定穿示意图

2. 结构设计（定位画样）

定位画样如图3-82所示。

此款鞋结构设计选用的是250二型半休闲男楦，根据设计鞋款的款式结构分析，该款鞋“四点定穿”数据如下：

后帮中缝高A_1A_X约为脚长的25%，由于后帮上口有“驼峰型”海绵设计，后帮中缝高可适当加高3mm左右，以增加舒适度和跟脚性，可取：A_1A_X=65mm。

同样，由于海绵口缘故，外怀帮高B_1B_X也可适当提高2mm左右，基准高度可取：B_1B_X=51mm。需要注意的是B_1B_X的高度可根据后帮上口的驼峰造型向下微调，但一般不低于45mm。也就是说，在保证实际穿用体验良好的前提下，穿用尺寸有一定的小范围的调整空间。

本款系带式休闲鞋属于深鞋口鞋，鞋脸全长点C_X应设置在K_0附近。口门点Q_Y（锁口）位置与脚型规律和鞋眼设计数量有关。就此款鞋来说，口门线不宜超过脚的跖趾关节位置，以防鞋耳前部造型在行走过程中受到频繁弯折而受损，甚至出现裂口。此款鞋共6个鞋眼，前部第一个鞋眼到最后一个鞋眼之间共计有5个鞋眼距，可设置为15mm；第一个鞋眼至口门线距离可设置为10mm，第六个鞋眼至鞋口距离可设置为8mm。

与前款商务男鞋相比，本款休闲鞋部件分割较为复杂。在款式分割线条设计时，要遵循先整体再局部的原则，先根据穿用定位规律，绘制出鞋口线及鞋耳线，再依据比例定版的原则，进行内部部件分割线位置和线型的设计。

3. 样板制作

Shoemaster制作本款鞋样板的基本步骤如下：

• 选择档案——输入（快捷键“P”），根据输入精灵界面提示，输入图纸选项，将半面板导入软件操作界面。根据图纸轮廓线条，使用画线工具（快捷键“空格”）将结构线勾画完整，并补全设计师未在半面板上画出的结构线条，如鞋舌线条等。根据样板的内外怀差异，使用弹移、旋转（快捷键“Shift+V”）、节点（快捷键“Z”）调整等工具进行调整，如图3-83所示，画出内怀差异线条。点击档案——储存项目，进行文档保存。点击项目栏加号，A Files加号，将shell.she修改为“男休闲.She”。点击菜单栏级放——设定——当前级放类型——法国尺码。点击菜单栏级放——设定——基本板级放规则（快捷键“8”），在弹出的对话框中，将楦肥距离设置为鞋楦的跖趾围数据，然后点击“执行”。将楦长距离设置为鞋楦的楦底样长，然后点击“执行”。将楦肥级放数据（内销成人）设置为“3.5”，然后点击“执行”。长度级放数据（内销成人）设置为“5”，然后点击执行，设置完成后点击关闭。点击菜单栏级放——设定——尺码范围（快捷键“数字键盘9”），在弹出的对话框中将级放“从……至……”设置为级放尺码组（如37～44，38～43）；将基本号设置为半面板本码（演示样板本码250），楦肥设置为“F”，完成后点击关闭。

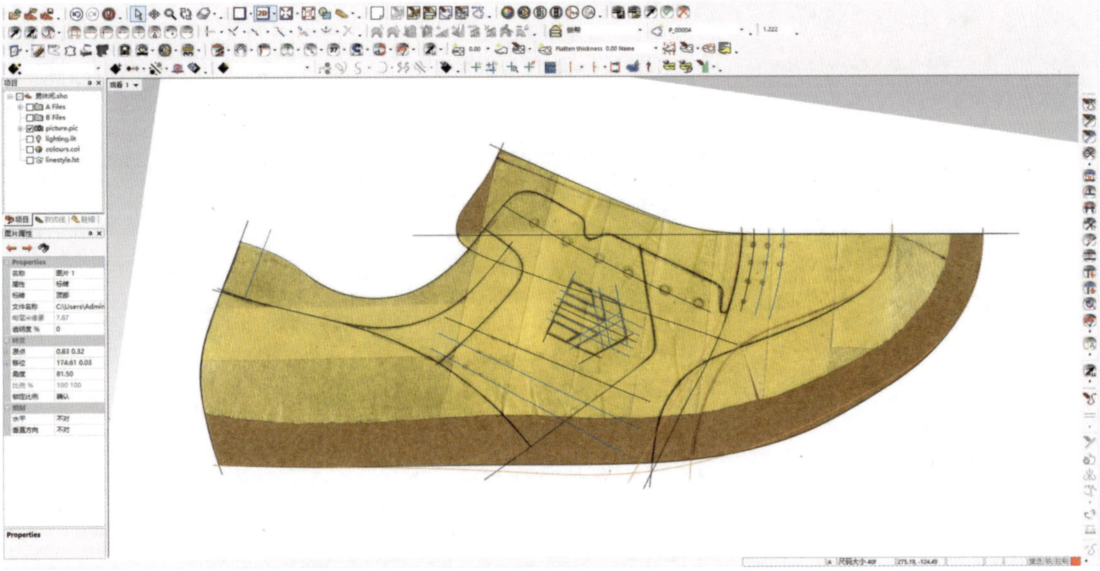

图3-83

• 隐藏半面板图纸，根据样片取片规则，画出主跟样片中线、后眉样片中线、鞋舌样片中线。选中和鞋舌相关联的线条，使用弹移工具，沿鞋背中线转翘位置对应的口舌边缘为圆心，进行多次弹移，使中线趋于直线。然后使用关联性偏移工具（快捷键“V”），对鞋舌小皮的定位及槽线做标记，如图3-84所示。

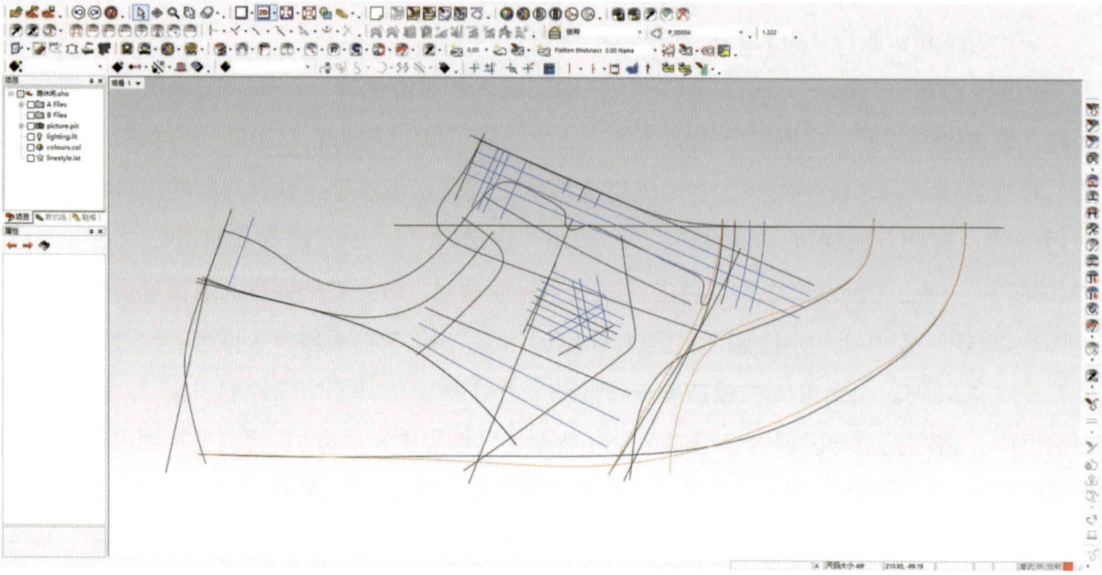

图3-84

• 如图3-85所示，在头排位置画一条中线，选中和头排样片相关联的线条，使用复制功能（快捷键“X”），以锁口点为中心，对线条进行弹移，使轮廓线条与中线趋于垂直。

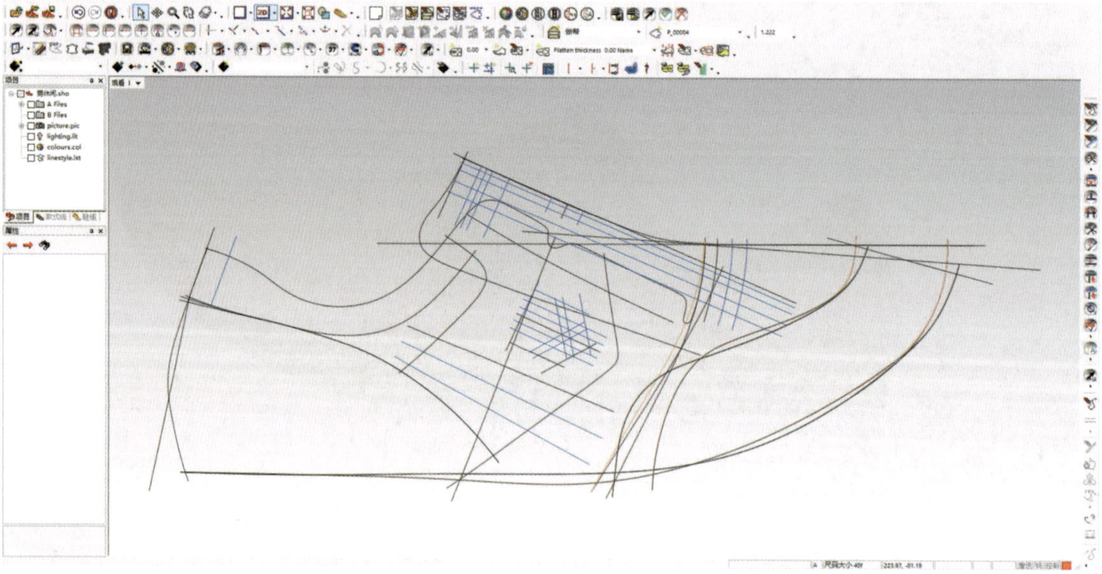

图3-85

• 选择分板集——新建分板集——新分板集，在弹出的对话框输入“做帮”。选择分板——新建立——新分板（快捷键“A”），顺时针选取一周，生成样片。选择中心分板线，使用展开功能（快捷键“L”），生成对称样片。选取需要替换的线条，使用分板线替换功能

（快捷键“I”），替换为正确的分板线条。使用大齿沟功能（快捷键“7”），在内怀帮脚中心位置标记内怀牙尖。完成后，选择分板线——新建立——新的分板线文字（快捷键“F”），在弹出的对话框中选择款式名称（%P）、尺码（%Z）、分板集名称（%K）、日期（%D），也可以输入括号内的相关代码，然后点击“确定”，在样片内怀中心位置点击（第一次点击确定位置，第二次点击确定方向），如图3-86所示。

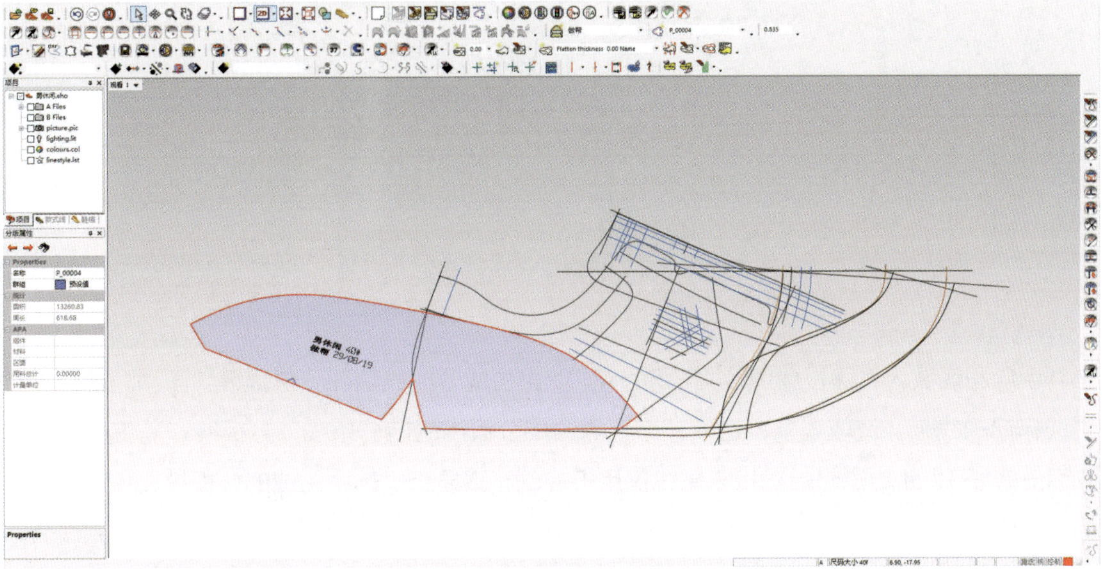

图3-86

• 选择分板——新建立——新分板（快捷键“A”），顺时针选择一周，生成样片。使用生成分板线功能（快捷键“E”），选择需要生成槽线的线条，选取线条（选取顺序：需生成分板线的前一条线，分板线，需生成分板线的后一条线），此功能起始线和末尾线仅用于控制，不显示。将属性栏里的属性改为马克线A（快捷键“F6”），然后对槽线进行分段操作，使用间距功能（快捷键“0”），在合适位置进行打断，间距大小可在属性栏设置。完成后，选择分板线——新建立——新的分板线文字（快捷键“F”），在样片中心位置点击（第一次点击确定位置，第二次点击确定方向）。此样片内外怀共用，如图3-87所示。

• 选择分板——新建立——新分板（快捷键“A”），顺时针选择一周，生成样片。使用生成分板线功能（快捷键“E”），选择需要生成孔洞的线条，选取线条（选取顺序：需生成分板线的前一条线，分板线，需生成分板线的后一条线），此功能起始线和末尾线仅用于控制，不显示。将鞋眼孔洞的属性改为圆洞B，然后将属性栏号码或数量数值改为“4”，点击属性栏上方的红色向左箭头，将移位数值改为－12mm，再次点击红色向左箭头，将移位数值改为－6mm。选中小圆孔的属性改为圆洞A（快捷键“Ctrl+F6”），然后将属性栏号码或数量数值改为“8mm”，点击属性栏上方的红色向左箭头，将移位数值改为－5mm，再次点

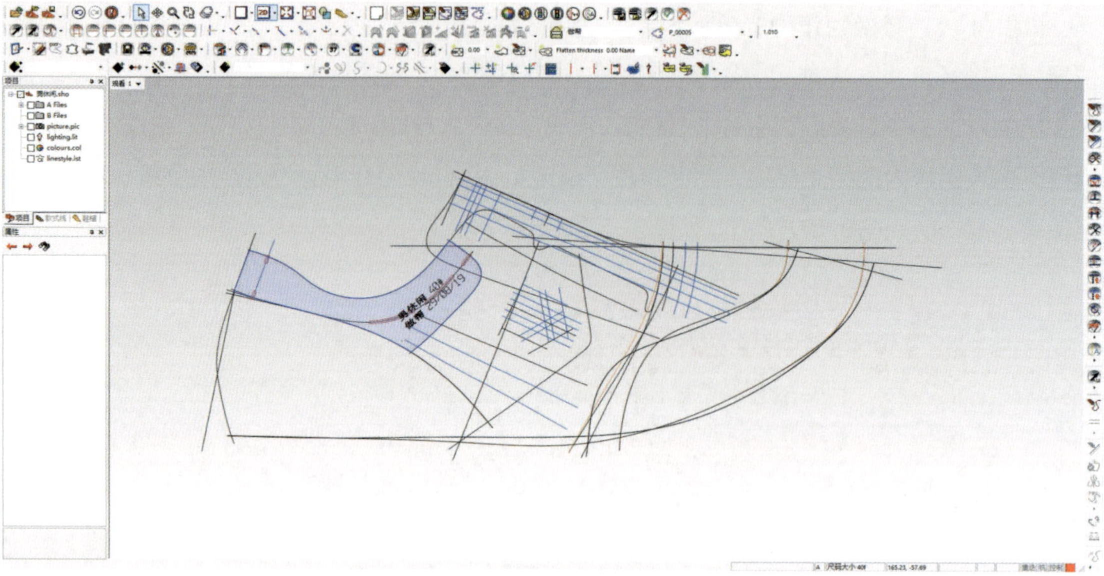

图3-87

击红色向左箭头，将移位数值改为－5mm。使用生成分板线功能（快捷键“E”），选择需要生成标记的线条，选取线条（选取顺序：需生成分板线的前一条线，分板线，需生成分板线的后一条线），此功能起始线和末尾线仅用于控制，不显示。选中生成的分板线，将属性修改为“线内切割”。选中翻拥搭地位置线条，加翻拥定位量+2mm（快捷键“F2”）。完成后，选择分板线——新建立——新的分板线文字（快捷键“F”），在样片中心位置点击（第一次点击确定位置，第二次点击确定方向），如图3-88所示。

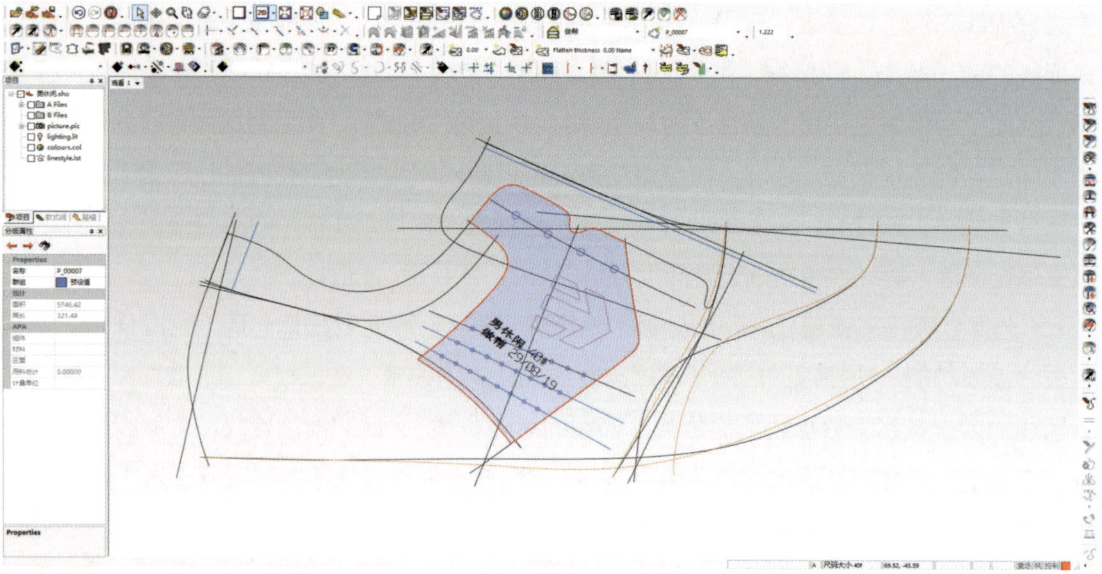

图3-88

• 选择分板——新建立——新分板（快捷键“A”），顺时针选择一周，生成样片。使用生成分板线功能（快捷键“E”），选择需要生成孔洞的线条，选取线条（选取顺序：需生成分板线的前一条线，分板线，需生成分板线的后一条线），此功能起始线和末尾线仅用于控制，不显示。将鞋眼孔洞的属性改为圆洞B，然后将属性栏号码或数量数值改为“4”，点击属性栏上方的红色向左箭头，将移位数值改为-12mm，再次点击红色向左箭头，将移位数值改为－6mm。选中小圆孔的属性改为圆洞A（快捷键“Ctrl+F6”），然后将属性栏号码或数量数值改为8mm，点击属性栏上方的红色向左箭头，将移位数值改为－5mm，再次点击红色向左箭头，将移位数值改为－5mm。选中翻拥搭地位置线条，加翻拥定位量+2mm（快捷键“F2”）。使用大齿沟功能（快捷键“字母键盘7”），在内怀帮脚中心位置标记内怀牙尖，如图3-89所示。完成后，选择分板线——新建立——新的分板线文字（快捷键“F”），在样片中心位置点击（第一次点击确定位置，第二次点击确定方向）。选择镜像当前选取样片工具，翻转当前样片。

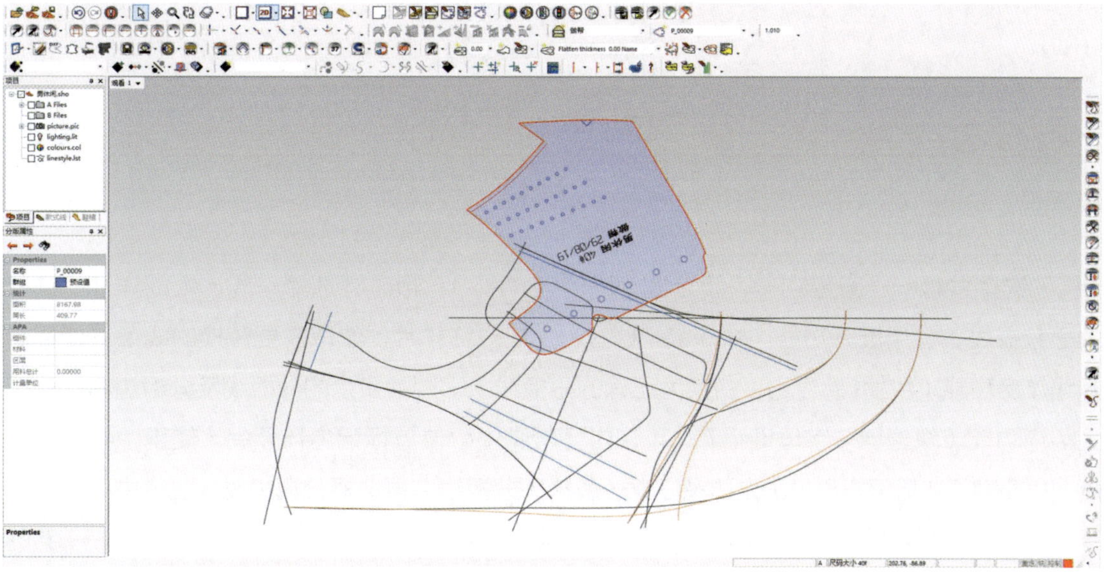

图3-89

• 选择分板——新建立——新分板（快捷键“A”），顺时针选择一周，生成样片。使用生成分板线功能（快捷键“E”），选择需要生成孔洞的线条，选取线条（选取顺序：需生成分板线的前一条线，分板线，需生成分板线的后一条线），此功能起始线和末尾线仅用于控制，不显示。将鞋眼孔洞的属性改为圆洞B，然后将属性栏号码或数量数值改为“2”，点击属性栏上方的红色向左箭头，将移位数值改为－7mm，再次点击红色向左箭头，将移位数值改为－11mm。选择中心分板线，使用展开功能（快捷键“L”），生成对称样片。选取需要替换的线条，使用分板线替换功能（快捷键“I”），替换为正确的分板线条。删除多余的分板线及分板边界。使用大齿沟功能（快捷键“字母键盘7”），在内怀帮脚中心位置标记内怀牙尖，如图3-90所示。完成后，选择分板线——新建立——新的分板线文字（快捷键“F”），在样片中心位置点击（第一次点击确定位置，第二次点击确定方向）。

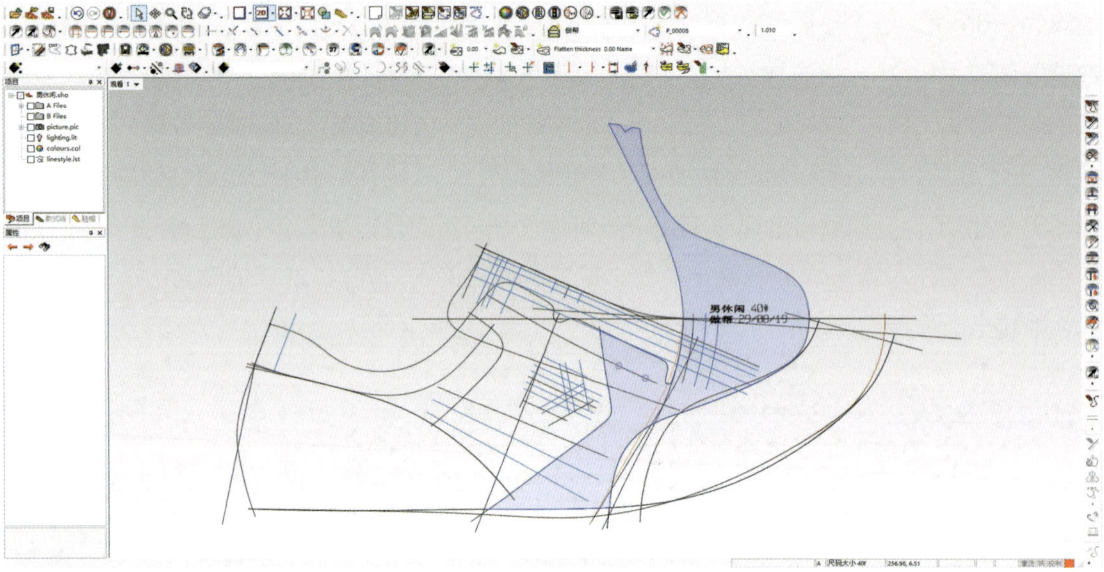

图3-90

• 选择分板——新建立——新分板（快捷键“A”），顺时针选择一周，生成样片。选择中心分板线，使用展开功能（快捷键“L”），生成对称样片。选取需要替换的线条，使用分板线替换功能（快捷键“I”），替换为正确的分板线条。删除多余的分板线及分板边界。使用大齿沟功能（快捷键“字母键盘7”），在内怀帮脚中心位置标记内怀牙尖。使用中心齿沟功能（快捷键“字母键盘8”），先选择任意一条帮脚分板线，再选择分板中线，生成中心牙尖，牙尖大小可在属性栏中进行设置，如图3-91所示。完成后，选择分板线——新建立——新的分板线文字（快捷键“F”），在样片中心位置点击（第一次点击确定位置，第二次点击确定方向）。

• 选择分板——新建立——新分板（快捷键“A”），顺时针选择一周，生成样片。使用生成分板线功能（快捷键“E”），选择需要生成槽线的线条，选取线条（选取顺序：需生成分板线的前一条线，分板线，需生成分板线的后一条线），此功能起始线和末尾线仅用于控制，不显示。将槽线的属性改为马克线A（快捷键“F6”）。使用分板线标记工具（快捷键“Shift+=”）选择中心分板线，如图3-92所示做定针标记。使用分板线打断工具（快捷键“U”），在滚口和毛口交接位置打断。鞋舌加量+5mm（快捷键“F5”），然后在属性栏将连续性改为“落差”。选择中心分板线，使用展开功能（快捷键“L”），生成对称样片。完成后，选择分板线——新建立——新的分板线文字（快捷键“F”），在样片中心位置点击（第一次点击确定位置，第二次点击确定方向）。

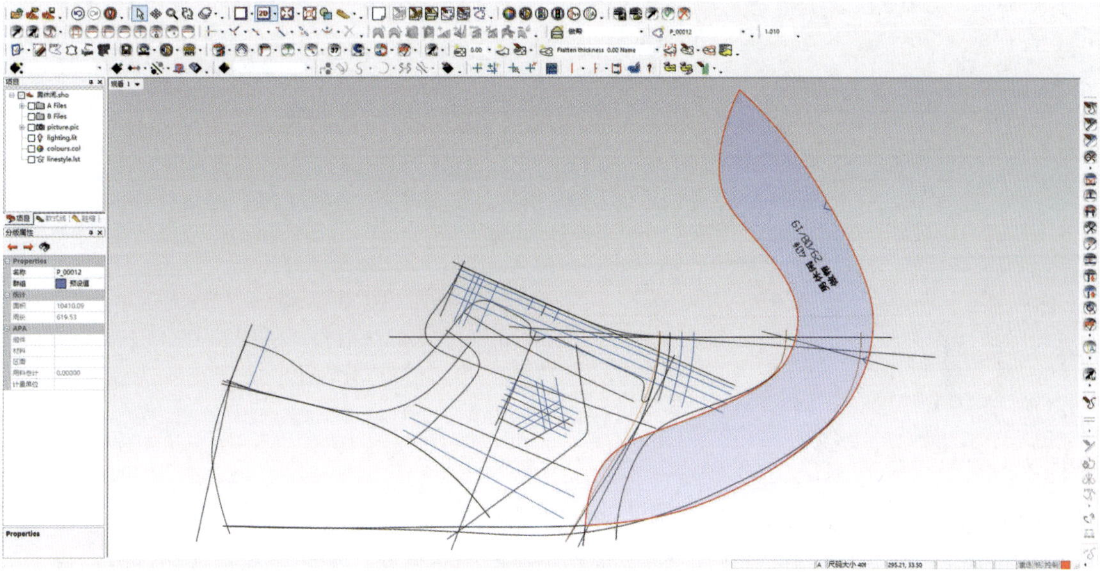

图3-91

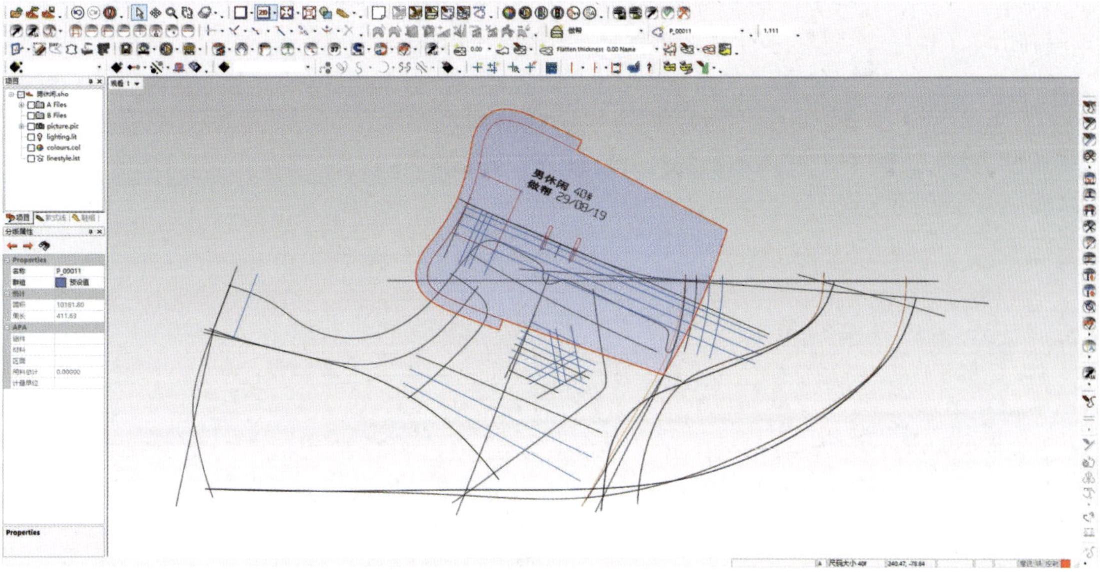

图3-92

• 选择分板——新建立——新分板（快捷键“A”），顺时针选择一周，生成样片。选择中心分板线，使用展开功能（快捷键“L”），生成对称样片，如图3-93所示。

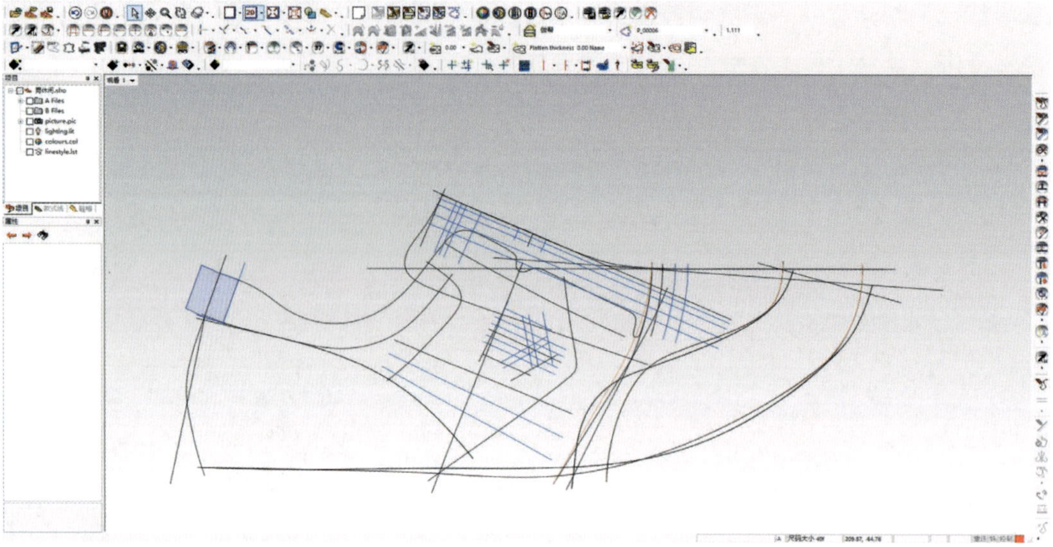

图3-93

• 选择分板——新建立——新分板（快捷键“A”），顺时针选择一周，生成样片。使用生成分板线功能（快捷键“E”），选择需要生成标记的线条，选取线条（选取顺序：需生成分板线的前一条线，分板线，需生成分板线的后一条线），此功能起始线和末尾线仅用于控制，不显示。选中标记的分板线，将属性改为“线内切割”。选择中心分板线，使用展开功能（快捷键“L”），生成对称样片，如图3-94所示。

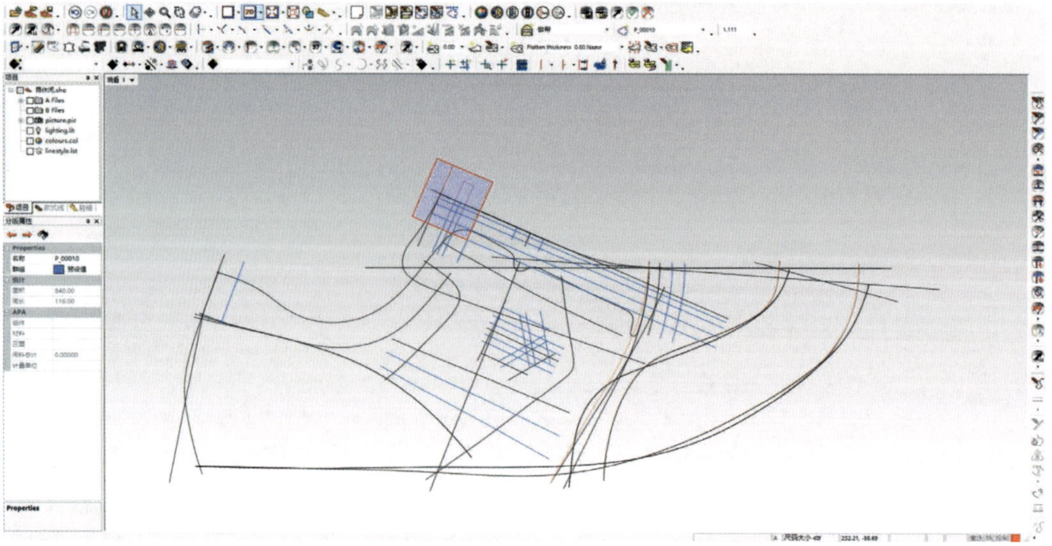

图3-94

• 如图3-95所示，在后弧上口缩进1.5mm位置至后弧最突点下方5mm处画一条直线，在中排位置画一条分割线，在口门位置画一条中线。选择口舌中线，使用关联性偏

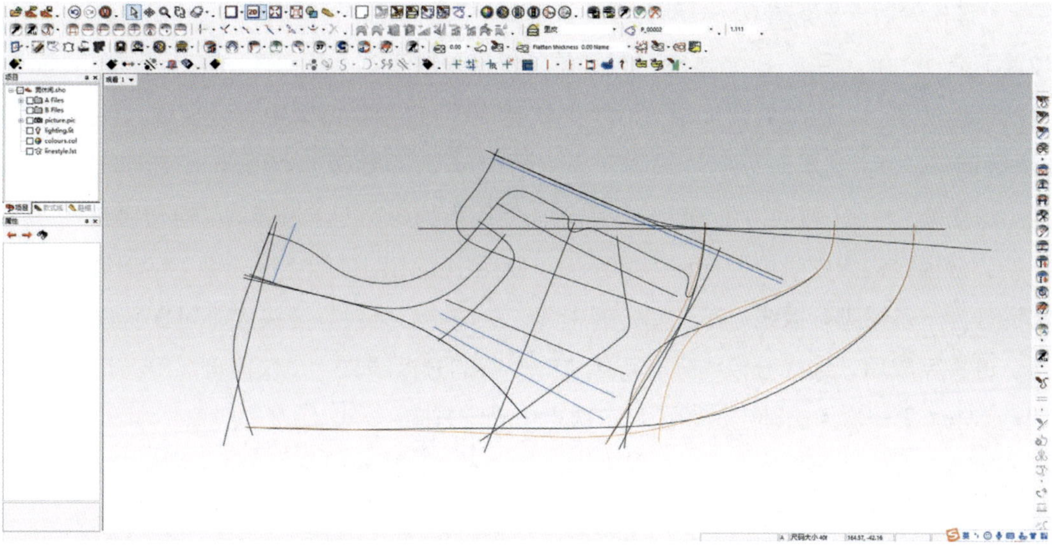

图3-95

移工具（快捷键“V”），在弹出的对话框输入数值“2”，生成偏移中线。

• 选择分板集——新建分板集——新分板集，在弹出的对话框输入“里皮”。选择分板——新建立——新分板（快捷键“A”），顺时针选择一周，生成样片。在鞋口位置加外翻拥量+5mm（快捷键“F5”）。选择中心分板线如图3-96所示，使用展开功能（快捷键“L”），生成对称样片，删除部分多余的分板线。完成后，选择分板线——新建立——新的分板线文字（快捷键“F”），在样片中心位置点击（第一次点击确定位置，第二次点击确定方向）。

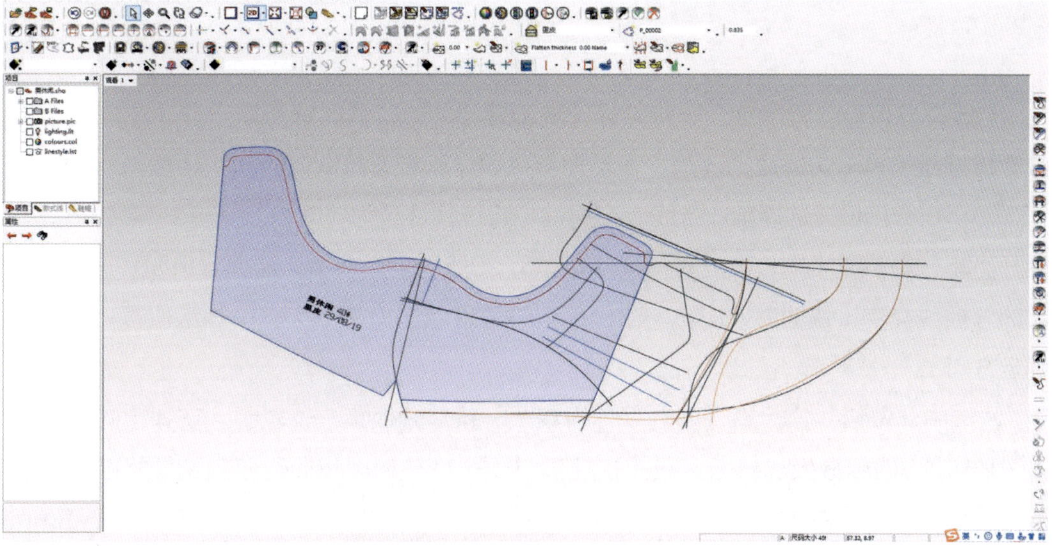

图3-96

• 选择分板——新建立——新分板（快捷键“A”），顺时针选取一周，生成样片。在帮脚位置前端-4mm，后端-8mm，在属性栏移位栏输入数值“-4 -8”。在鞋舌位置加量+3mm（快捷键“F3”），搭地位置加量+8mm（快捷键“F8”）。选择中心分板线，使用展开功能（快捷键“L”），生成对称样片如图3-97所示。选取需要替换的线条，使用分板线替换功能（快捷键“I”），替换为正确的分板线条。使用大齿沟功能（快捷键“字母键盘7”），在内怀帮脚分板线边缘中心位置标记内怀牙尖。使用中心齿沟功能（快捷键“字母键盘8”），先选择任意一条帮脚分板线，在选择分板中线，生成中心牙尖，牙尖大小可在属性栏中进行设置。选择完成后，选择分板线——新建立——新的分板线文字（快捷键“F”），在样片中心位置点击（第一次点击确定位置，第二次点击确定方向）。

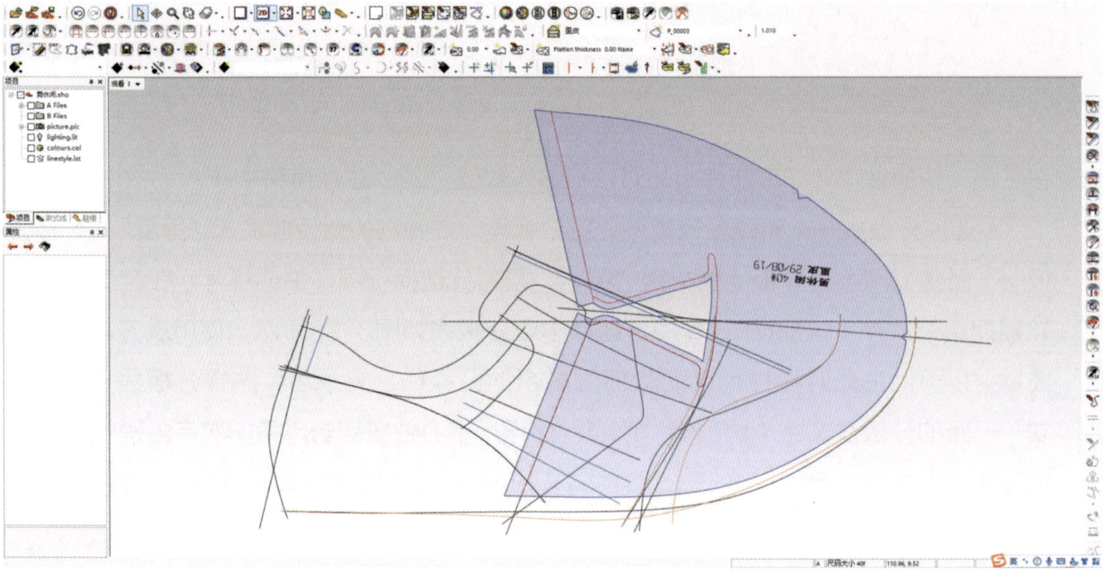

图3-97

• 选择分板——新建立——新分板（快捷键“A”），顺时针选取一周，生成样片。使用分板线打断工具（快捷键“U”），在翻拥与毛口分割位置打断分板线，后段+3mm（快捷键“F3”），在交接位置选择前一条线，在属性栏将连续性改为“落差”。选择中心分板线，使用展开功能（快捷键“L”），生成对称样片如图3-98所示。完成后，选择分板线——新建立——新的分板线文字（快捷键“F”），在样片中心位置点击（第一次点击确定位置，第二次点击确定方向）。

• 选中“做帮”分板集，再选择分板集——新建分板集——复制，在弹出的对话框中输入“划料”。使用分板线打断工具（快捷键“U”），在翻拥和拥边分割位置打断分板线，翻拥位置+3.5mm（快捷键“F4”），拥边位置+5mm（快捷键“F5”），搭地位置+8mm（删除多余拐角边缘分板线）。使用大齿沟功能（快捷键“7”），在内怀位置标记内怀牙尖，如图

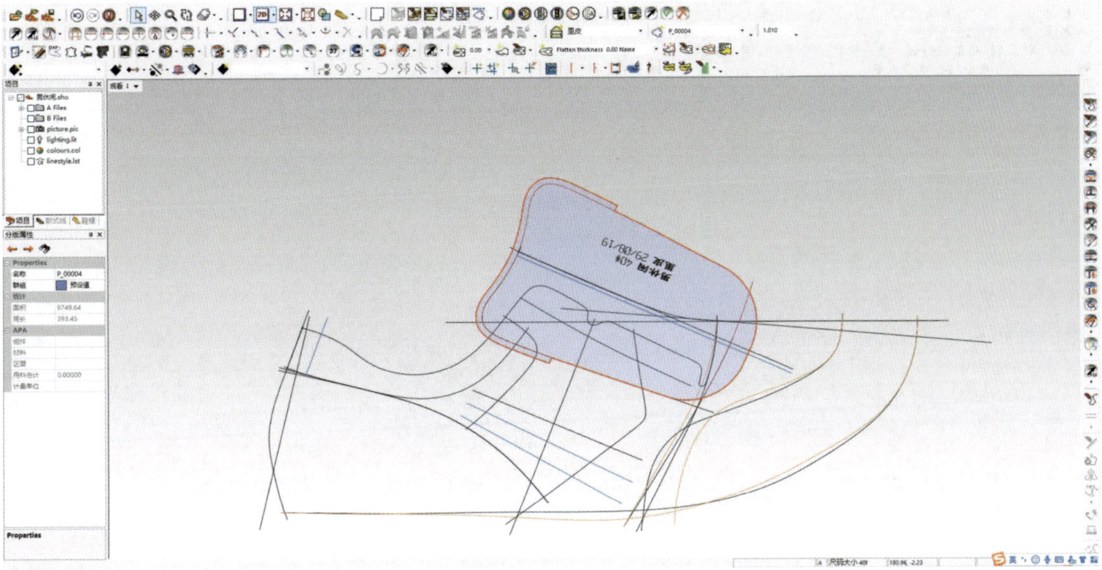

图3-98

3-99所示。完成后，选择分板线——新建立——新的分板线文字（快捷键“F”），在样片中心位置点击（第一次点击确定位置，第二次点击确定方向）。

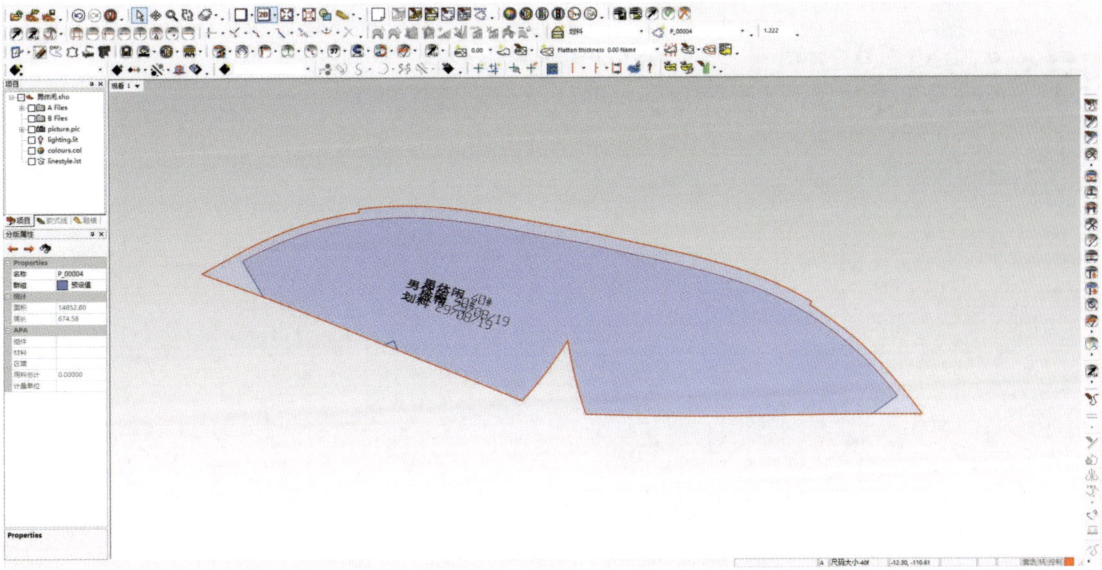

图3-99

• 删除该样片除轮廓线和特征标志线以外的所有分板线条，在搭地位置+8mm（快捷键“F8”），如图3-100所示。完成后，选择分板线——新建立——新的分板线文字（快捷键“F”），在样片中心位置点击（第一次点击确定位置，第二次点击确定方向）。

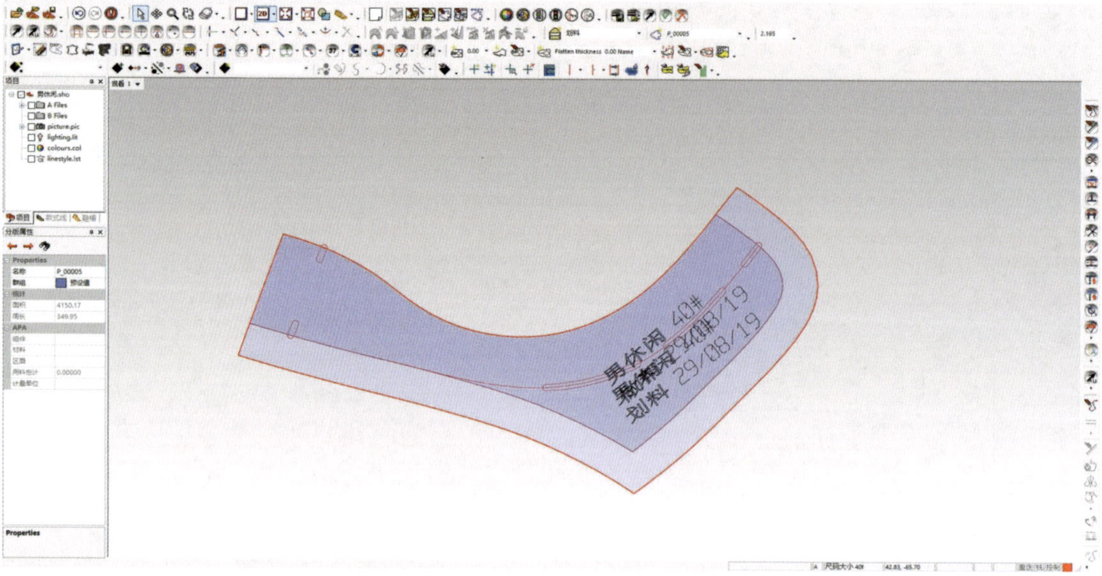

图3-100

• 删除该样片除轮廓线和特征标志线以外的所有分板线条，在搭地位置+8mm（快捷键“F8”），如图3-101所示。完成后，选择分板线——新建立——新的分板线文字（快捷键“F”），在样片中心位置点击（第一次点击确定位置，第二次点击确定方向）。

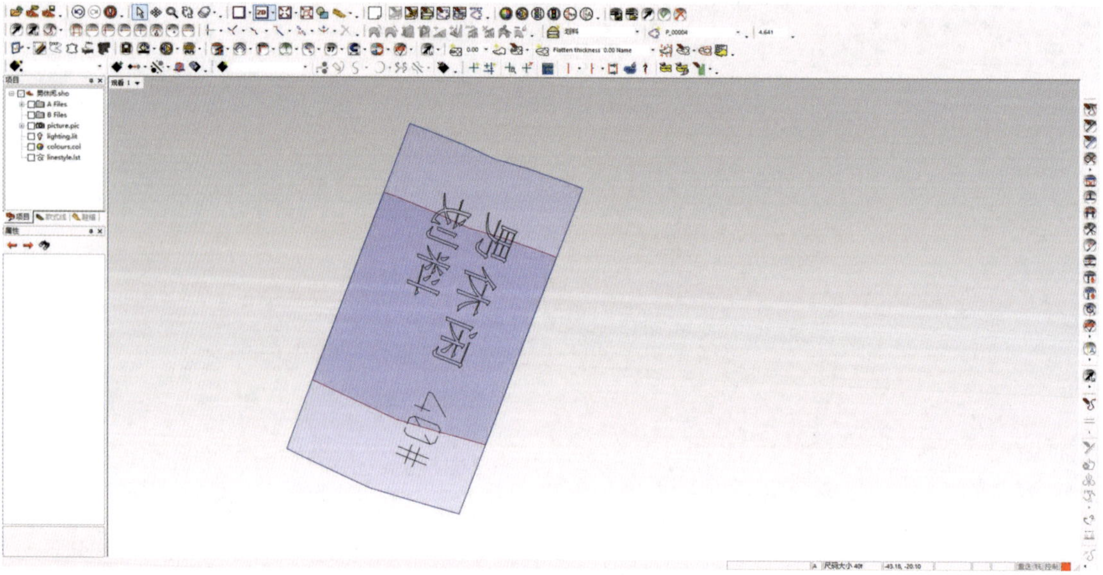

图3-101

• 删除该样片除轮廓线和特征标志线以外的所有分板线条。在搭地位置+8mm（快捷键“F8”），在翻拥搭地位置+10mm（将移位数值修改为“10”），如图3-102所示。完成后，选择分板线——新建立——新的分板线文字（快捷键“F”），在样片中心位置点击（第一次点击确定位置，第二次点击确定方向）。

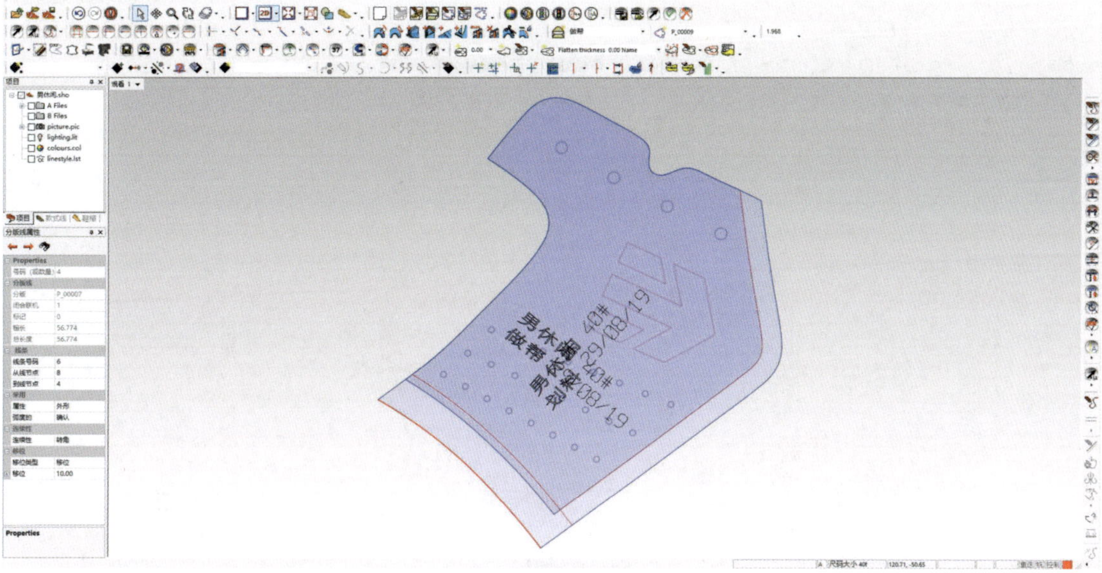

图3-102

• 删除该样片除轮廓线和特征标志线以外的所有分板线条。在搭地位置+8mm（快捷键“F8”），在翻拥搭地位置+10mm（将移位数值修改为“10”），如图3-103所示。完成后，选择分板线——新建立——新的分板线文字（快捷键“F”），在样片中心位置点击（第一次点击确定位置，第二次点击确定方向）。

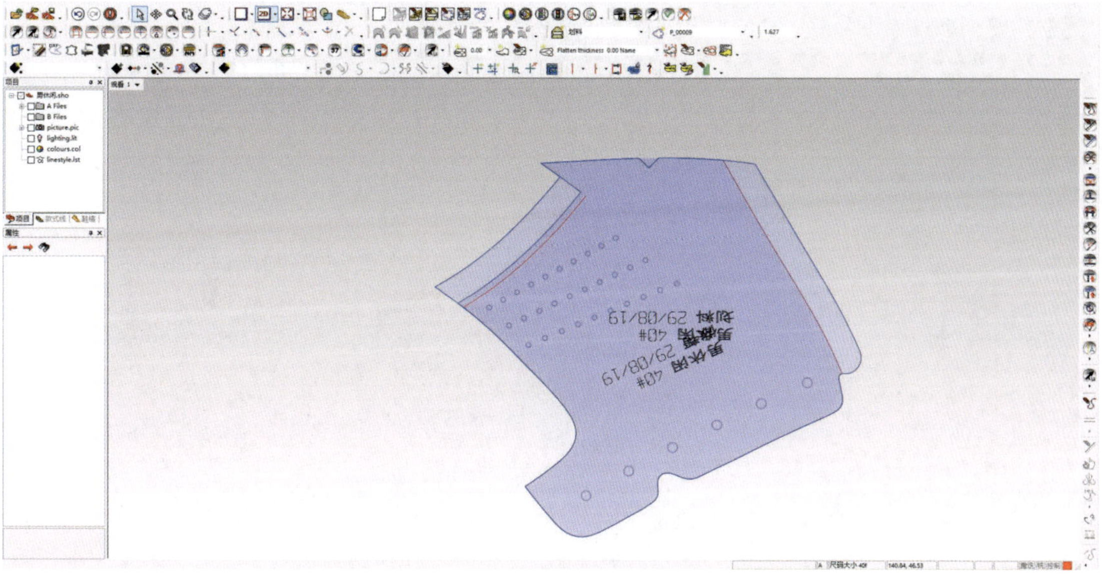

图3-103

• 删除该样片除轮廓线和特征标志线以外的所有分板线条，在分缝位置+5mm（快捷键“F5”），如图3-104所示。完成后，选择分板线——新建立——新的分板线文字（快捷键“F”），在样片中心位置点击（第一次点击确定位置，第二次点击确定方向）。

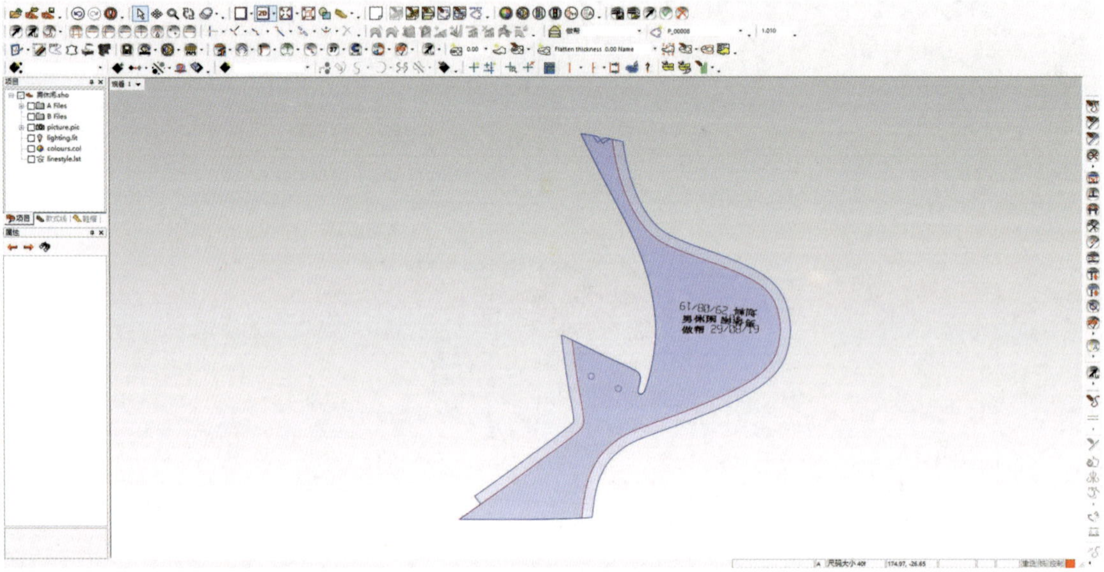

图3-104

• 删除该样片除轮廓线和特征标志线以外的所有分板线条，在搭地位置+8mm（快捷键“F8”），如图3-105所示。完成后，选择分板线——新建立——新的分板线文字（快捷键“F”），在样片中心位置点击（第一次点击确定位置，第二次点击确定方向）。

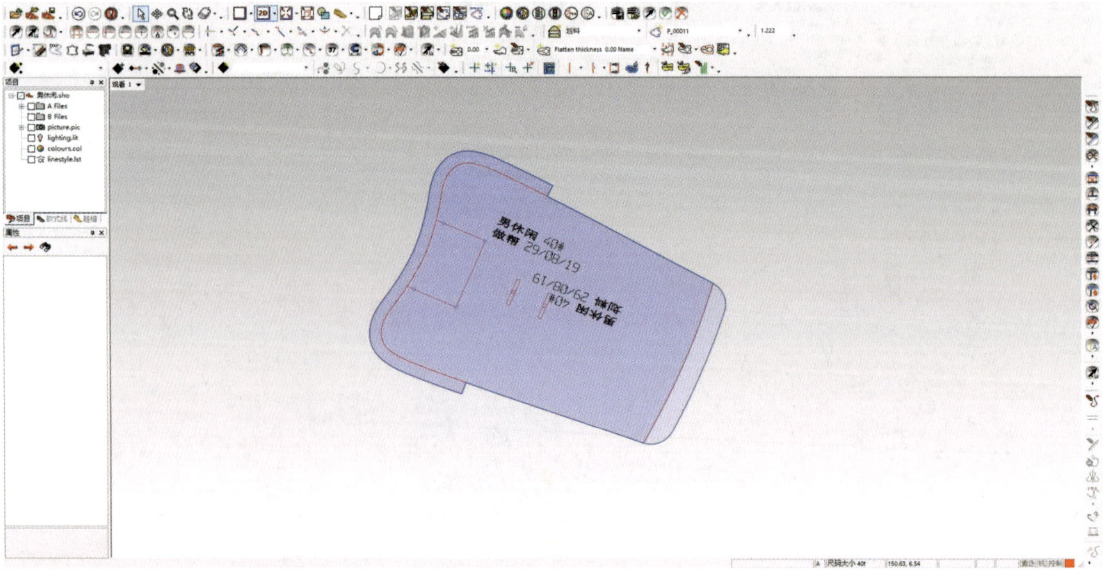

图3-105

• 删除该样片除轮廓线和特征标志线以外的所有分板线条，在分缝位置+5mm（快捷键“F5”），如图3-106所示。完成后，选择分板线——新建立——新的分板线文字（快捷键“F”），在样片中心位置点击（第一次点击确定位置，第二次点击确定方向）。

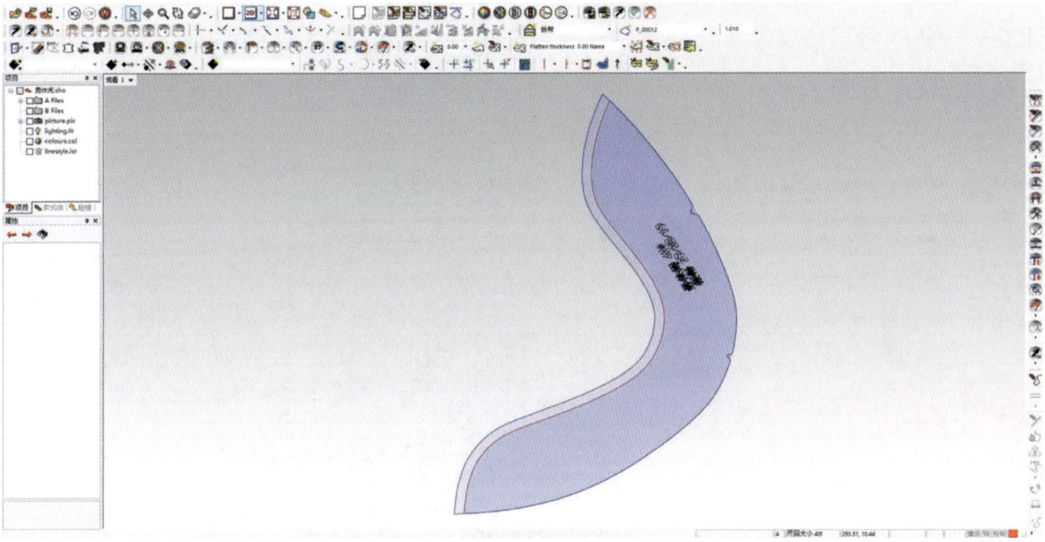

图3-106

• 选中“划料”分板集，再选择分板集——新建分板集——复制，在弹出的对话框输入“衬布”。选中帮脚位置分板线－6mm（快捷键“Shift+F4”），翻拥和拥边位置－3mm（快捷键“Shift+F3”），删除样片以外无用的分板线。选中内怀牙尖标记，在属性栏将镜射“不对”改为“确认”。选中中心牙尖标记，在属性栏将镜射“不对”改为“确认”，如图3-107所示。完

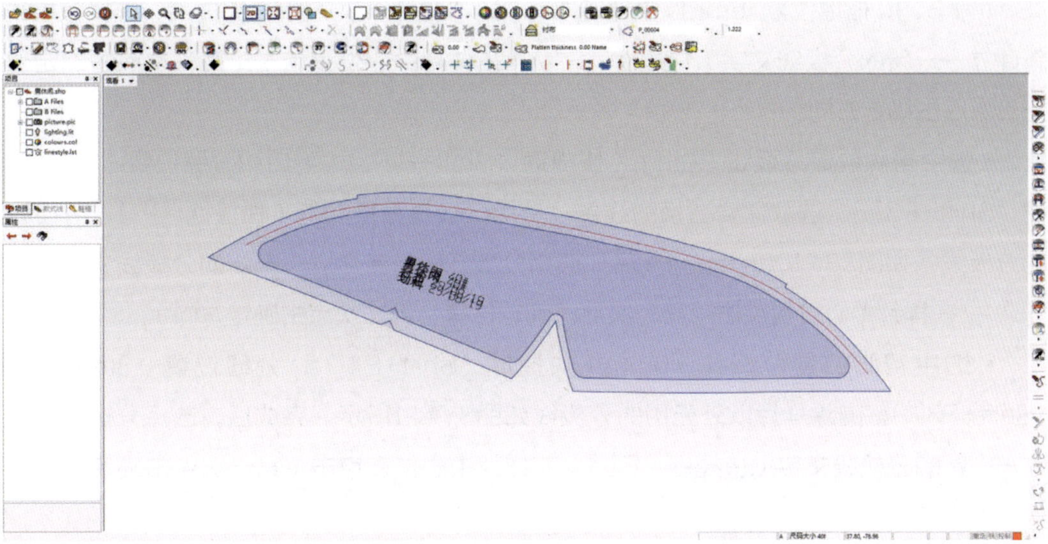

图3-107

成后，选择分板线——新建立——新的分板线文字（快捷键“F”），在样片中心位置点击（第一次点击确定位置，第二次点击确定方向）。

• 选中毛口和拥边位置分板线 - 3mm（快捷键“Shift+F3”），分缝位置-3mm（快捷键“Shift+F3”），删除样片以外无用的分板线，如图3-108所示。完成后，选择分板线——新建立——新的分板线文字（快捷键“F”），在样片中心位置点击（第一次点击确定位置，第二次点击确定方向）。

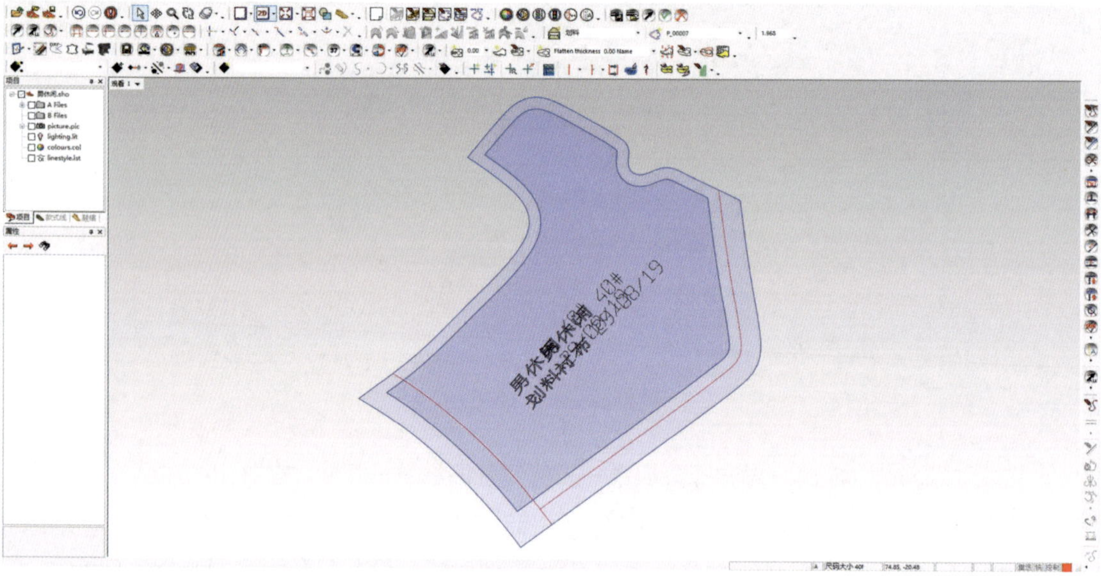

图3-108

• 选中帮脚位置分板线 - 6mm（快捷键“Shift+F4”），毛口位置 - 3mm（快捷键“Shift+F3”），搭地位置+5mm（快捷键“F5”），如图3-109所示。完成后，选择分板线——新建立——新的分板线文字（快捷键“F”），在样片中心位置点击（第一次点击确定位置，第二次点击确定方向）。

• 选中帮脚位置分板线 - 6mm（快捷键“Shift+F4”），毛口和分缝位置 - 3mm（快捷键“Shift+F3”）。选取需要替换的线条，使用分板线替换功能（快捷键“I”），替换为正确的分板线条如图3-110所示。完成后，选择分板线——新建立——新的分板线文字（快捷键“F”），在样片中心位置点击（第一次点击确定位置，第二次点击确定方向）。

• 选中帮脚位置分板线 - 6mm（快捷键“Shift+F4”），分缝位置 - 3mm（快捷键“Shift+F3”），删除样片以外无用的分板线如图3-111所示。完成后，选择分板线——新建立——新的分板线文字（快捷键“F”），在样片中心位置点击（第一次点击确定位置，第二次点击确定方向）。

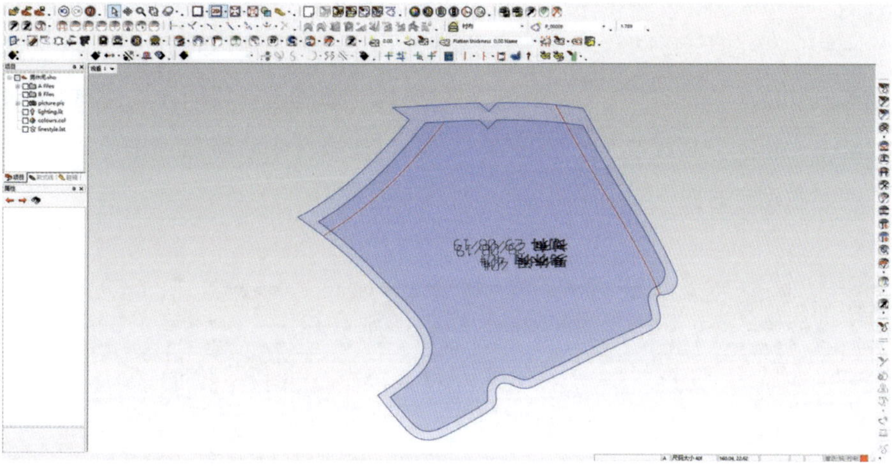

图3-109

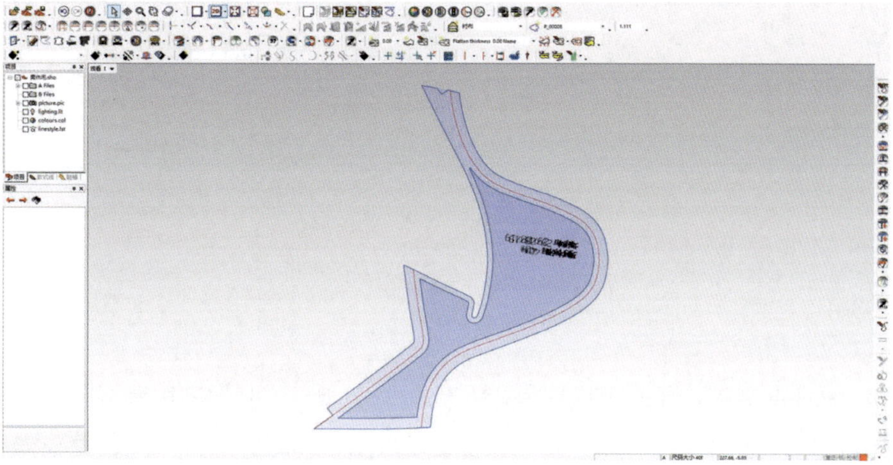

图3-110

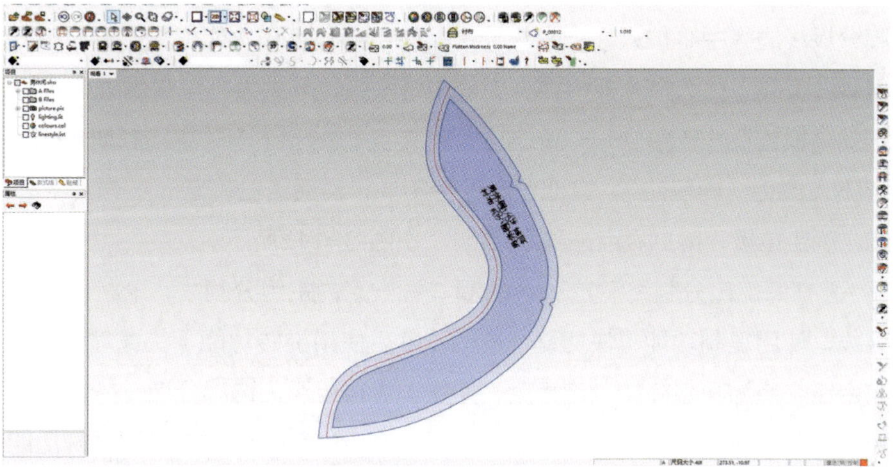

图3-111

• 选择分板——新建立——新分板（快捷键“A”），顺时针选择一周，生成样片。选中除中线以外的所有分板线，轻泡减量－1mm（快捷键“Shift+F1”）。选择中心分板线，使用展开功能（快捷键“L”），生成对称样片，如图3-112所示。完成后，选择分板线——新建立——新的分板线文字（快捷键“F”），在样片中心位置点击（第一次点击确定位置，第二次点击确定方向）。

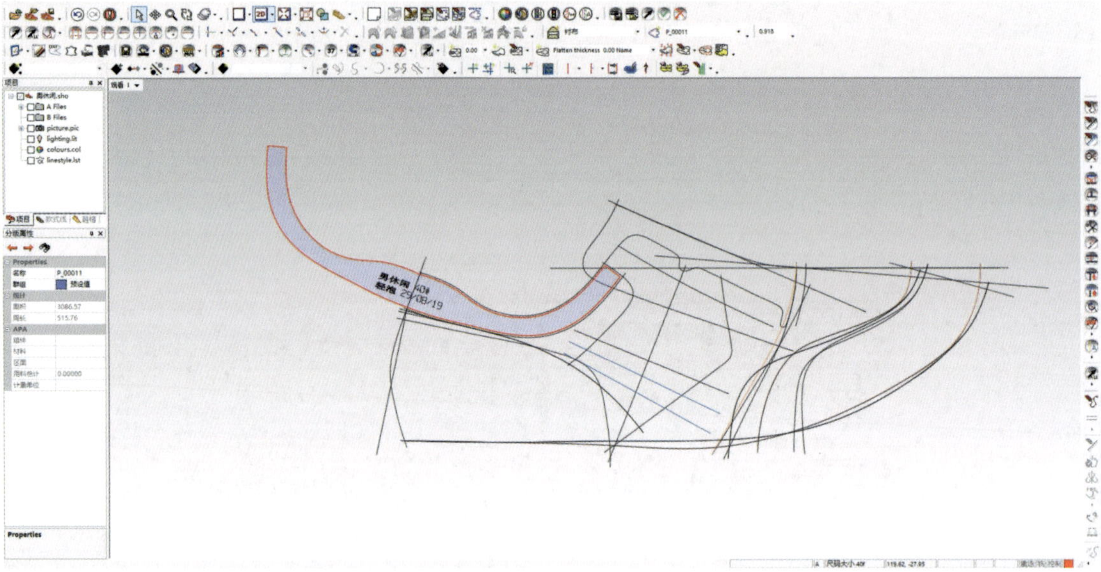

图3-112

• 根据需求，在头排样片母线下方3mm处画一个U形内包头线，需区分内外怀线条。选择分板——新建立——新分板（快捷键“A”），顺时针选择一周，生成样片。选择中心分板线，使用展开功能（快捷键“L”），生成对称样片。选取需要替换的线条，使用分板线替换功能（快捷键“I”），替换为正确的分板线条。使用大齿沟功能（快捷键“7”），在内怀帮脚分板线边缘中心位置标记内怀牙尖。使用中心齿沟功能（快捷键“8”），先选择任意一条帮脚分板线，在选择分板中线，生成中心牙尖，牙尖大小可在属性栏中进行设置。完成后，选择分板线——新建立——新的分板线文字（快捷键“F”），在弹出的对话框中分板集名称（%K）改为“内包头”，其他信息保持不变，然后点击确定，在样片中心位置点击（第一次点击确定位置，第二次点击确定方向），如图3-113所示。

• 在海绵口分割线下方3mm位置，画一条内主跟分割线，形状如图3-114所示，选中后弧线，使用复制功能（快捷键“X”），然后使用旋转功能（快捷键“Shift+V”），以后弧线与中线交点为圆心旋转一定角度，如图3-114所示。选择分板——新建立——新分板（快捷键“A”），顺时针选取一周，生成样片。选择中心分板线，使用展开功能（快捷键“L”），生成对称样片。选取需要替换的线条，使用分板线替换功能（快捷键“I”），替换为正确的

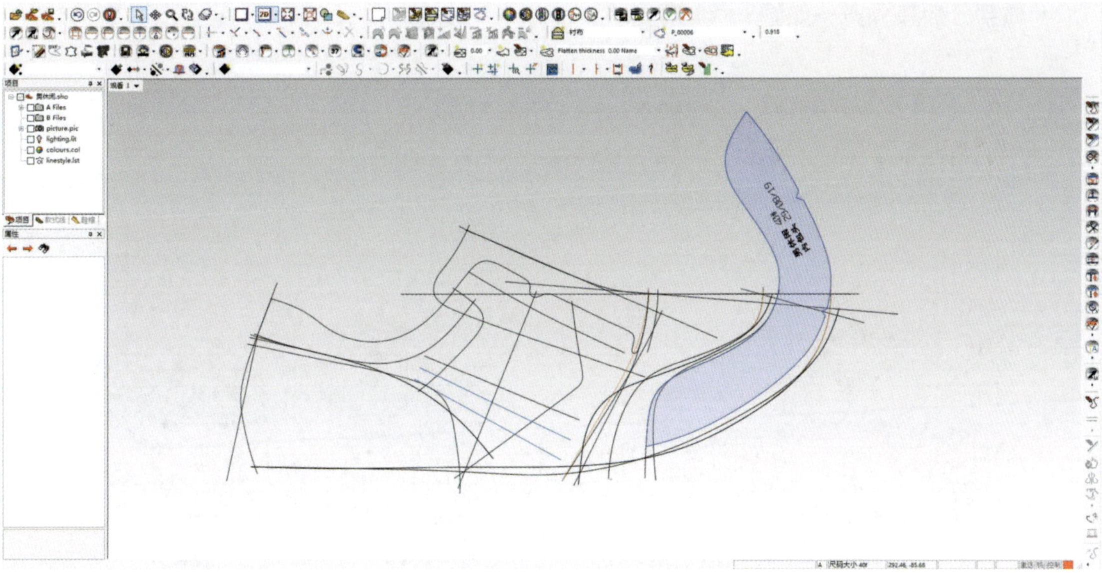

图3-113

分板线条。使用大齿沟功能（快捷键“7”），在内怀帮脚分板线边缘中心位置标记内怀牙尖。选择需要进行圆角的前一条分板线，使用圆角功能（大圆角快捷键“F7”，小圆角快捷键“Shift+F7”）进行圆角。完成后，选择分板线——新建立——新的分板线文字（快捷键“F”），在弹出的对话框中“内包头”改为“内主跟”，其他信息保持不变，然后点击“确定”，在样片中心位置点击（第一次点击确定位置，第二次点击确定方向）。

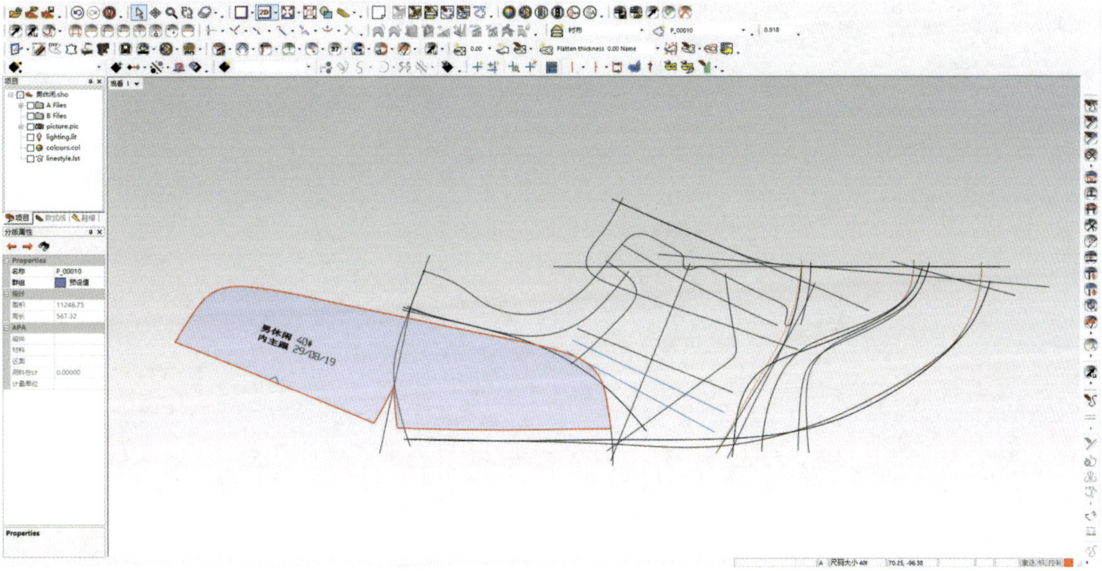

图3-114

• 做帮分板集预览，如图3-115所示。

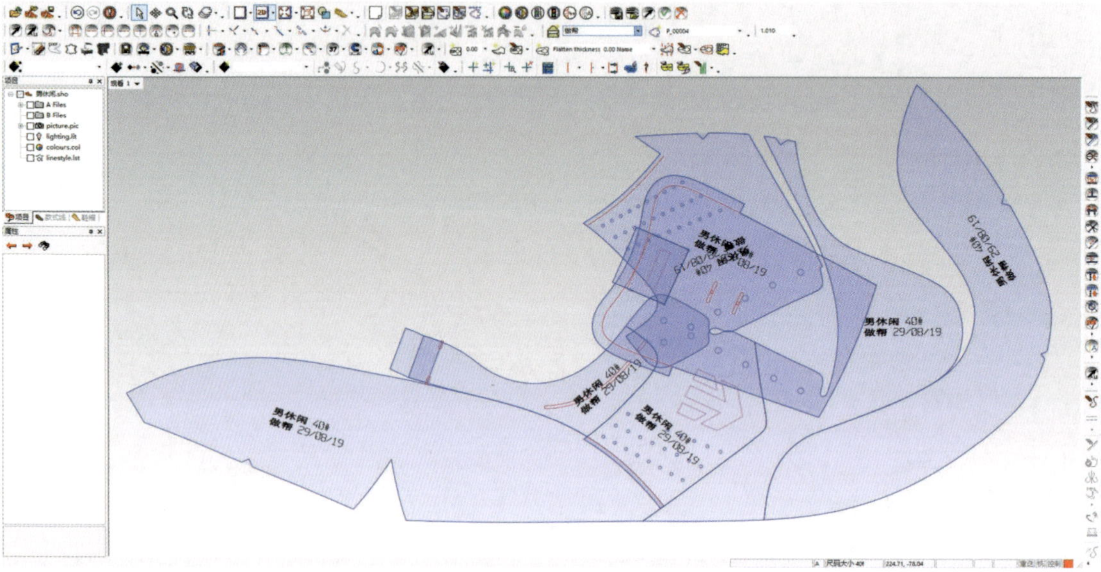

图3-115

• 划料分板集预览，如图3-116所示。

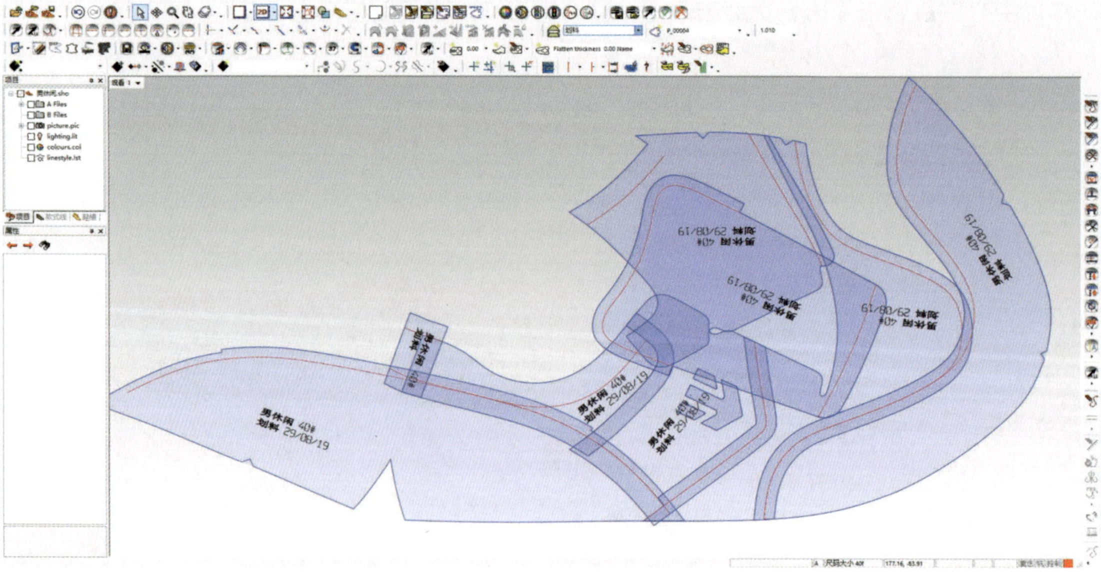

图3-116

• 里皮分板集预览，如图3-117所示。

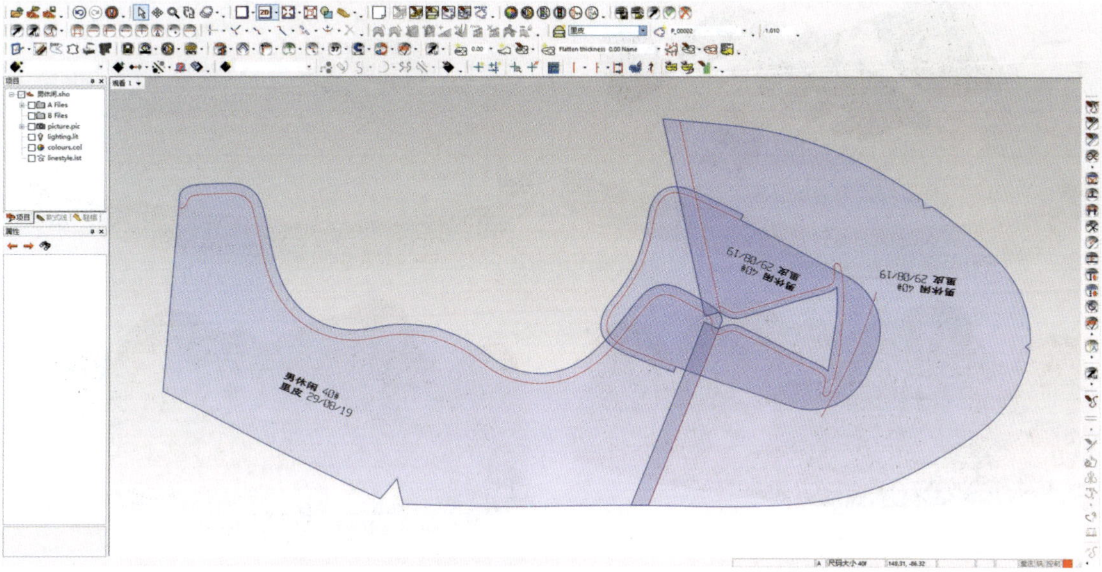

图3-117

• 衬布分板集预览，如图3-118所示。

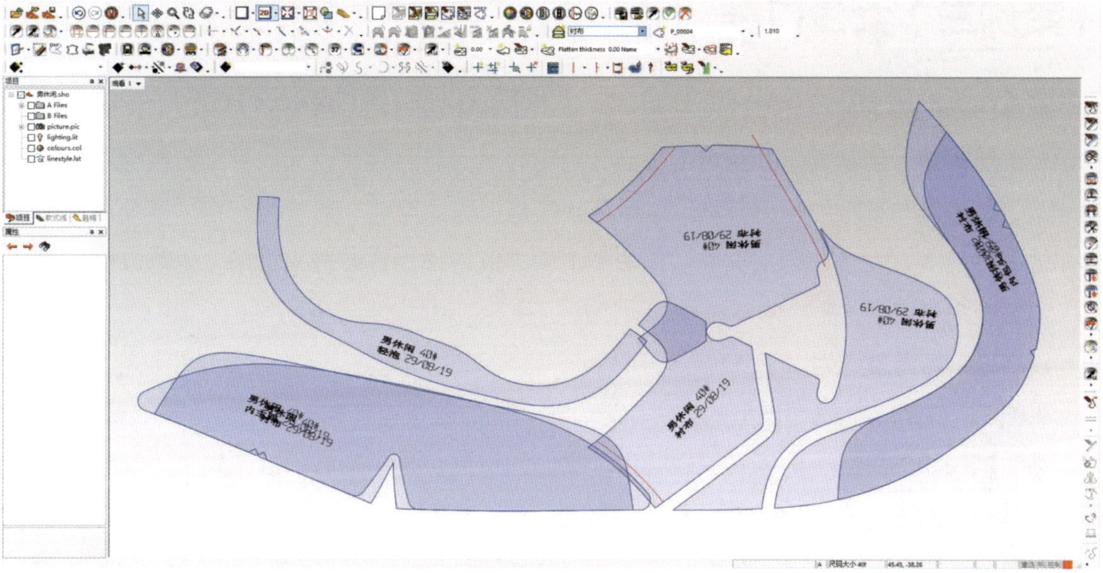

图3-118

成鞋及不同配色鞋款制作效果如图3-119所示。

图3-119 成鞋效果

【案例三】女浅口鞋

女浅口鞋一般指前帮长度控制在跖趾部位点（背中线与跖趾线交叉点）以前，即指口门靠前，前脸较短，后帮低于外踝骨下缘点，内腔较浅，后身较长，大部分脚背露空出来的一类鞋款，是春鞋与秋鞋的常见鞋款。这种鞋款最初为男式用鞋，到20世纪初才逐渐成为女性穿用的一种品类。女浅口鞋从穿着使用功能上看，既可作为正装鞋来穿用，也可以作为晚礼鞋、前卫鞋来穿用。

浅口鞋前帮造型分为以下三种：

①圆口、尖圆口：这是典型的纯浅口鞋，也叫圆口鞋、宫廷鞋。

②浅鞋：如仿耳式、仿舌式等浅鞋类，它们的特点也是前帮较短后帮较长，前帮长度比圆口式略长，如浅舌式、浅耳式、浅围子鞋等。

③凉鞋式浅口鞋。

浅口鞋的口门造型有尖口门、直口门、方口门、心形口门、桃形口门、不对称口门。前帮造型常见的有中开缝式、前开口式、围盖式。“一带鞋”是浅口鞋款式的重要组成部分，其延伸款式包括：圆口一带鞋、变形圆口一带鞋、丁带式、斜带式、人字带式、拉手带式、后围带式等，如图3-120所示。

图3-120 带式浅口鞋示例

1. 结构分析

本款鞋属中跟浅口女鞋，从效果图来看（图3-121），鞋帮面内部没有造型线条分割，考虑到翘度处理需求和生产套划方便，内怀腰窝处可以设计一条垂直于鞋口线的分割线。

根据设计手稿的整体分析，绘制鞋款外怀侧视线稿图，如图3-122所示。

图3-121 效果图手稿（作者：彭艳艳）

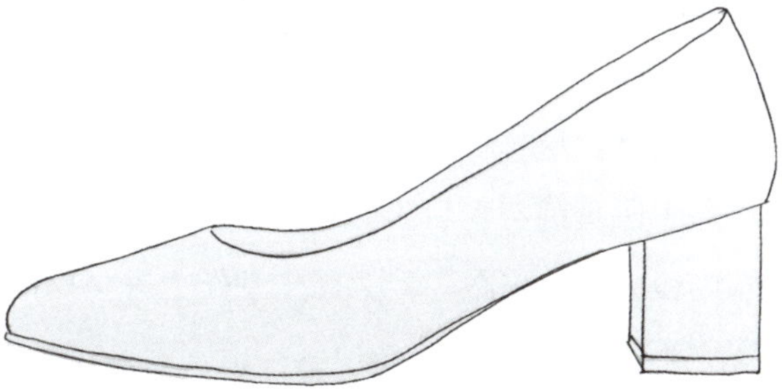

图3-122 外怀侧视线稿图

2. 结构设计（定位画样）

设计女浅口鞋应选用专门的女浅口鞋楦，因为为了增加鞋的抱脚能力，女浅口鞋较同型号素头满帮鞋楦统口两侧的肉体安排要少。此款鞋结构设计选用的是230（36码）一型半小圆头浅口女鞋楦。

（1）四点定穿

①后帮中缝高A_1A_X：A_1A_x=24%L_f（L_f是脚长，下同），由于此款鞋后帮没有提带等结构，后帮中缝高取值55mm。

②外怀帮高B_1B_x：外怀帮高B_1B_x=14.7%L_f，实际的外怀帮高可由鞋口线的线型辅助确定。

③鞋脸全长J_1C_X：J_1C_X=J_1F_X=32%L_f。

④口门位置：口门点Q_Y的位置，口门宽F_xQ_Y：F_x楦面宽的1/2处或稍有扩大。

浅口鞋的鞋口普遍较大，完全能够满足穿脱便利的需求，因此浅口鞋的穿用数据在很多情况下也是造型数据，其也担负着鞋款造型的塑造任务，这也是浅口鞋的穿用数据有比较大的变动范围的原因。

（2）帮样线条绘制

该款浅口鞋仅鞋口线一条帮面造型线条，线条处理难度比较大，一般来说，鞋口曲线线条要流畅无尖角，圆弧拐角处连接顺畅，无连接的痕迹，帮样线条要肯定，不得或有或无、或前或后、或高或低等。另外，鞋口口门处圆弧要略大一些，保证鞋口线条的整体流畅性，鞋口线中部部位线条可以略高一些，使鞋口线略有起伏，如图3-123所示。

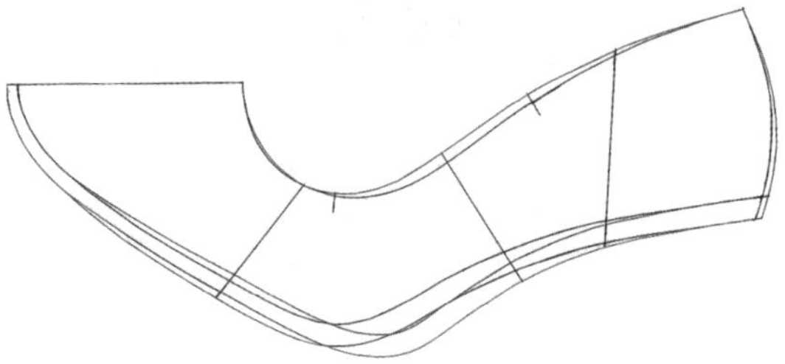

图3-123　半面板示意图（含里样板分割线）

3. 样板制作

使用ShoeDoctor（鞋博士）制作本款浅口鞋样板的基本步骤如下：

建立档案信息→线条处理→取净样→帮样分片细节处理→级放→切割。

该款鞋的半面板制作有以下两种形式：在楦上贴美纹纸，设计好线条，撕下展平，直接扫描；将楦上设计好的美纹纸撕下展平后，另外在白板（代称，有的也有牛皮纸）上再复制并修顺线条，这样做的半面板线条清晰，板面美观。这种做法在电脑开板时又分两种情况：一种是不画套前与套后的形式，做好半面板扫描输入电脑后制作，如图3-124所示；另一种是将内包头和内主跟、鞋头衬先制作上去再扫描。本例将采用这种方法制作该款鞋样板，如图3-125所示。

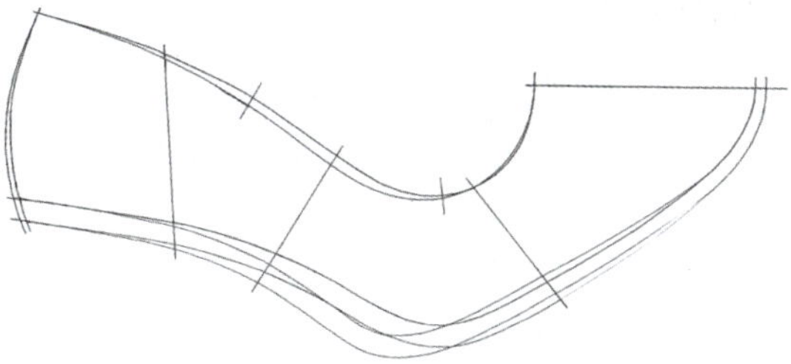
图3-124

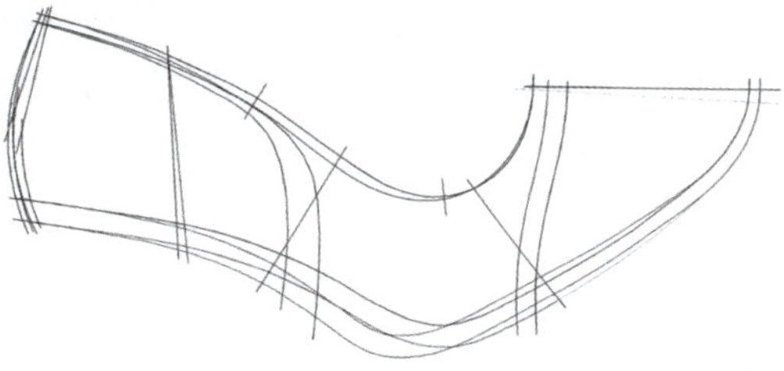
图3-125

（1）建立档案信息

打开通过扫描保存的半面板图像，建立档案，如图3-126所示。

步骤：

①打开图像，导入扫描的半面板。

②调整半面板与实际跟高近相一致，保存档案信息。

③按F3逆时针方向（或者F4顺时针方向）旋转摆正半面板，调整好半面板角度。

④重设、建立档案信息【本案例本码为37码（235）】。

⑤保存档案信息。

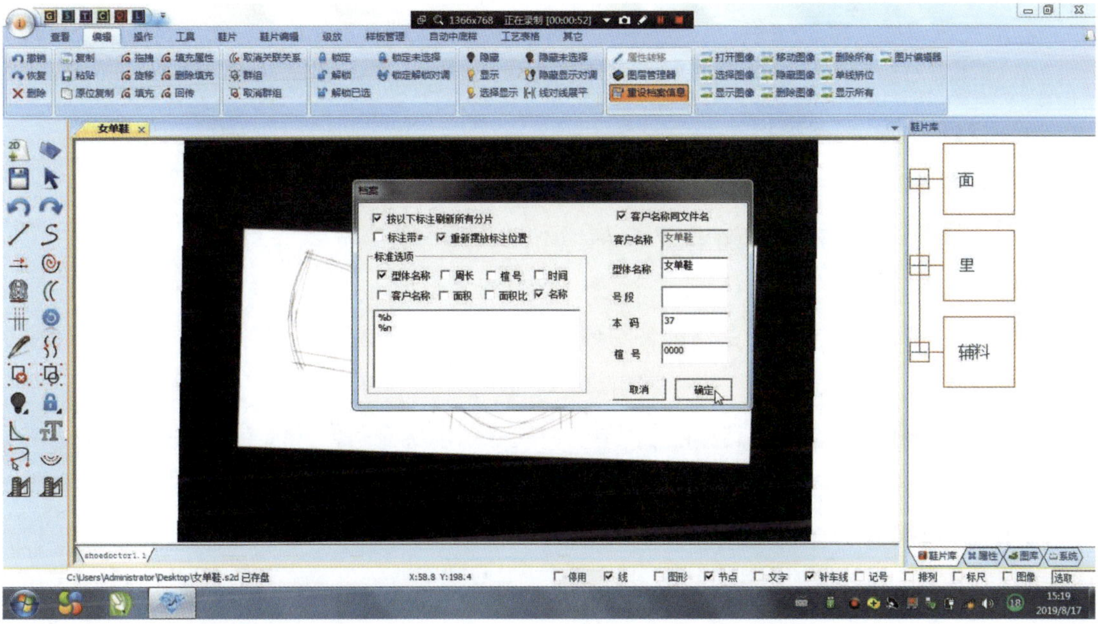

图3-126

（2）线条处理

线条处理主要包含描线、线条转内里层、完整内里线条三个步骤，如图3-127所示。

第一，描线。根据半面板图片依次描绘线条。

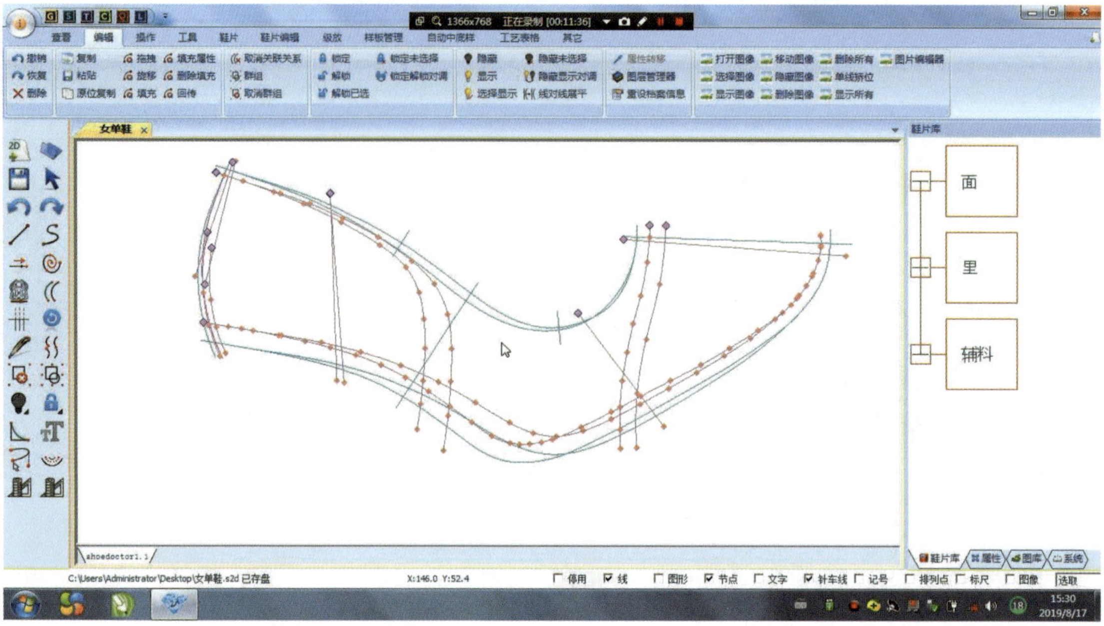

图3-127

步骤：

①选择【曲线】工具，沿着半面板的线条描线线条，描画时要在线中、流畅。

② 描完线以后，修顺线条。

【修顺线条三种方法：a. 直接拖拉节点、双击增加或去点；b. 光顺工具；c. 定量移点工具】

③保存好描好的线条样板。

④关闭图像。

第二，线条转内里层。把面内、外线/里/辅料分别标注颜色和图层。

步骤：

①选择内里线条，再单击空格键，隐藏未选中线条（注意：鞋口的线条不要选择，因为它要与面共用）。

②右键单击线条，选择【转移层】，单击右边三角箭头符号，选择【内里层】，将线条从当前层转移至内里层。

③框选内里线条，单击空格键，显示全部线条，选择鞋口线，右键单击线条，选择【原位复制】，再次右击线条，同②，将线条从当前层转移至内里层。特别说明：如果背中线与底口线不做翘度处理，净样线不变，也可以不必原位复制，取分片时直接追踪此线条即可，不过，原位复制也不会错。

④在【图层管理工具】条上关闭外侧，勾选内里，框选所有线条，右击选中的线条，选择【颜色】，建议选用黄色，则内里线条全部变为黄色。

（3）取净样

利用专用的取片曲翘工具分别提取分片至面组/里组/辅料组。取净样主要包含以下四个方面：取帮面分片净样、取内里分片净样、取衬布分片净样、取辅料分片净样。

第一，取帮面分片净样。

①外怀鞋身：用【内外片】工具取外怀鞋身。

步骤：

a. 取外怀时，从对称线开始，左键依次按序“成封闭状态”点击组成外怀的线条，空白处单击右键，如图3-128所示。

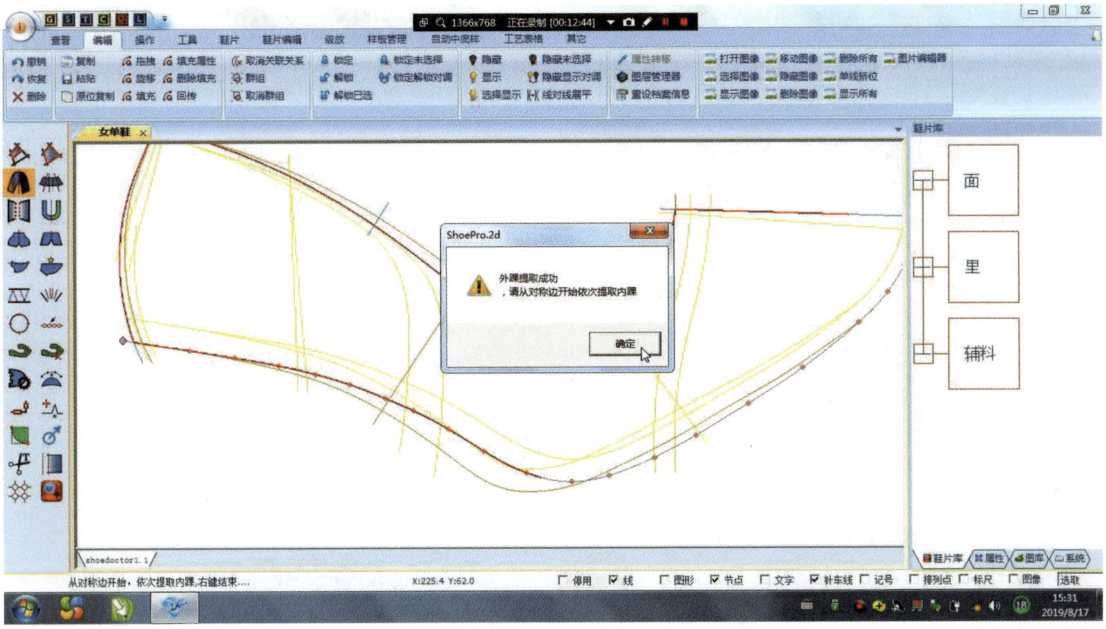

图3-128

b. 取内怀时，从对称线开始，左键依次按序“成封闭状态”点击组成内怀的线条，如图3-129所示。

c. 空白处单击右键，完成外怀鞋身取片，如图3-130所示。

②内怀鞋身：用【手动追踪】工具取内怀鞋身（图3-131）。

步骤：

a. 选择【手动追踪】工具，左键依次按序“成封闭状态”点击组成内鞋身的线条，空白处单击右键，完成内怀鞋身取片。

b. 鞋片库，在内怀鞋身分片单击右键，选择【转换内外脚】。

c. 按F2键【保存】。

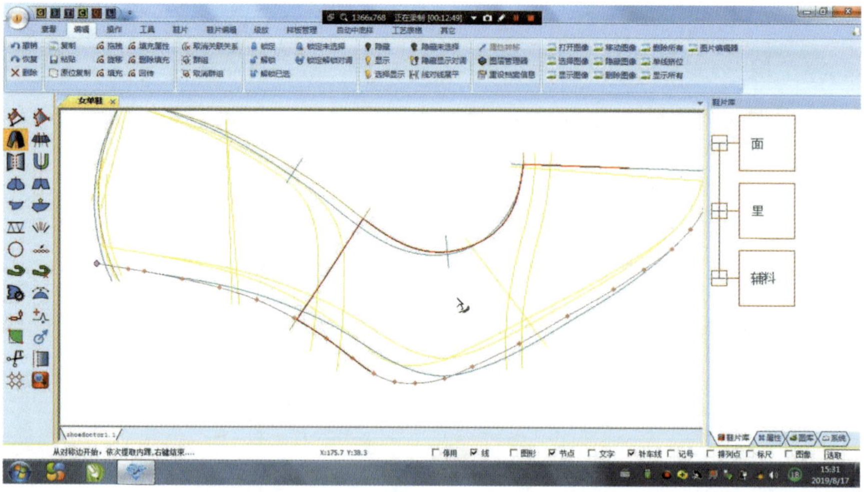

图3-129

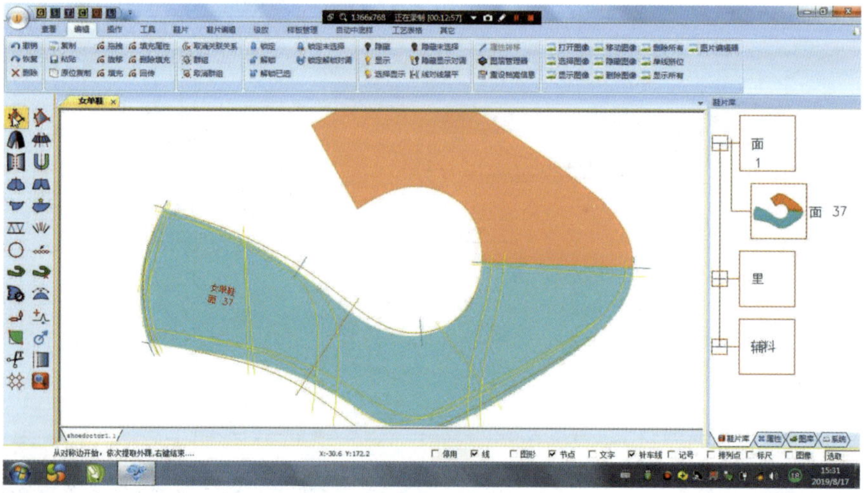

图3-130

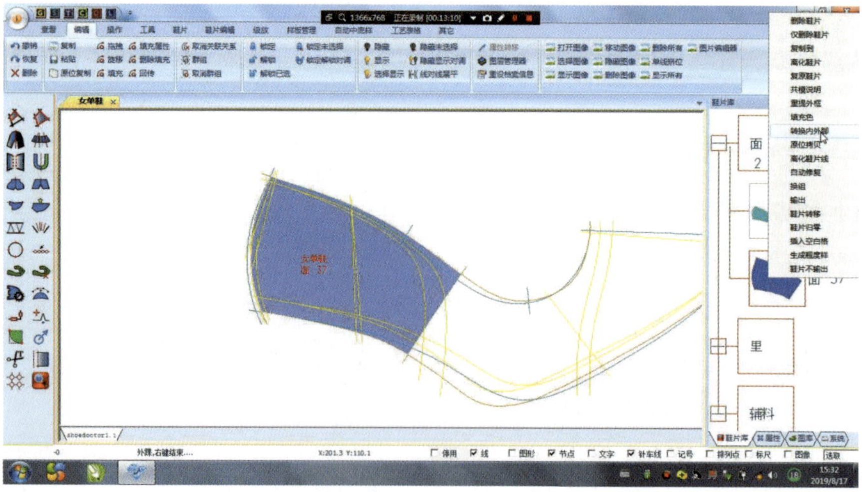

图3-131

第二，取内里分片净样（图3-132）。

①外身里：用【内外片】工具取外鞋身里。

步骤：

a. 取外身里外怀时，从对称线开始，左键依次按序“成封闭状态”点击组成外身里的线条，在空白处单击右键，完成对外身里外怀的取片。

b. 取外身里内怀时，从对称线开始，左键依次按序“成封闭状态”点击组成内身里的线条，在空白处单击右键，完成对内身里的取片。

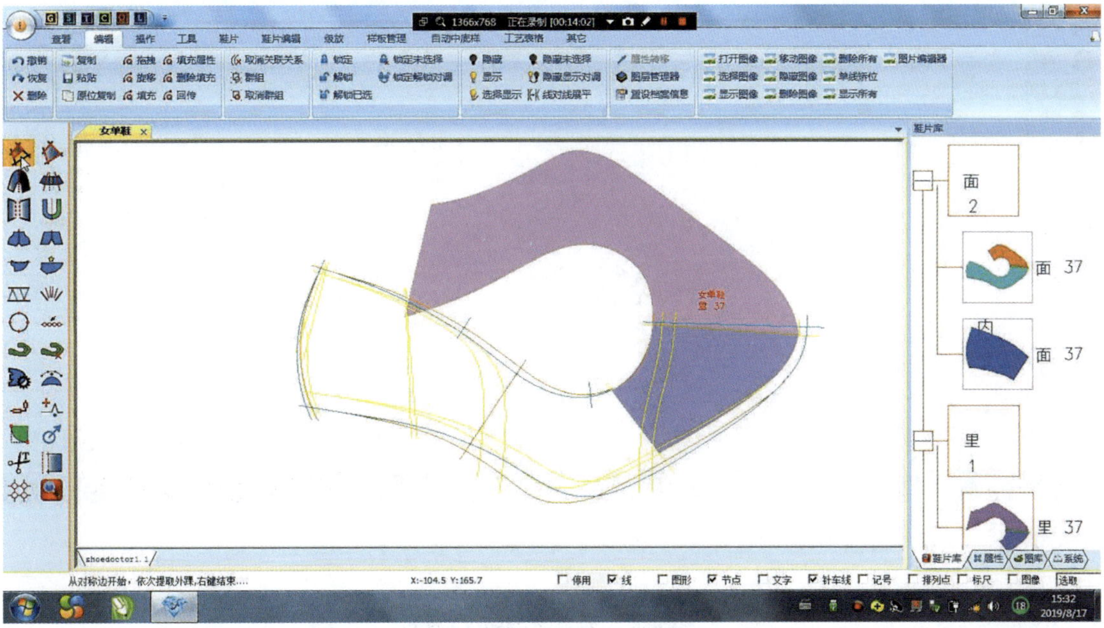

图3-132

②内身里（图3-133）。

步骤：

a. 选择【手动追踪】工具，左键依次按序“成封闭状态”点击组成内鞋身的线条，空白处单击右键，完成内身里取片。

b. 点击鞋片库，内鞋身分片上点右键，选择【转换内外脚】。

c. 保存。

③主跟里：用【内外片】取外主跟里（图3-134）。

步骤：

a. 取主跟里外怀时，从对称线开始，左键依次按序“成封闭状态”点击组成主跟里外怀的线条，在空白处单击右键，完成对主跟里外怀的选片。

b. 取主跟里内怀时，从对称线开始，左键依次按序“成封闭状态”点击组成主跟里内怀的线条，在空白处单击右键，完成主跟里取片。

c. 保存。

注意：内里板的制取方法多种，当然也可以直接用扩边放量后的面板拼接组合去掉鞋头套前的厚度量来制取。本书介绍的是电脑取样，所以可以直接采用净板扩边的方法直接来制取。

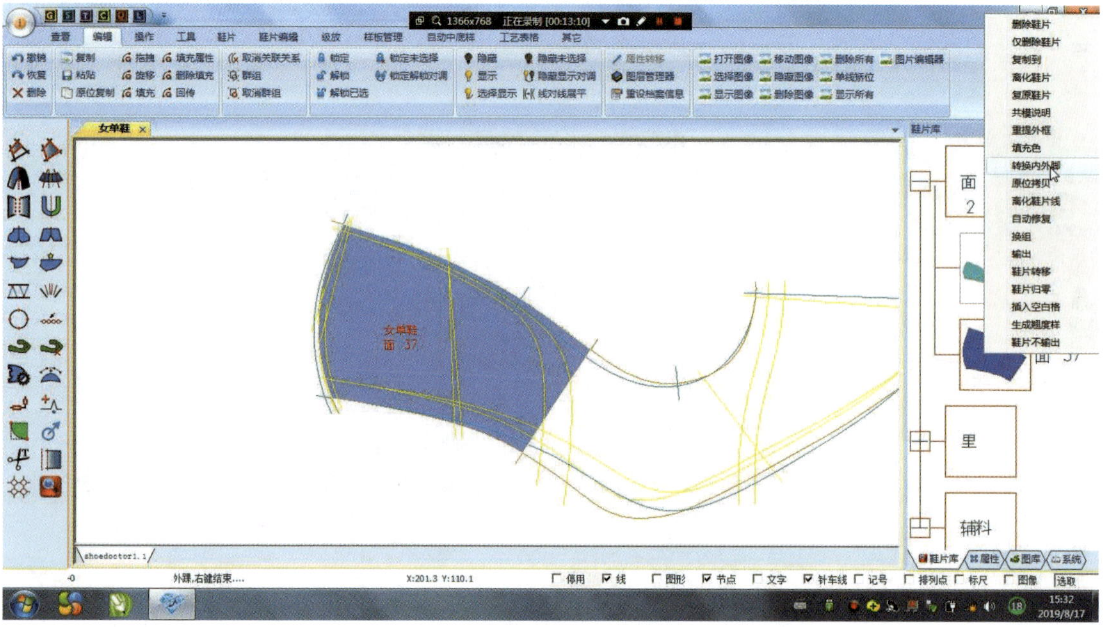

图3-133

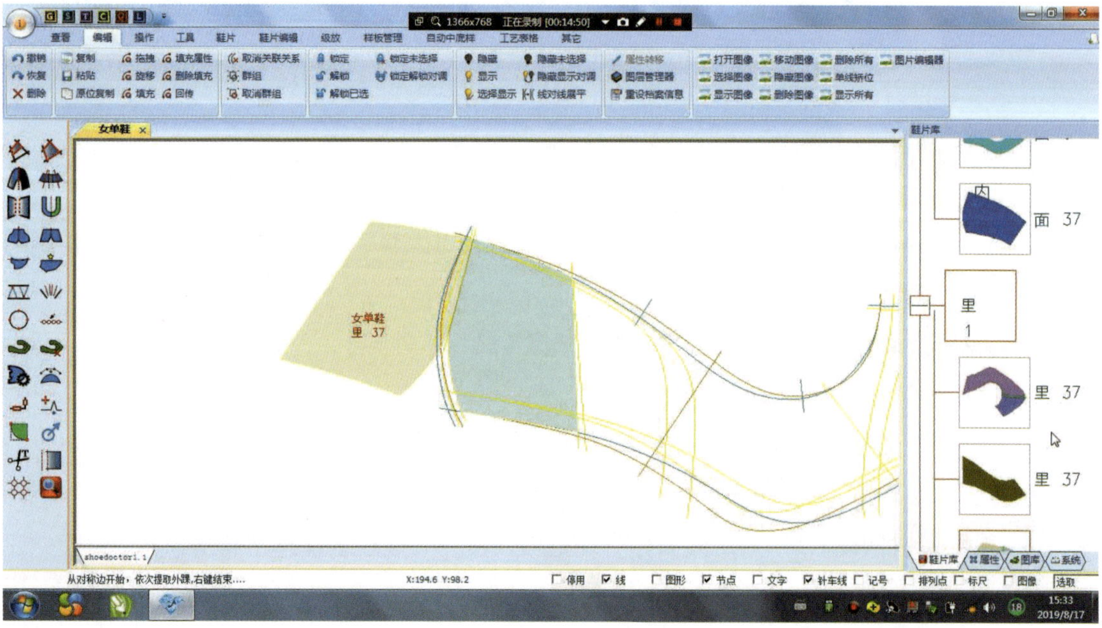

图3-134

第三，取衬布分片净样。视鞋面材质、工厂的要求而定，不一概而论。有的企业做鞋要求高，全双要求加衬布，有的企业需要在内怀至腰窝位置再加一小块衬布，也有不加衬布的，但非常少。

第四，取辅料分片净样。用【内外片】工具取内主跟、内包头。

步骤：

a. 取内主跟外怀时，从对称线开始，左键依次按序“成封闭状态”点击组成内主跟里外怀的线条，在空白处单击右键，完成对内主跟外怀的选片。

b. 取内主跟内怀时，从对称线开始，左键依次按序“成封闭状态”点击组成内怀的线条，在空白处单击右键，完成对内主跟的取片。

c. 内包头取法与内主跟一样，此处不再赘述。

（4）帮样分片（面料、里料、辅料等）细节处理

鞋面、鞋里、衬布、内包头、内主跟净样片取完之后，对每组分片进行细节处理，这些细节处理大致如下：

①扩边：在净样的基础上加出边口制作工艺量，如后跟合缝、鞋口反折（反缝）、内主跟里搭位等。

步骤：点菜单鞋片编辑——→选择【扩边】工具——→选择需要的扩边量或者内缩量——→单击要扩边的部件的那条边不要松开——→左键单击要扩展的方向的空白处，完成扩边指令。

【扩边参数的设置】：点击左上角模块/参数——→设置工艺参数——→设置好工艺参数后，再次点击左上角模块/参数回到此界面——→按住shift键，右键单击要修改的参数，填好想要的参数——→左键单击，完成设置，如图3-135所示。

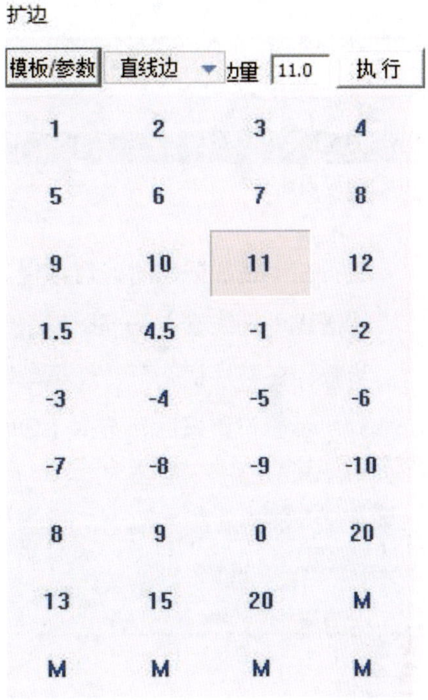

图3-135

②加线：鞋面组合定位参照线，如：内里与鞋面车反口缝合时，为方便现场操作，面里需要比齐针车。

步骤：点菜单鞋片编辑——→【加线】——→切割属性选择【辅助】；提取方式选择【自动】；对称关系选择【本边】；内线整理选择【属性更改】，再选择【笔画】，如图3-136所示。

注：通常使用划线板划料时，在加线位置处记一个直径1.2mm的冲孔记号即可，如果要制作刀模，将此加线位置改成记号齿也通行的做法。

③加记号：往往在组合定位点、中点、车缝对齐点、靴面定型等地方需要做记号，这时候就会用到这个工具。

步骤：点菜单鞋片编辑——→B加记号。

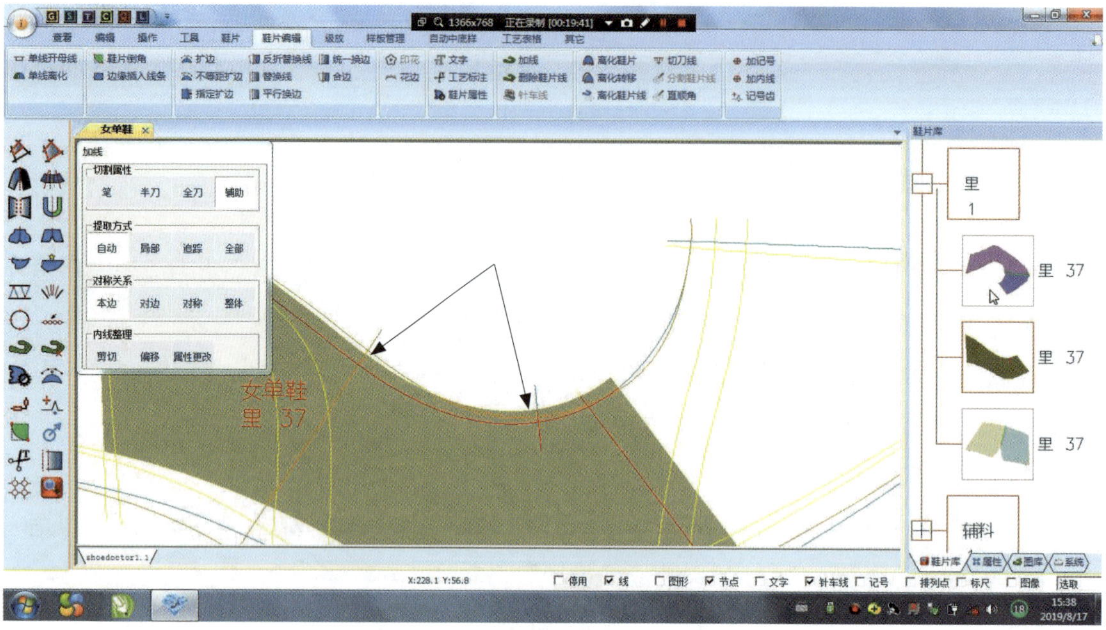

图3-136

注：在中线加记号时，对称栏下，要点选【本边】。

④槽线（划线槽）：一般在搭接位、饰线、参照线会用到。

步骤：在鞋片状态下，点菜单鞋片编辑→选择【槽线】，选择相应的按钮进行设置如图3-137所示，设置好后，选择【OK】。

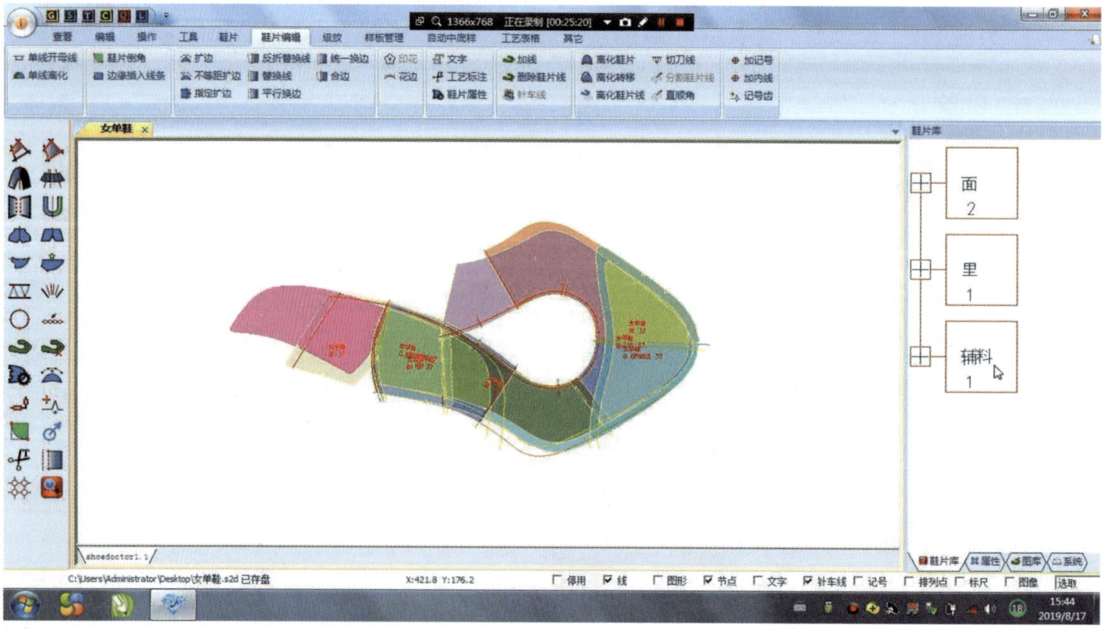

图3-137

⑤倒角：将不利现场操作或者不美观的尖角转成易操作、美观的边角，如圆角、倒角（斜切角）。

步骤：点菜单鞋片编辑──→【鞋片倒角】──→填好截距，勾选【对齐扩边】，选择【圆角】（点击“圆角”这个按钮，还可以转换成其他切角模式）。

⑥记号齿：在帮样分片边沿组合加工对齐位置，内外怀区分、中点、车缝比对点、帮脚消褶齿等地方是需要做记号齿的。

步骤：点菜单鞋片编辑──→【记号齿】。

⑦鞋片属性：在鞋博士软件中，鞋片属性的工具较全面，但一般情况下用不了那么多工具，通常情况下只要以下四点就可以了，即型体、号码、分片名称、裁向。

⑧标注工艺：分片中间、边沿加工工艺，如合缝、车反等。

步骤：点菜单鞋片编辑──→【工艺标注】。

（5）级放

设定“级放平台”参数，用“主从”级放工具对帮脚进行定距和用“基点”对需要共模的分片母线进行多维锁定。级放工作主要包含以下七个方面：级放准备、打开级放平台、定主从、共用、创建基点、归属基点、级放。

第一，级放准备。级放前再仔细检查是否有忽略的细节、漏洞。

①内里、衬布、辅料（内包头、内主跟）、内里内外怀：检查型体编号、号码、分片名称、内外怀、鞋面记号与记号齿、裁向标识、制作工艺是否标识清楚。

②各分片点检没问题后，再拼接鞋面分片──鞋里分片──鞋辅料分片。查看拼接是否整齐，正确，特别注意鞋面工艺与鞋里组合工艺。大多数情况下，后身内里板的制作跟随面板结构作调整，避免出现开出鞋面与鞋里不能组合的错误。

第二，打开级放平台，填写级放参数（图3-138）。

步骤：打开菜单级放──→单击选择【级放平台】──→设定级放参数。

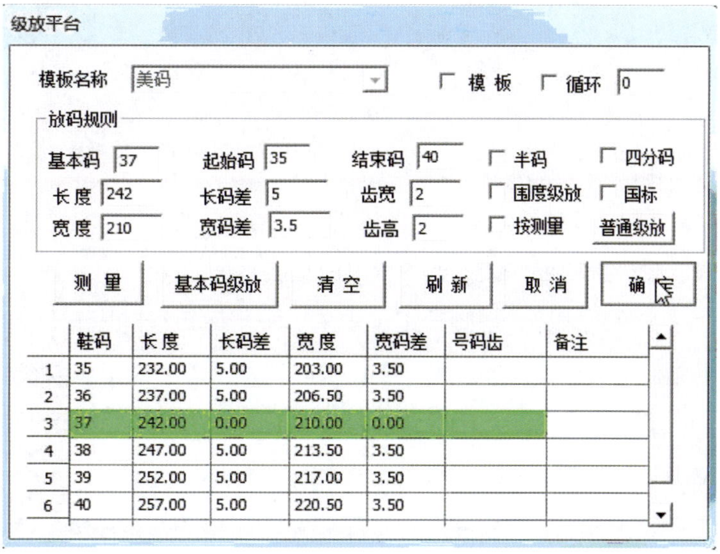

图3-138

第三，共用设定。共用表编辑，共模说明，如图3-139所示。

步骤：

①打开【共用表编辑】。

②填写共用码数分段模板表名称。

③填写共用码数分段：浅口鞋主要是内主跟里、内包头，当然，有的企业不共用，这个不可一概而论，这里仅以内主跟里举例。

当内主跟里共码的时候，整个内里的长度与未共码原鞋里长度是相一致的，不会因为共码后变长或者缩短的，那么共码的长度变化就需要多维级放来互补，让共码没有级放的部分的级放量平均分摊到未共码的部件上去，如图3-139所示。

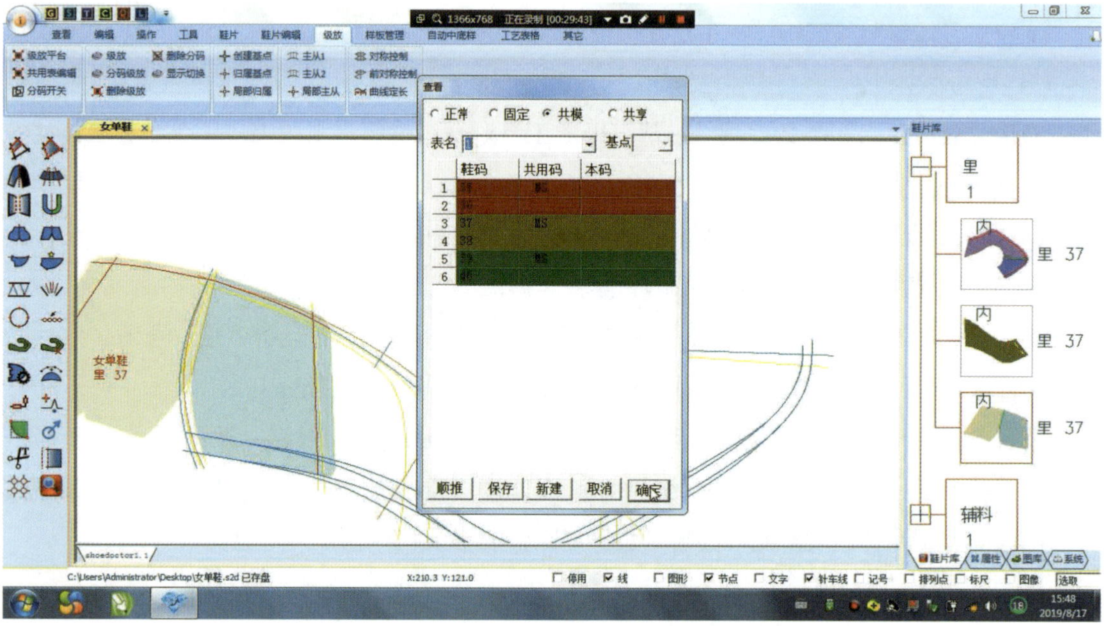

图3-139

第四，定主从。

主从1：主要是单项锁定，如锁定帮脚；主从2：主要是多个对象锁定某个基点或者某条线，少去重复操作锁定。本款浅口女鞋案例如下：

①等距偏移，帮脚锁定定主从：由帮底口线向里偏移入帮量，一般取15mm，也有在取半面板时将放帮量加上去，不过级放差别相差不大，可以忽略不计。

步骤：面板的入帮量通常是偏移15mm（这不是固定标准）——→选择【主从1】工具，定主从线时，先点从线，再点主线，如图3-140所示。

②加线——切割属性：添加重要的定位线与参考线。浅口鞋主要是面里组合参照线（这里的级放前加线是让每个码，相同分片、相同位置都做上记号位置）。

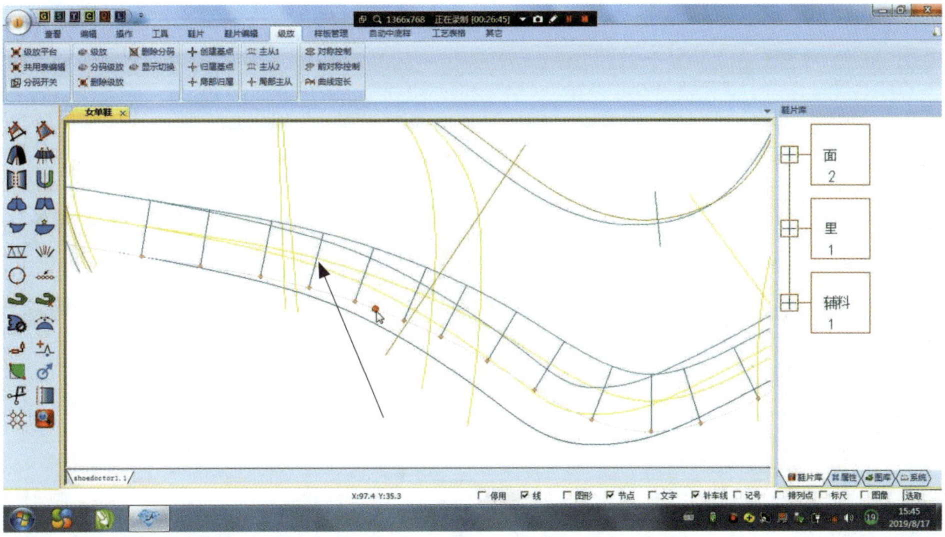

图3-140

③将从线转移至系统层。

步骤：线条上单击右键——>选择【转移层】——>在下拉框中选择【系统】——>单击【确定】，如图3-141所示。

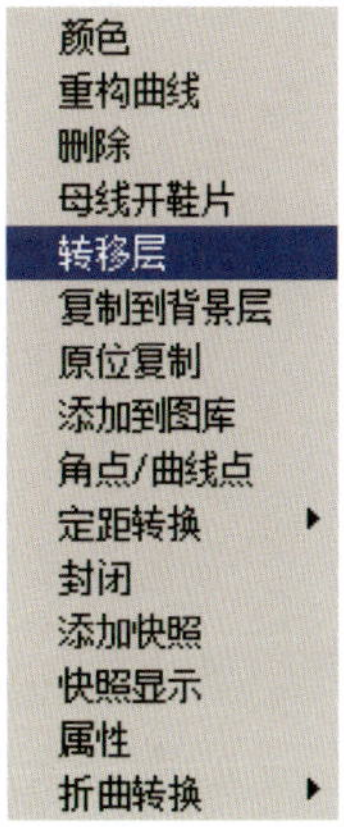

图3-141

第五，创建基点。

步骤：后上口处定级放基点——>填写基点控制属性表——>主要线条与级放基点相关系，如图3-142所示。

第六，归属基点。

步骤：要控制级放的分片归属某基点控制——>填写基点控制属性参数及要点，如图3-143所示。

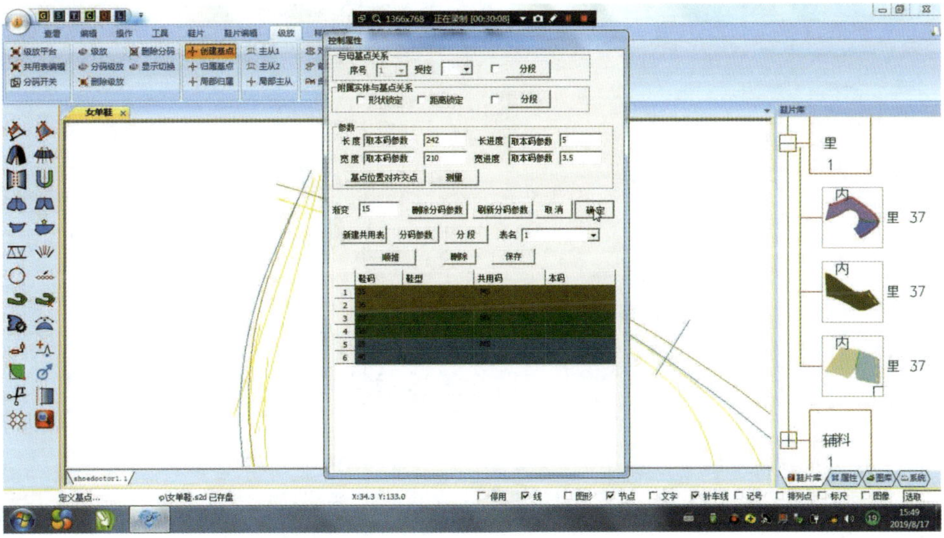

图3-142

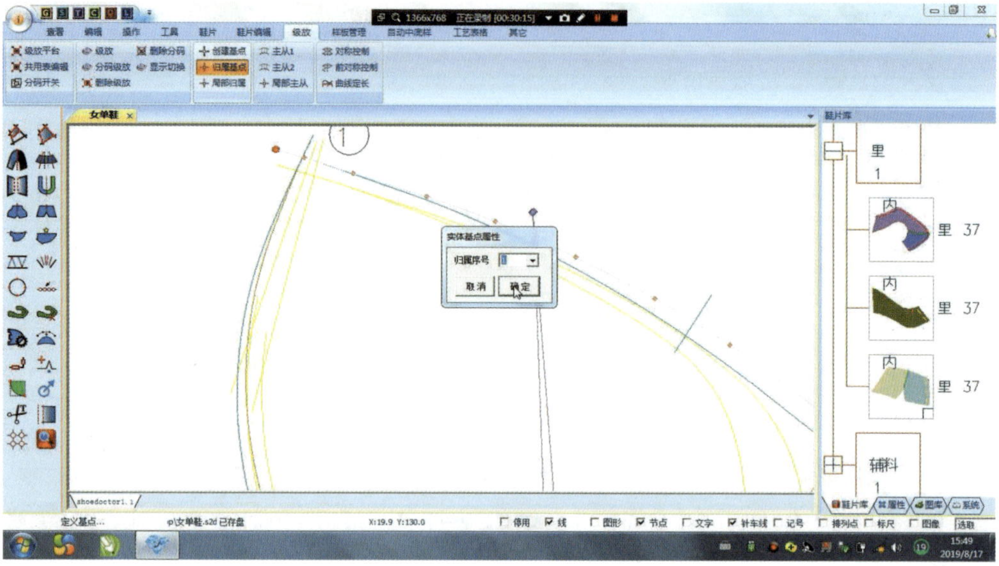

图3-143

第七，级放（图3-144）。

步骤：

①打开要级放的样片。

②单击工具栏标题栏：级放，单击【级放】。

③勾选要输出码数。

④确定。

⑤等待级放完毕。

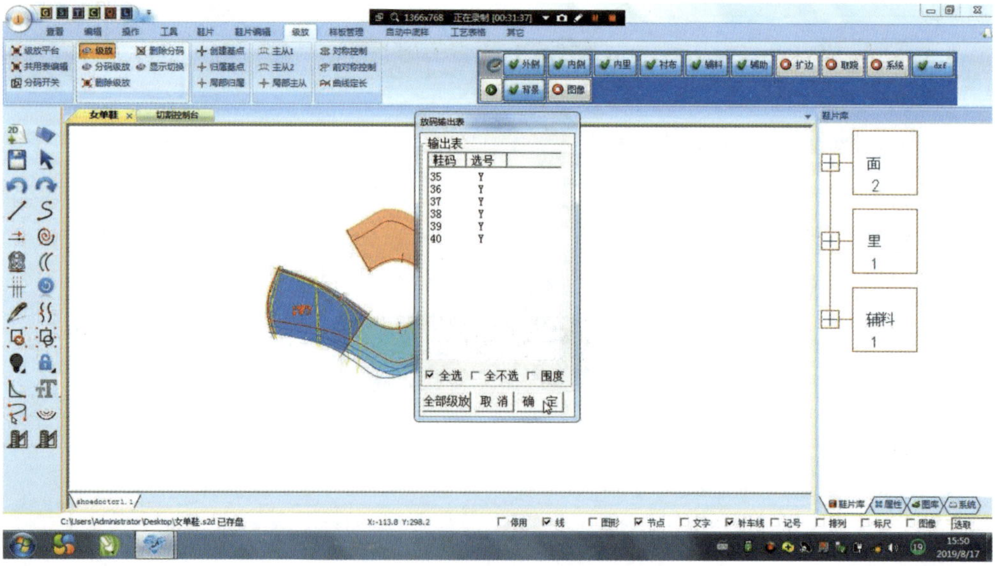

图3-144

（6）切割

按F7或者标题栏 [C] 按钮，打开切割控制台，输出级放，选码排板切割，如图3-145所示。

①右键单击鞋片库分片组。

②单击【输出】。

③勾选要输出码数。

④选码排板切割。

⑤在控制台排板区排板。

⑥单击切割控制台 割。

成鞋及不同配色鞋款制作效果如图3-146所示。

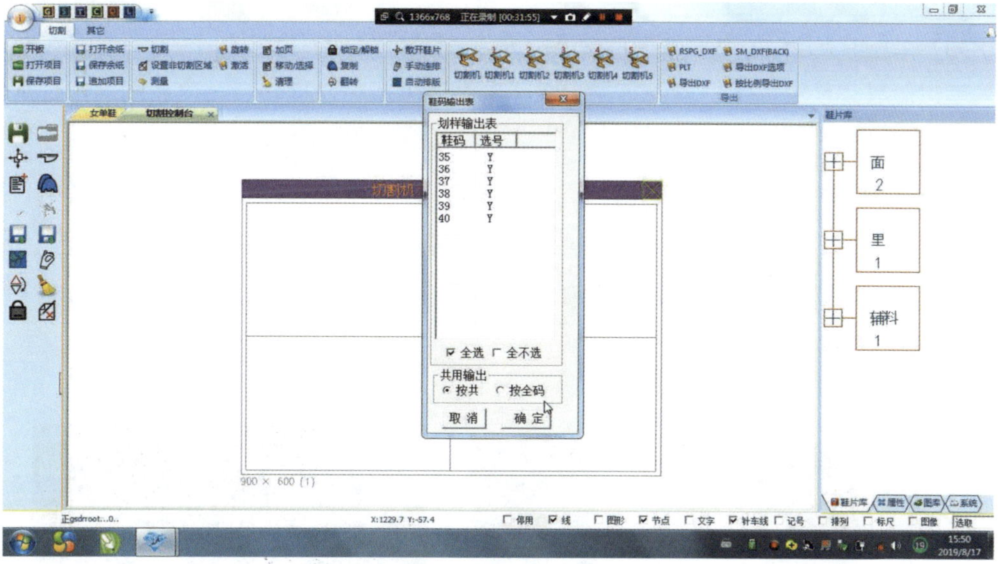

图3-145

图3-146　成鞋效果

【案例四】高筒女靴

靴鞋，也称为筒靴其字面意义是指有筒状结构的鞋，在制鞋领域通常指鞋筒高度超过130mm（男鞋）或120mm（女鞋）、鞋口在脚腕以上的鞋子，各鞋企的实际数据划分可能略有差异。实际工作中，常把筒口高度超过脚踝骨位置的一类鞋子统称为靴鞋，踝骨以上的部分称为靴筒。靴鞋鞋帮的开口方式大致有以下几种：前开口式、后开口式、侧开式；口门开闭方式常见的有拉链式、绑带式、扣带式、松紧带式、粘扣式（魔术贴）等。

根据靴筒高度，靴鞋可以分为矮靴、半筒靴、中筒靴、高筒靴、过膝靴，除过膝靴外，以男250（二型半）、女230（一型半）为例，靴鞋设计时常用高度尺寸如下（单位：mm）。

矮靴：130～150（男），120～140（女）；半筒靴：200～240（男），180～220（女）；中筒靴：270～280（男），250～260（女）；高筒靴：370～400（男），340～370（女）。

过膝靴是从高筒靴发展而来的，由于靴筒高度超过膝盖，其高度和围度设计尺寸受筒口位置帮面材料的弹性和造型影响较大。一般来说，采用高弹性鞋材设计时，鞋材柔软，能够在包裹大腿的同时任意弯折，因此筒口部分可以紧贴大腿造型设计（图3-147）；采用低弹性鞋材设计时，由于鞋材质地相对较硬，过度弯折会使鞋材产生严重折痕，甚至出现裂痕，因此筒口部分可以采用增大筒口围度、后缝开口等方式设计，以满足日常坐、立和行走的需求（图3-148）。

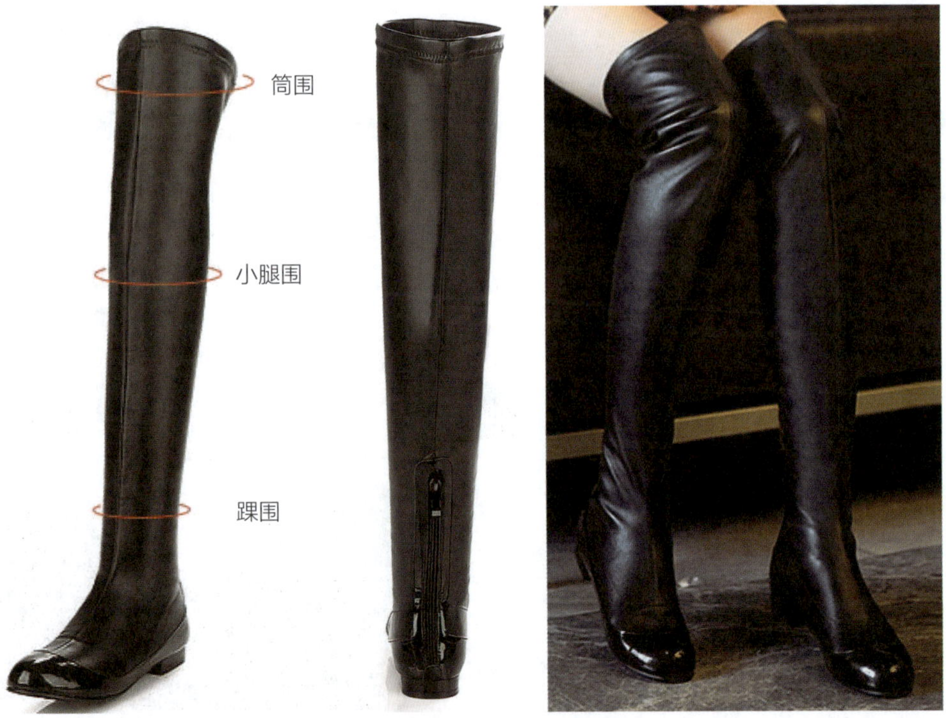

图3-147 高弹性鞋材过膝靴（靴筒为高弹PU，靴口围：38.5cm）

图3-148 低弹性鞋材过膝靴款式示例

靴筒的造型要根据穿用的实际情况进行尺寸设计，其自身结构特点决定了其设计过程的复杂性。相关尺寸要充分考虑面料、里料的厚度，特别是当里料为厚毛皮里时，要在相关部位加放一定的量，以防脚穿不进去。另外，由于实际穿用的环境和用途变化较多，不同地域、民俗等客观穿用条件和习惯以及腿部围度尺寸也不尽相同，这也造成靴筒构成形式、规格数据、款式造型各不相同，比如：裤脚是在靴筒内还是在靴筒外、销往地的裤子薄还是厚，都会影响到靴筒的设计数据。“数据是死的，人是活的”，靴鞋设计过程中，若执着于参考数据而不能根据终端消费市场的需求变通，极有可能会造成设计的失败。

靴筒高度超出了鞋楦统口线的高度，超出部分的前后方向、围度尺寸都需要根据脚型规律和造型需求设计，为了方便板师进行靴鞋结构设计，开发部门应根据鞋楦、消费者需求等，制作相应的靴筒母板。

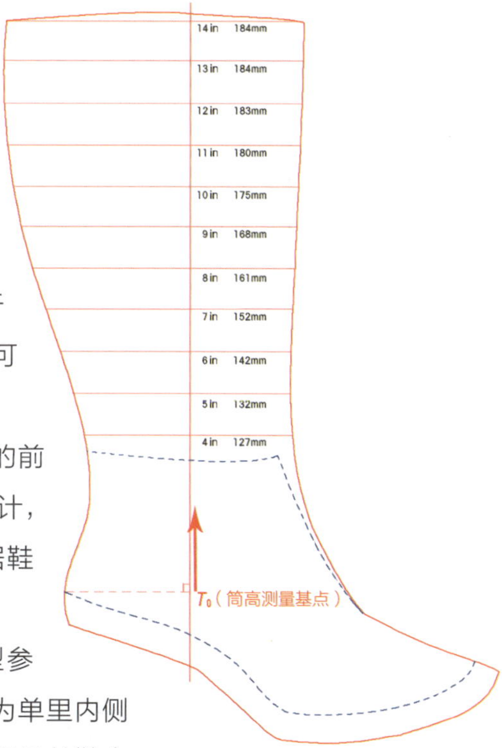

图3-149 高筒靴母板造型示意图

图3-149所示为某鞋企开发部高筒靴靴筒造型参考数据，鞋楦为230一型半内销女靴楦，该半面板为单里内侧拉链式高筒靴母板，T_0点为靴筒高度数据起点，根据目前鞋企

常用的数据计量方式，高度单位为英寸（in，1in=2.54cm），围度单位为毫米（mm），例如标注“4in127”意为：筒高4in处，母板相应位置靴筒宽度为127mm，对应的靴筒围度为254mm（筒宽的两倍）。本数据为此款母板测量数据，仅供参考。设计师在制作母板时应充分考虑鞋楦、材料、造型等因素，适当调整。

图3-150和图3-151所示为某鞋企开发部过膝靴靴筒造型参考数据，相关半面板分别为单里内侧拉链式（图3-150）和套脚式（图3-151）过膝靴母板，鞋楦为230一型半内销女靴楦，T_0点为靴筒高度数据起点，根据目前鞋企常用的数据计量方式，高度单位为英寸（in），围度单位为毫米（mm）。

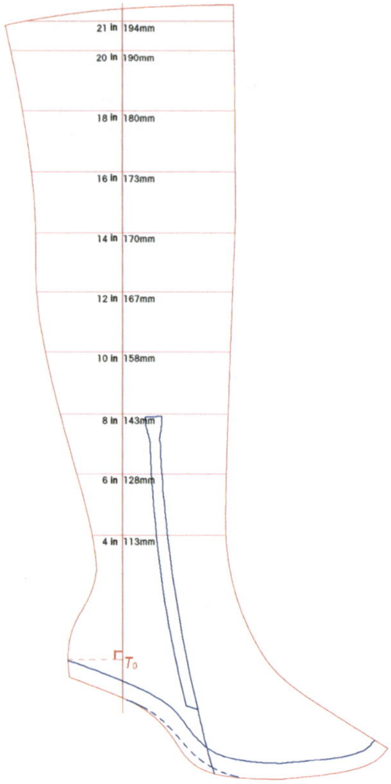

图3-150 单里内侧拉链式过膝靴母板造型示意图

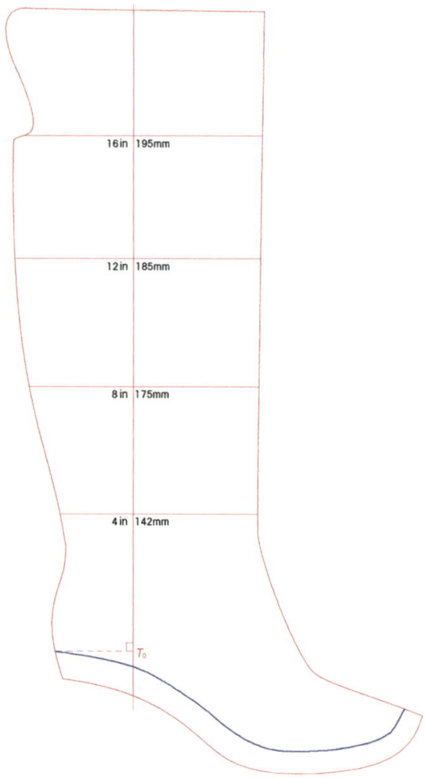

图3-151 套脚式过膝靴母板造型示意图

从以上三款靴筒母板造型数据可以看出，图3-149所示高筒靴腿肚部位尺寸明显大于图3-150所示过膝靴的腿肚部位尺寸，这表明这两款靴的终端消费群体的穿用需求存在差异，可能是区域腿型数据的差异、穿用习惯的差异、鞋面鞋里材料的差异等。

1. 结构分析

本款靴鞋属高跟高筒靴，坡跟设计，整体造型简洁挺括，前帮采用整片式设计，也称为葫芦头式大头排设计，背中线没有分割，背中线两侧采用对称式结构设计，后跟部位设计了整体式后包跟，有效提升了靴筒后帮中缝的牢度，也使得后帮中缝下部造型不易因穿用行走导致变形。靴筒后帮中缝部分采用合缝方式组合，由于该部位受力相对较小，可以直接合缝，也可以在合缝位置增加一条保险皮。

根据设计手稿（图3-152）的整体分析，绘制鞋款外怀侧视线稿图，如图3-153所示。

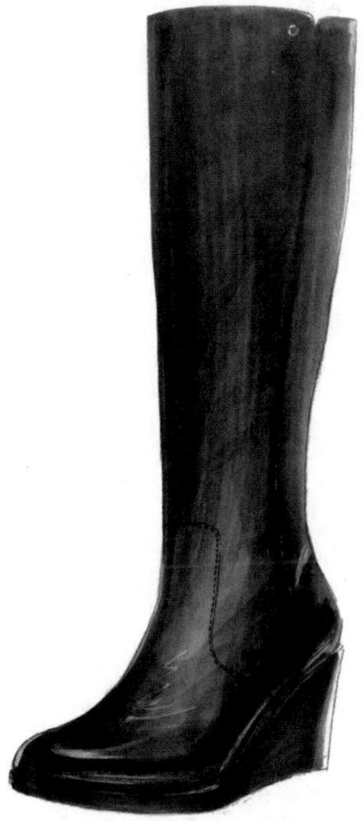

图3-152　效果图手稿
（作者：彭艳艳）

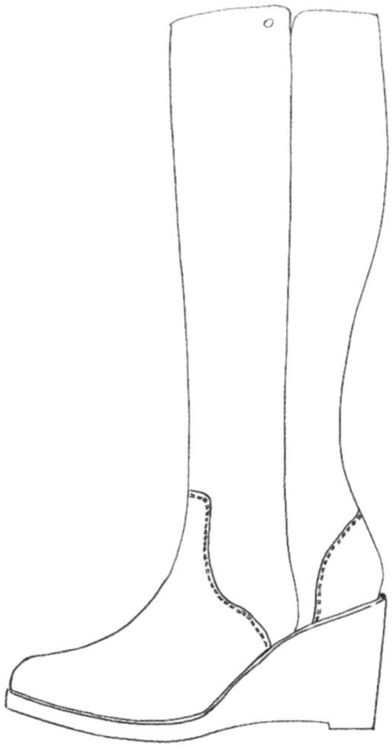

图3-153　款式结构图

2. 结构设计（定位画样）

选择合适的楦型，在样板纸上复制出配套的高筒靴母板备用。根据上述靴鞋结构图后弧线造型判断，此款高筒靴筒高在膝盖以下腿肚以上，可定为14in，由于靴筒背中线部分没有分割，靴筒前片部件是内外怀一体设计，因此葫芦头部件的高度需要设计在鞋楦统口线以上；后包跟采用内外一体式设计，后包跟的后弧线位置高度应在脚腕以下，避免后包跟的后弧线呈“S”形。内怀拉链下面部分需要稍向前倾，以方便穿脱。在以上定位原则基础上，根据设计师效果图，制作半面板，如图3-154所示。

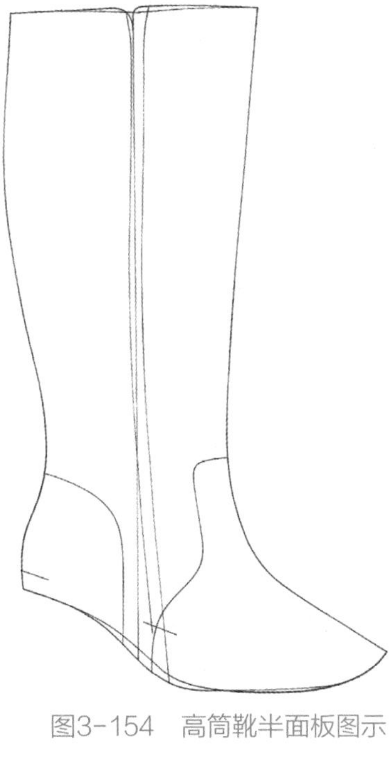

图3-154　高筒靴半面板图示

3. 样板制作

ShoeDoctor（鞋博士）制作鞋样板的基本步骤如下：

建立档案信息→线条处理→取净样→帮样分片细节处理→级放→切割。

由于靴子半面板较大，扫描时有可能会分段扫描再拼接，当半面板在电脑中歪斜不正时，不能用电脑自带的看图软件或者图片处理软件将它旋转摆正，必须用鞋博士专用工具。这是由于电脑自带看图软件或者图片处理软件旋转处理的半面板与要开板的原始半面板不管是长度还是围度的相差会非常大，不能用于电脑开板制作帮样板，如图3-155所示。

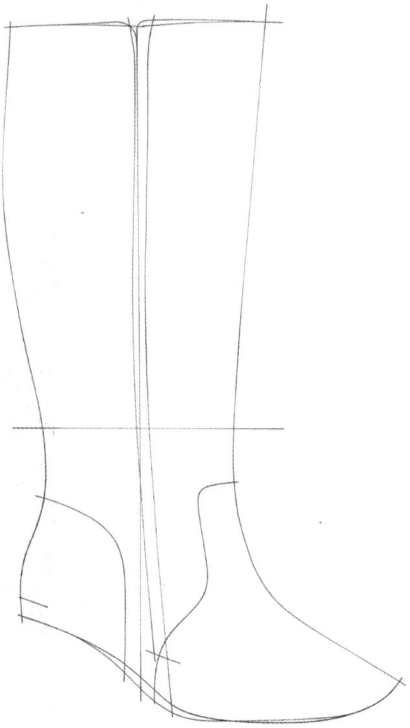

图3-155 样板制作图示

（1）建立档案信息

步骤：

①选择菜单鞋片编辑。

②打开图像，导入扫描的半面板。

③保存档案信息。

④按F3逆时针方向（或者F4顺时针方向）旋转摆正半面板，注意：打开图像（图3-156）后，不要在桌面点击，按F3或F4即可旋转，如果点击了桌面，则要选择移动图像，调整好半面板角度，半面板与实际跟高一致。

⑤重设、建立档案信息。

⑥单线矫位。

a. 测量要矫位扫描件矫位处直线的长度。

b. 在同半面板的另外部分的扫描件相同位置直接拉长先前测出的直线的长度。

⑦保存档案信息。

（2）线条处理

本款鞋线条处理主要有四个方面的内容：描线、线条转内里层、完整内里线条和画内主跟、内包头线条。

第一，描线。根据半面板图片依次描绘线条。

步骤：

①选择【曲线】工具，沿着半面板的线条描线，描画时要流畅，线与线相交处需要露出头。

②描完线以后，修顺线条。

修顺线条三种方法：直接拖拉节点、双击增加或去点；光顺工具；定量移点工具。

③保存好描好的线条样板。

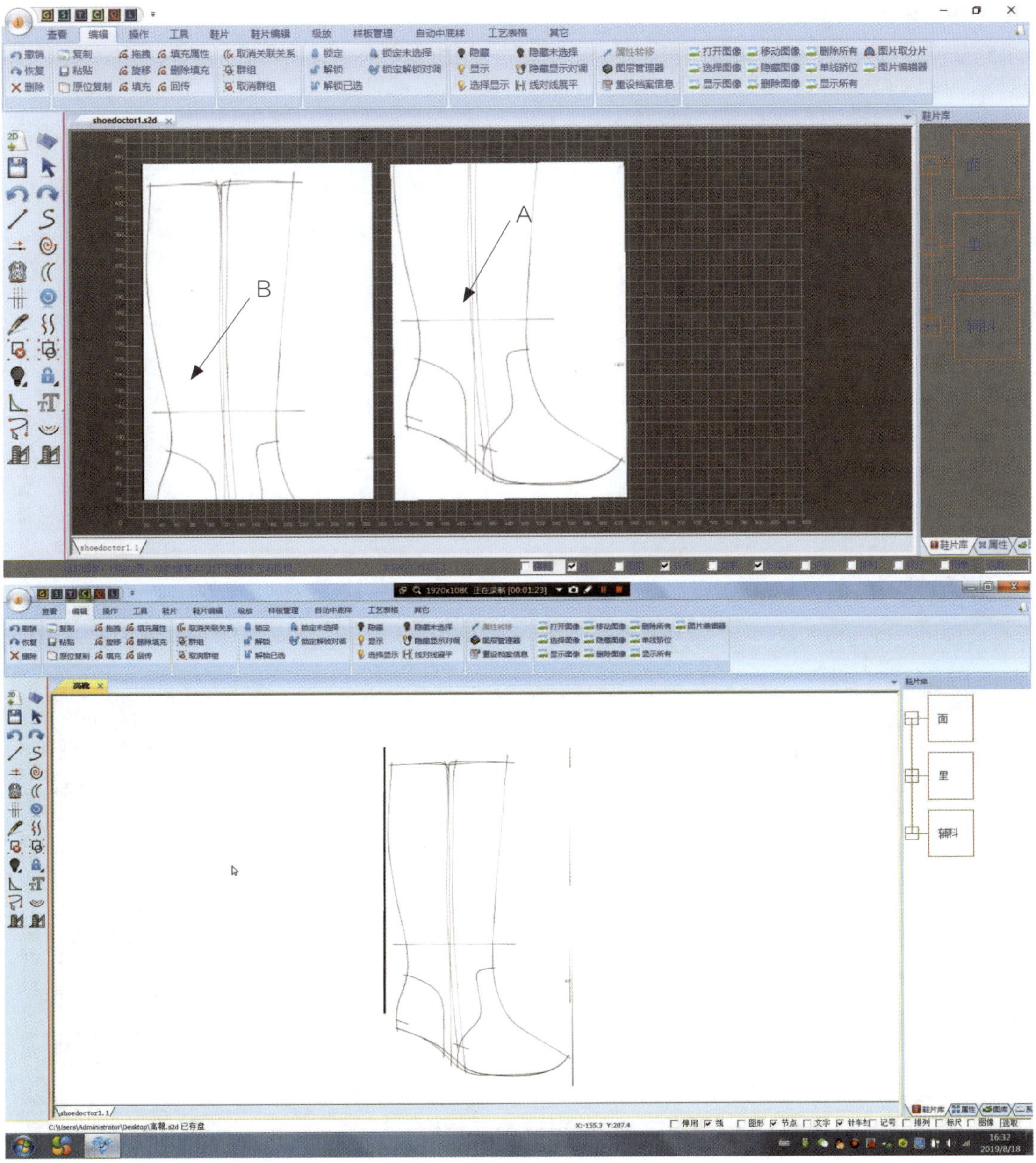

图3-156

④关闭图像。

第二，线条转内里层。将鞋里和辅料分别标注颜色和图层。

步骤：

①单击菜单栏操作，选择【偏移】工具。靴筒后弧不等距偏移：上口收2mm，中间收2mm，后跟底口处收5mm；靴筒前缝不等距偏移：上口收2mm，中间收2mm，背中线最凹处0mm，鞋头最端点0mm，如图3-157所示。

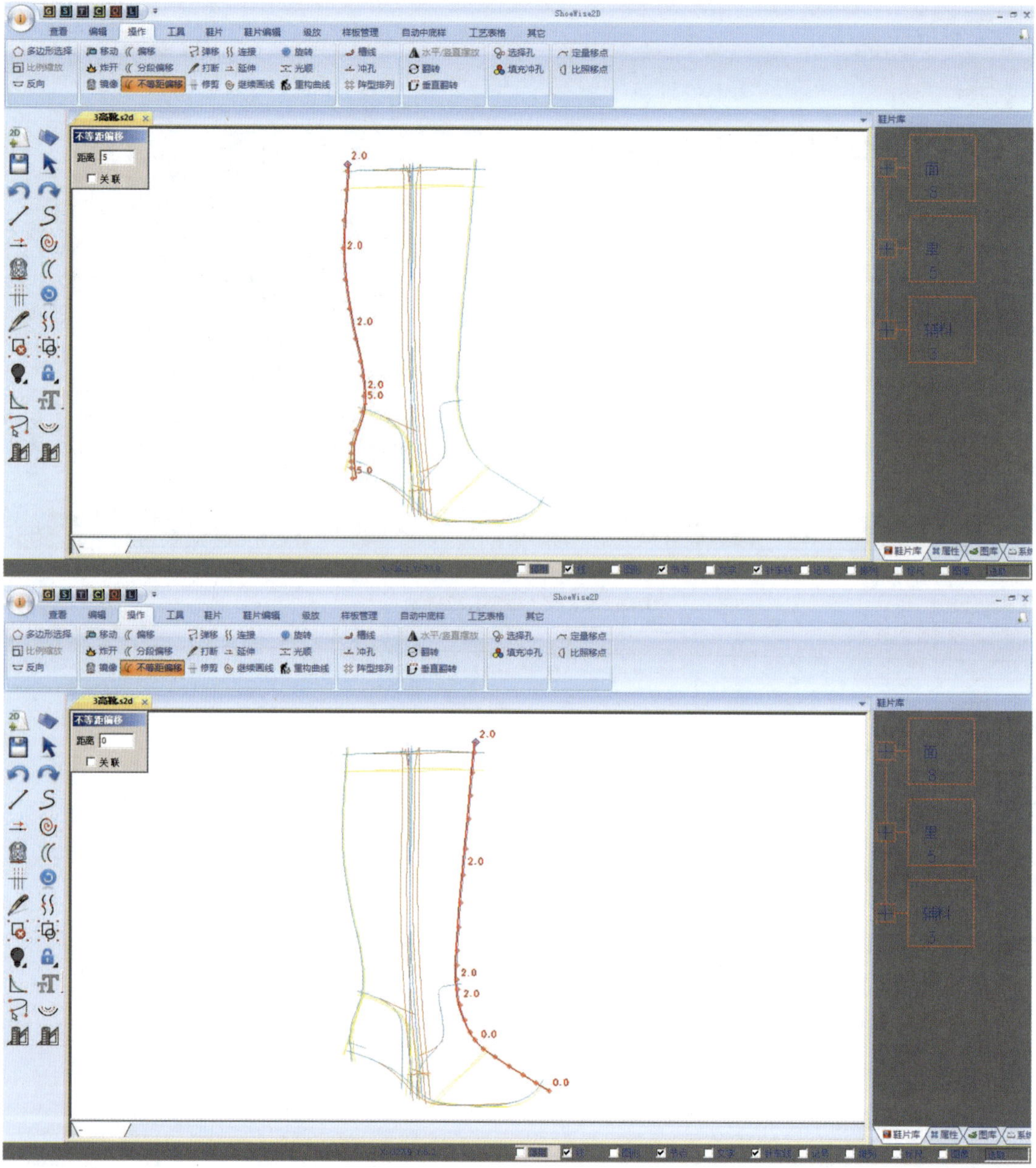

图3-157

②选择内里线条，单击空格键，隐藏其他线条。框选内里线条，筒口线、底口线未选择，因为它要与面共用，靴筒口位置与底口位置的线条未选择，因为它们也需要与面共用，所以要使用它们需要原位复制同样的线条改变颜色后转内里层。

③在线条上单击右击，将线条转移至【内里层】，在当前层选择【内里】。

④框选内里线条，注意靴筒口位置与底口位置的线条未选择，因为它们要与面共用，如果内里鞋头要作降翘处理，则需要【原位复制】底口位置的线条来处理。

⑤在线条上单击右键，选择内里【颜色】，建议内里线条选用黄色。

第三，完整内里线条。

步骤：

①【原位复制】底口位置线。

②在线条上右击，选择【颜色】，建议内里线条选用黄色。

③线条上右击，【转移层】，在当前层选择【内里】，将线条转移至内里层。

④保存。

第四，画内主跟、内包头线条。

①画内主跟线条（图3-158）。

步骤：

a. 定内主跟高度位置点。

b. 画内主跟线条。

c. 画内主跟对称线。

d. 修改内主跟线条颜色，通常取黄色。

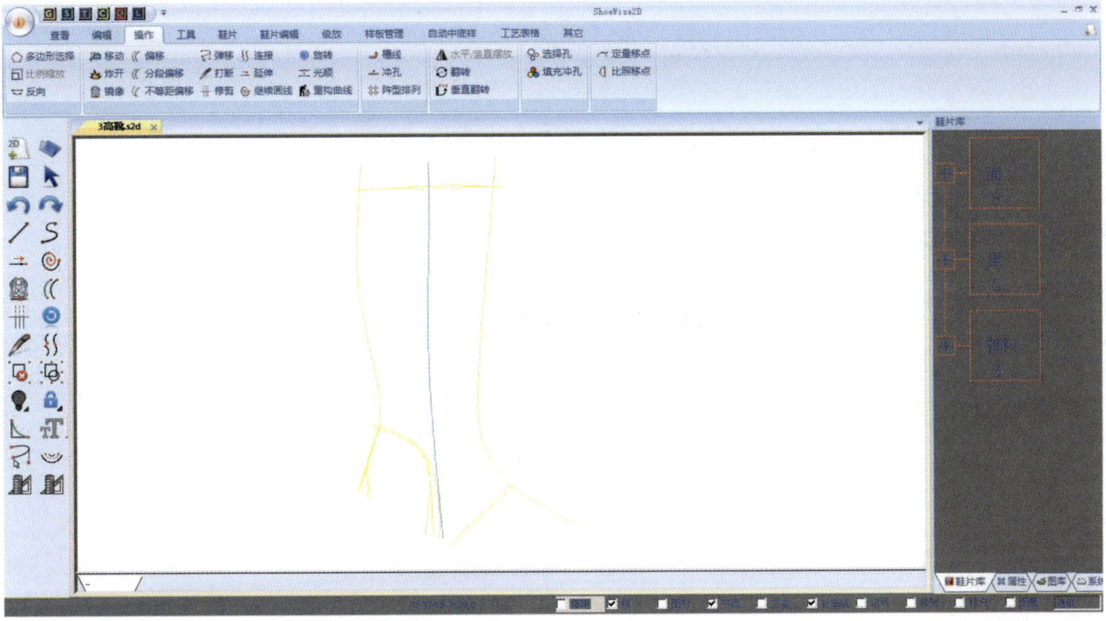

图3-158

②画内包头（图3-159）线条。

步骤：

a. 定内包头长度位置点。

b. 画内包头线条。

c. 修改内包头线条颜色，通常取黄色。

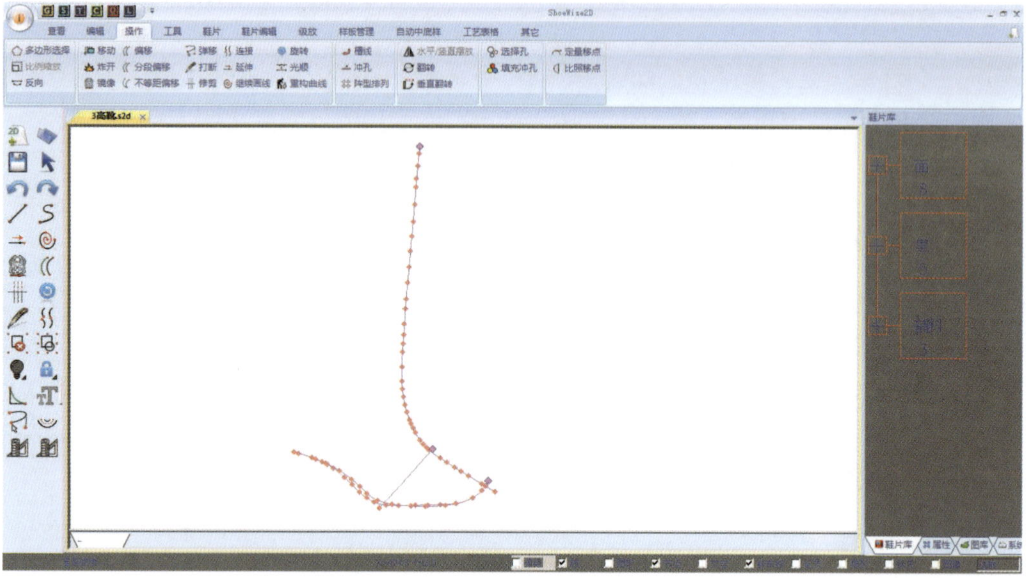

图3-159

③框选内包头、内主跟线，线条上右击【转移层】，在当前层选择【内里】，将线条转移至内里层（当然，也可以将其转为辅料层）。

（3）取净样

利用专用的取片曲翘工具分别提取分片至面组、里组、辅料组。

第一，取内里分片净样。

①内里鞋头位置作降翘处理（图3-160）。

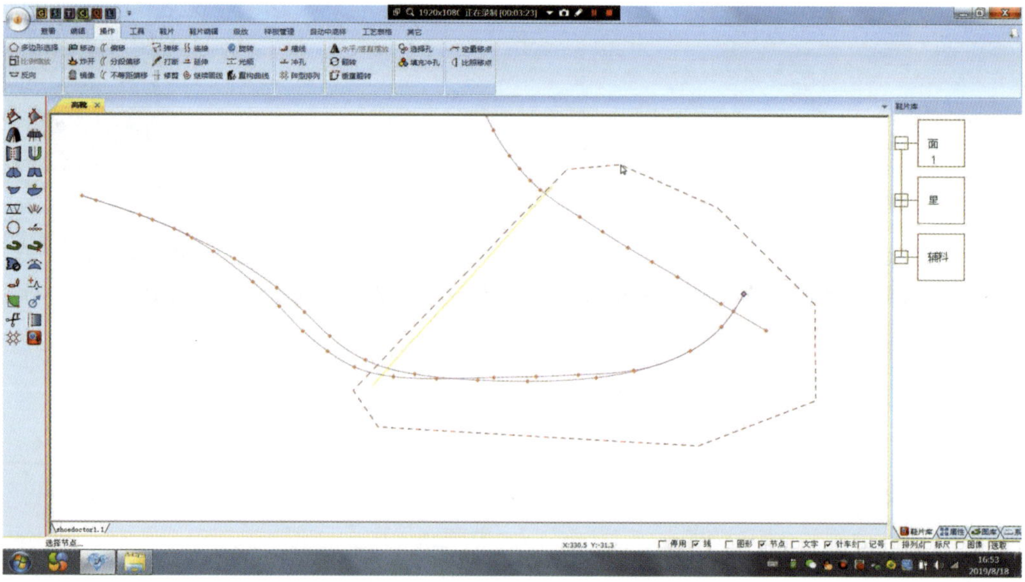

图3-160

步骤：

a. 选择靴筒前中缝位置线与底口位置线。

b. 用【多边形选择】工具框选要降翘的部分。

c. 按接近背中线的位置，将鞋头向下旋转一个角度，长度约10mm。

d. 修顺底口。

②作筒口里位置线（图3-161）。

a. 沿靴筒边沿拉一条曲线。

b. 沿靴筒边沿偏移筒口里宽度，一般取25~30mm，改变筒口颜色，将线条移至【内里】层。

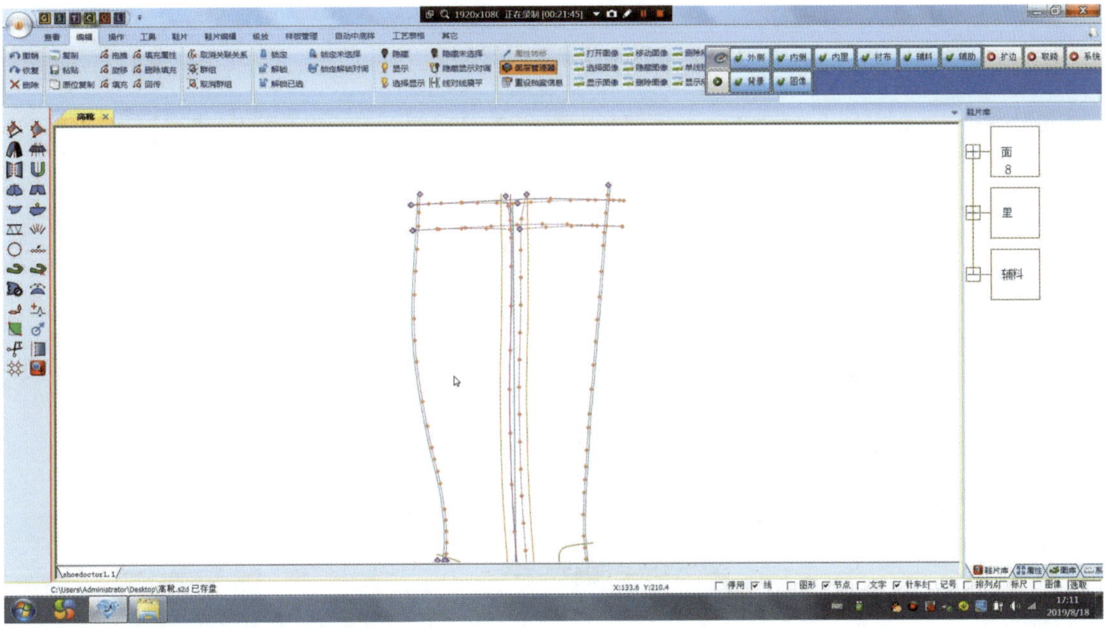

图3-161

③将内里线条转移至【内里】层。

步骤：

a. 选择内里线条。

b. 右击内里线条。

c. 选择【转移层】。

d. 选择【内里】，将线条移至内里层。

④拉直内主跟、后套里对称线（图3-162）。

步骤：

a. 拉直内主跟对称线。

b. 选择内主跟线条。

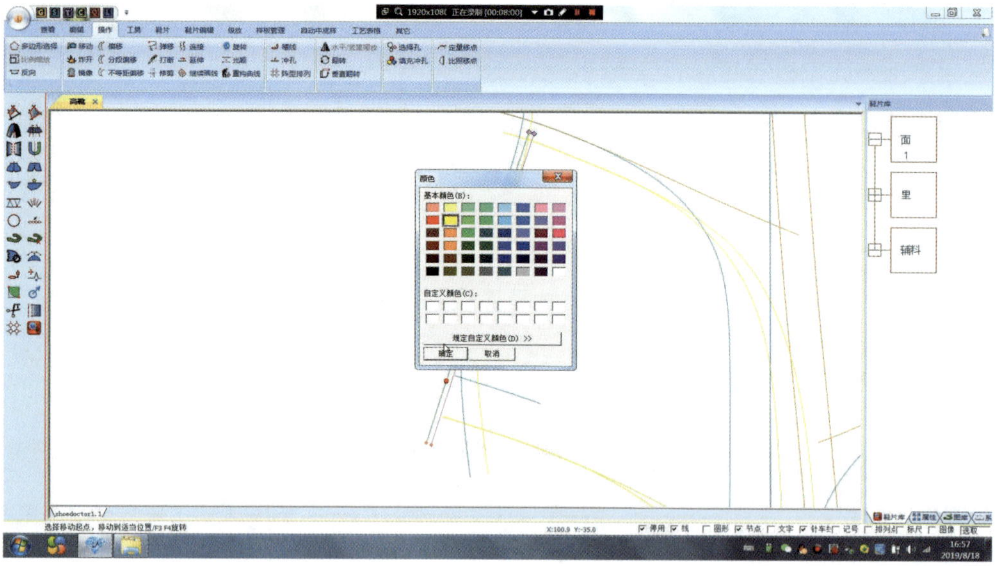

图3-162

c. 右击内里线条。

d. 选择【颜色】，修改线条颜色。

e. 右击内里线条。

f. 选择【转移层】。

g. 选择【内里】，将线条移至【内里】层或者【辅料】层。

⑤用【双轴片】工具取筒口里（图3-163）。

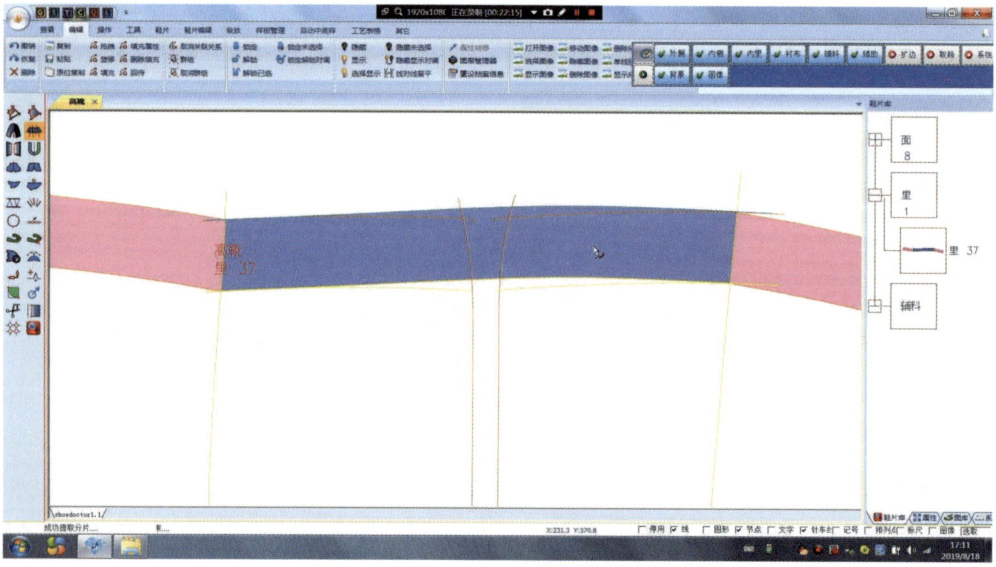

图3-163

步骤：

a. 选择【双轴片】工具——B单击任一边开始，手动追踪筒口里中部。

b. 取筒口里内怀前段时，从对称线开始，左键依次按序“成封闭状态”点击组成筒口里内怀前段的线条，在空白处单击右键，完成对筒口里内怀前段的取片。

c. 取筒口里内怀后段时，从对称线开始，左键依次按序“成封闭状态”点击组成筒口里内怀后段的线条，在空白处单击右键，完成对筒口里内怀后段的取片。

⑥用【内外片】取外怀筒里（图3-164）。

步骤：

a. 选择【内外片】工具。

b. 左键依次按序“成封闭状态”点击组成外靴筒里外怀的线条，在空白处单击右键，完成对外靴筒里外怀的取片。

c. 左键依次按序“成封闭状态”点击组成外靴筒里内怀鞋头部分的线条，在空白处单击右键，完成对外靴筒里内怀鞋头部分的取片。

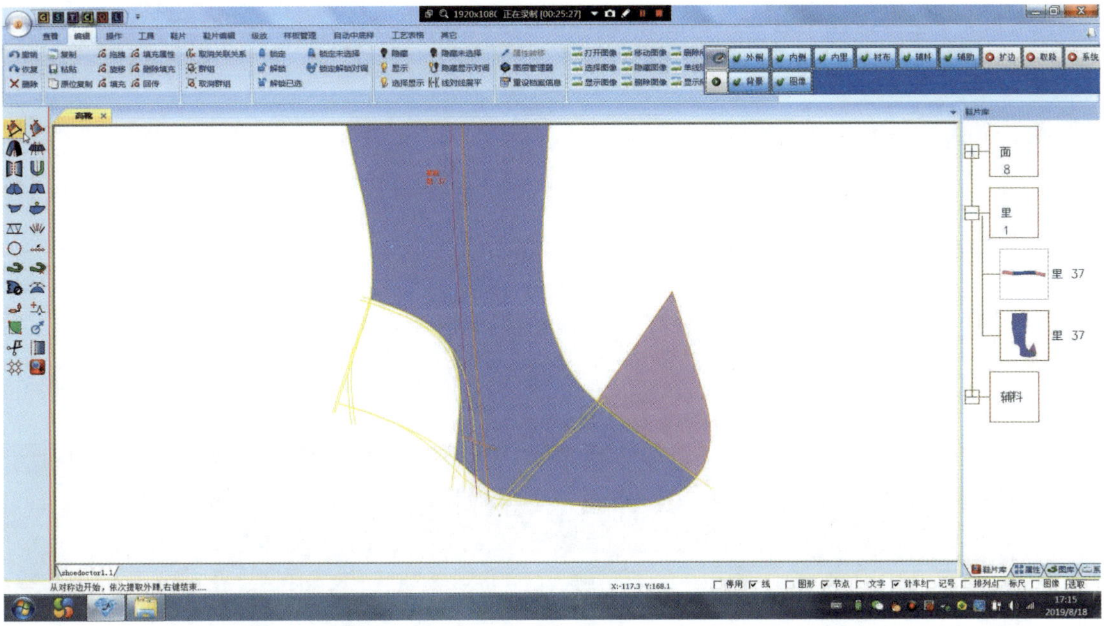

图3-164

⑦用【手动追踪】取内怀前筒里、内怀后筒里（图3-165）。

步骤：

a. 选择【手动追踪】工具，左键依次按序“成封闭状态”点击组成内前靴筒里部分的线条，在空白处单击右键，完成对内怀前靴筒里部分的取片。

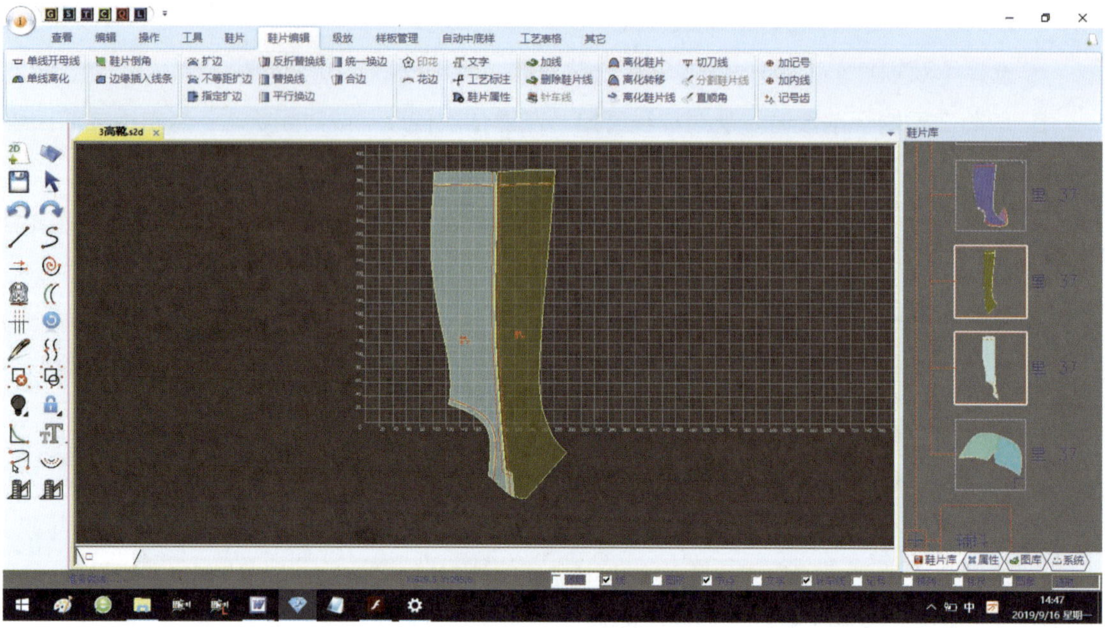

图3-165

b. 选择【手动追踪】工具，左键依次按序“成封闭状态”点击组成内后靴筒里部分的线条，在空白处单击右键，完成对内怀后靴筒里部分的取片。

⑧用【内外片】取后套里（图3-166）。

步骤：

a. 选择【内外片】工具。

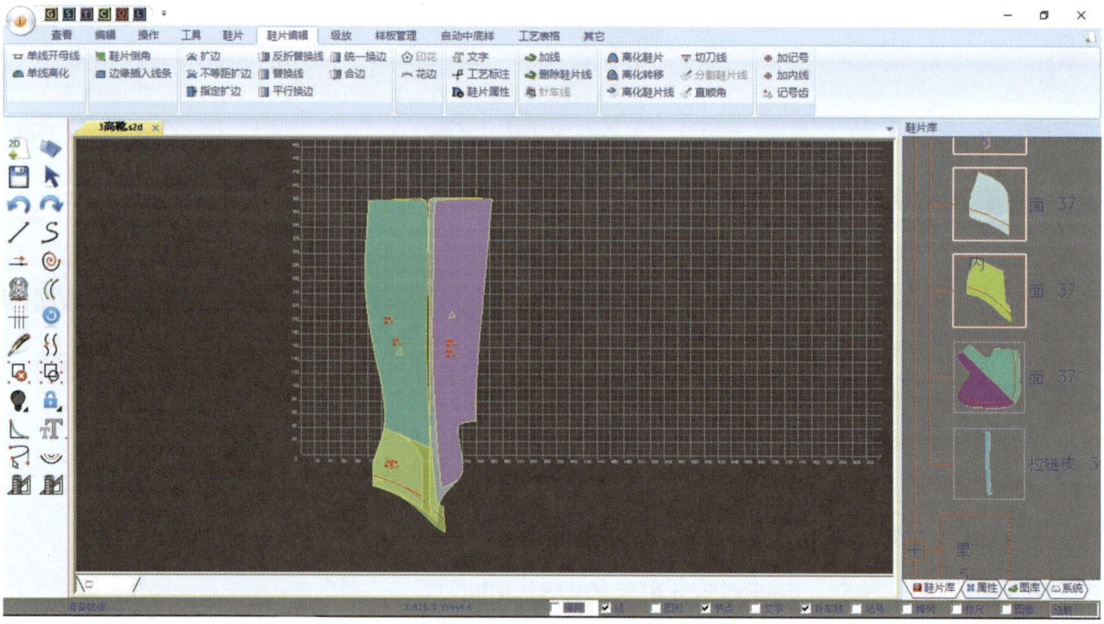

图3-166

b. 从对称线开始，左键依次按序“成封闭状态”点击组成后套里外怀的线条，在空白处单击右键，完成对后套里外怀的取片。

c. 左键依次按序“成封闭状态”点击组成后套里内怀的线条，在空白处单击右键，完成对后套里内怀的取片。

第二，取鞋面分片净样。

①用手动追踪前外筒身、后外筒身、前内筒身、后内筒身、外后片、内后片、拉链皮。

步骤：选择【手动追踪】工具，左键依次按序“成封闭状态”追踪前外筒身、后外筒身、前内筒身、后内筒身、外后片、内后片、拉链皮。

②用【内外片】【曲翘精灵】取鞋头。

步骤：

a. 取【对叠鞋头内外片】(图3-167)。选择【内外片】工具，从对称线开始，左键依次按序“成封闭状态”点击组成鞋头外怀的线条，在空白处单击右键，完成对鞋头外怀的取片；左键依次按序“成封闭状态”点击组成鞋头内怀的线条，按Shift键，在空白处单击右键，内外片对叠，完成对鞋头内怀的取片。

b. 用【曲翘精灵】工具，取鞋头分片(图3-168)。单击菜单栏鞋片，选择【曲翘精灵】工具，左键单击待曲翘分片，按中键旋转、按左键移动鼠标，确定对称中线位置，左键拖动鼠标描分片边界，弧出分片对称轴对边相应位置边线。背中线通常要留空5~10mm，一般取5mm，鞋头处一般消皱12mm左右。这不是固定数据，要视楦头翘度与楦头的厚薄来定。

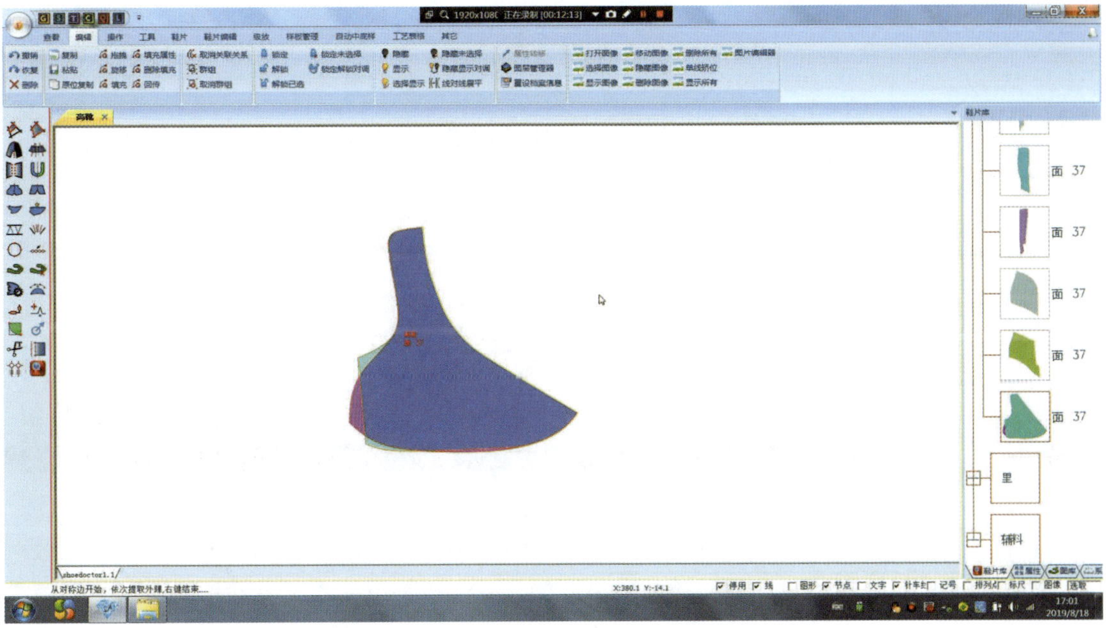

图3-167

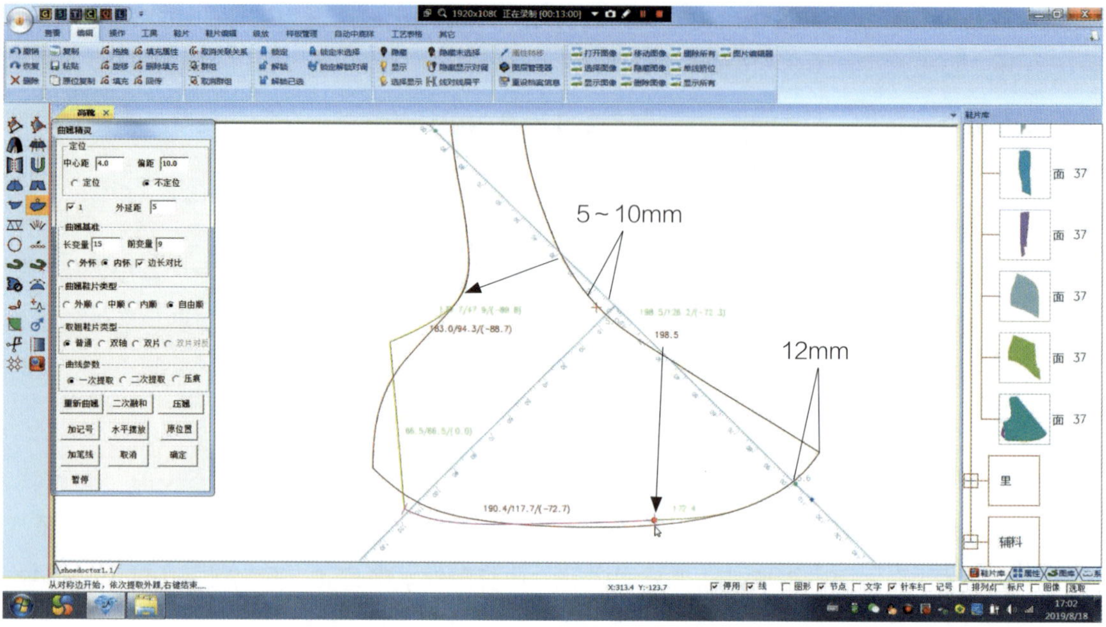

图3-168

c. 按右键确定转翘中心位置，将鼠标移动至转翘位置点旋转降翘，左键拖动鼠标描分片边界，相交位置超过10mm左右即可，弧出分片对称轴对边相应位置边线，如图3-169所示。

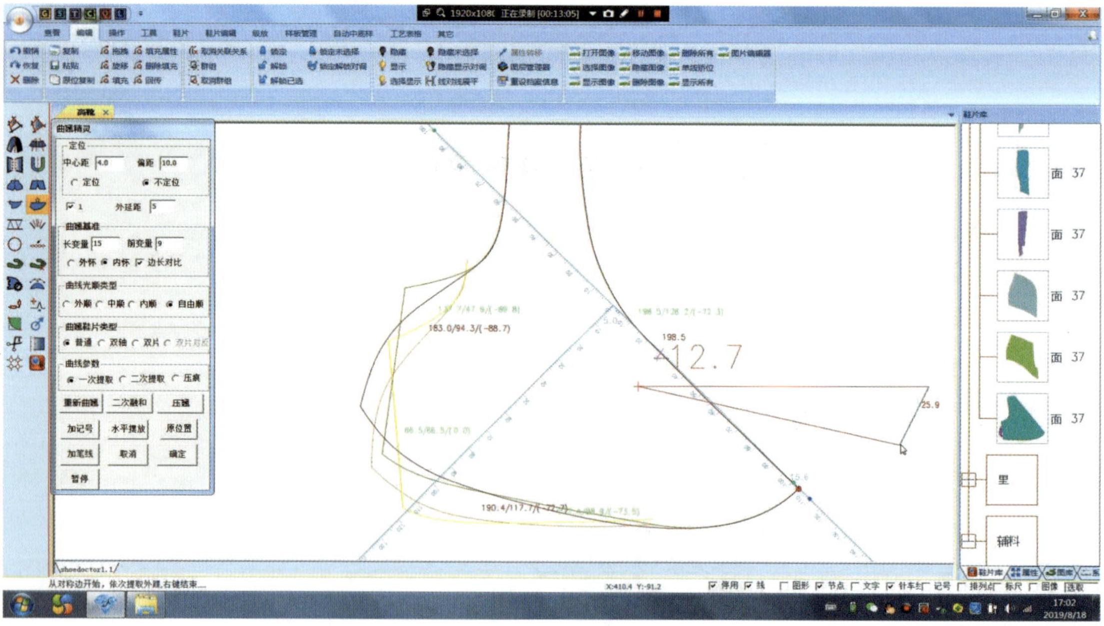

图3-169

旋转曲翘后，点原位置回到曲翘前原位，如此方法重复上一步，直到将鞋头后部曲翘完毕，左键单击确定按钮，完成曲翘，如图3-170所示。

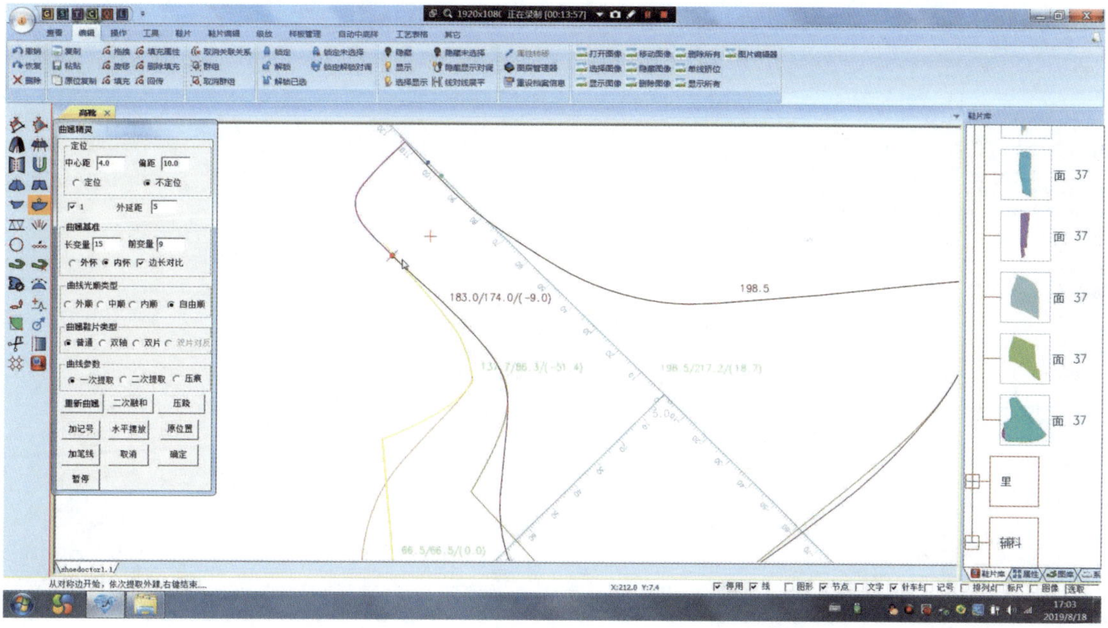

图3-170

点分片，按中键，开母线，用【光顺】【定量移点】修顺线条，单击菜单栏【鞋片】中【边长对比】工具，修正背中线与底口线长度，如图3-171和图3-172所示。

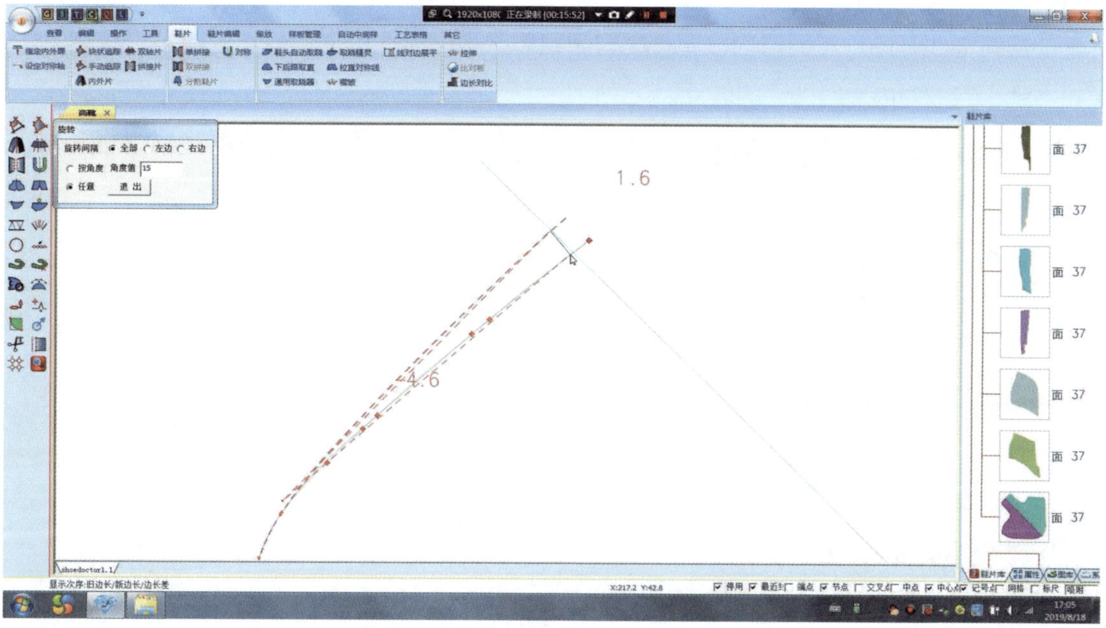

图3-171

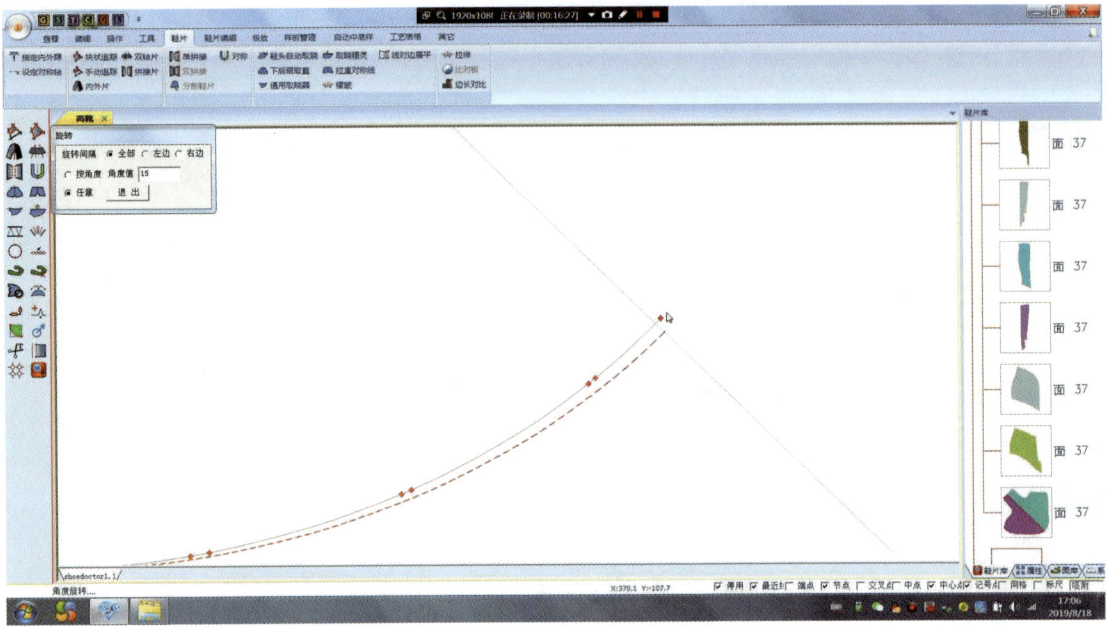

图3-172

第三，取辅料分片净样。用【内外片】工具取内主跟、内包头。

步骤：

①选择【内外片】工具。

②从对称线开始，左键依次按序“成封闭状态”点击组成内主跟外怀的线条，在空白处单击右键，完成对内主跟外怀的取片。

③从对称线开始，左键依次按序“成封闭状态”点击组成内主跟内怀的线条，在空白处单击右键，完成对内主跟内怀的取片。

（4）帮样分片（面料、里料、辅料等）细节处理

鞋面、鞋里、衬布（鞋头衬）、内包头、内主跟净样片取完之后，对每组分片进行如下细节处理：

①扩边：在净样的基础上加出边口制作工艺量，如：合缝、折边量、修剪量、搭接量等。

步骤：

a. 点菜单鞋片编辑。

b. 选择【扩边】工具。

c. 选择需要的扩边量或者内缩量。

d. 单击要扩边的部件的那条边不要松开。

e. 左键单击要扩展的方向的空白处，完成扩边指令。

②加线：鞋面组合定位参照线，如：靴筒里与筒口里接合位、拉链底口接合位置。

步骤：

a. 点菜单鞋片编辑。

b.【加线】。

c. 切割属性选择【辅助】，提取方式选择【自动】，对称关系选择【本边】，内线整理选择【属性更改】，再选择【笔画】，如图3-173所示。

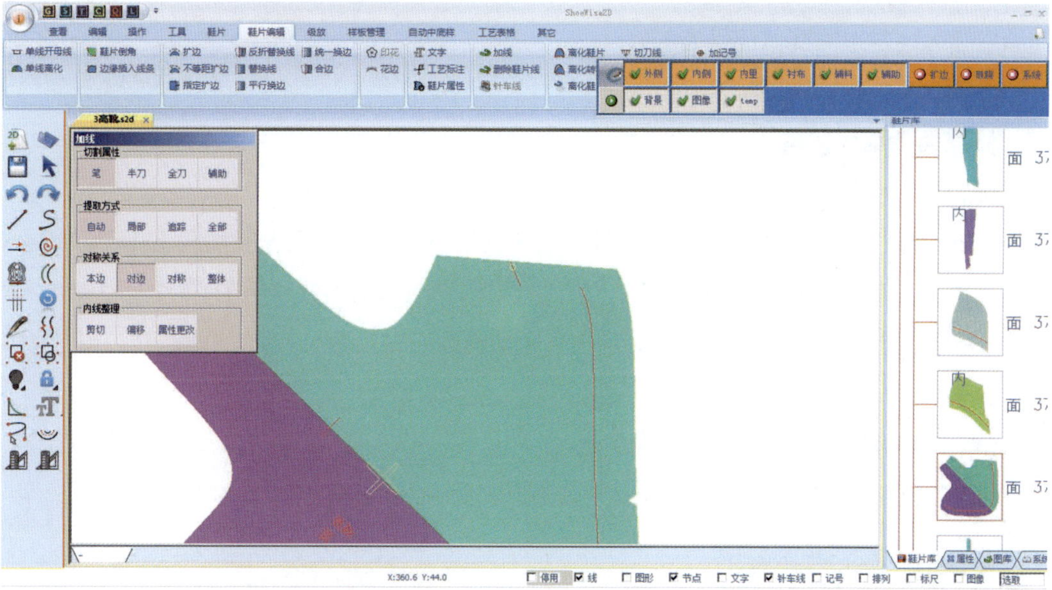

图3-173

注：通常使用划线板划料时，在加线位置处记一个直径1.2mm的冲孔记号即可，当然，如果要制作刀模，将此加线位置改成记号齿也是通行的做法。

③槽线（划线槽）：一般在搭接位、饰线、参照线会用到。

步骤：

a. 在鞋片状态下，点菜单鞋片编辑。

b. 选择【槽线】，选择事先设置好的相应的样式。

④鞋片加记号、倒角、记号齿。

鞋片加记号：往往在组合定位点、中点、车缝对齐点、靴面定型等地方需要做记号，这时候就会用到这个工具。

步骤：

a. 点菜单鞋片编辑。

b.【加记号】。在中线加记号时，对称栏下，要点选【本边】。

鞋片倒角：将不利于现场操作或者不美观的尖角转成易操作、美观的边角，如圆角、倒角（斜切角）。

步骤：

a. 点菜单鞋片编辑。

b.【鞋片倒角】。

c. 填好截距，勾选【对齐扩边】，选择【圆角】（点击“圆角”这个按钮，还可以转换成其他切角模式）。

鞋片记号齿：在帮样分片边沿组合加工对齐位置，内外怀区分、中点、车缝比对点、帮脚消褶齿等地方是需要做记号齿的。

步骤：

a. 点菜单鞋片编辑。

b.【记号齿】。

⑤鞋片属性：在鞋博士软件中，鞋片属性的工具较全面，但一般情况下用不了那么多工具，通常情况下只要说明型体、号码、分片名称和裁向这四点就够用了。

⑥标注工艺：分片中间、边沿加工工艺，如合缝、车反等。

步骤：

a.【鞋片编辑】。

b.【工艺标注】（多以标注分片边沿加工工艺为主）（图3-174）。

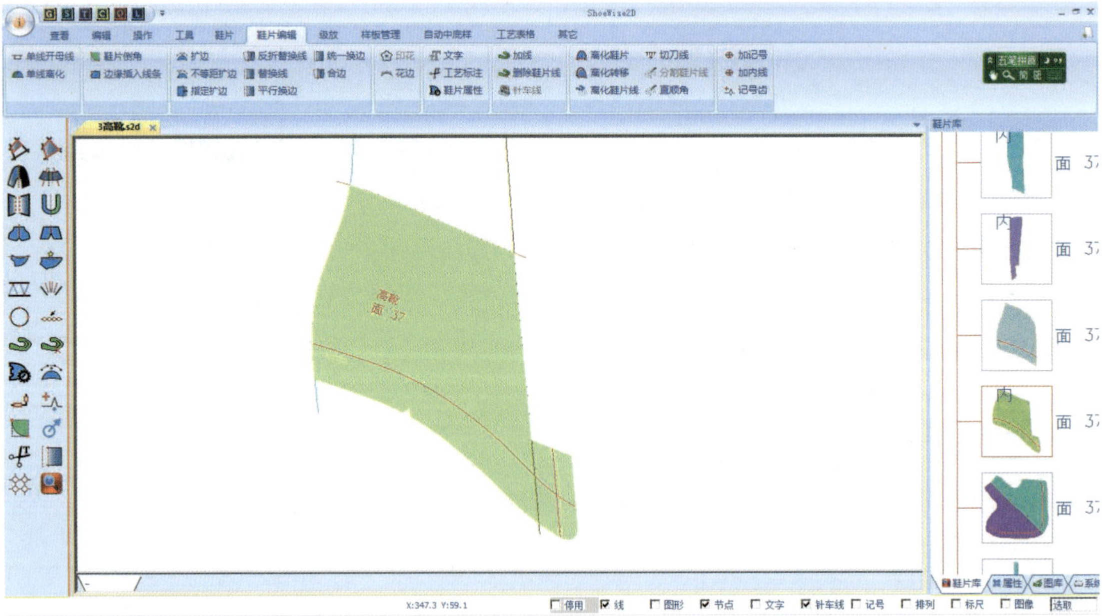

图3-174

（5）级放

设定“级放平台”参数，用“主从”级放工具对帮脚进行定距和用“基点”对需要共模的分片母线进行多维锁定。

第一，级放准备。级放前再仔细检查是否有忽略的细节、漏洞。

①内里、衬布、辅料（内包头、内主跟）：内里内外怀。型体编号、码数、分片名称、内外怀、鞋面记号与记号齿、裁向标识、制作工艺是否标识清楚。

②各分片点检没问题后，再拼接鞋面分片——鞋里分片——鞋辅料分片。查看拼接是否整齐、正确，特别注意鞋面工艺与鞋里组合工艺。大多数情况下，后身内里板的制作跟随面板结构进行调整，避免出现鞋面与鞋里不能组合的错误。

第二，打开级放平台，填写级放参数（图3-175）。

步骤：

①打开菜单级放。

②单击选择【级放平台】。

③设定级放参数。

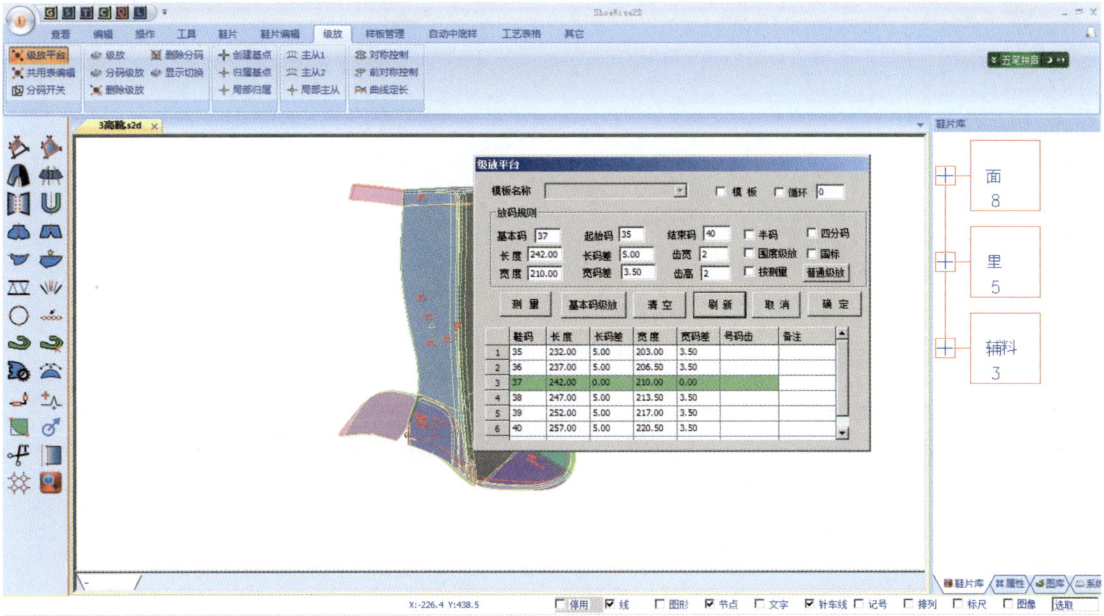

图3-175

第三，共用设定。共用表编辑，共模说明。

步骤：

①打开【共用表编辑】。

②填写共用码数分段模板表名称。

③填写共用码数分段：选择一些级放后相差不太大的部件；靴子主要是主跟里、内主跟、内包头，当然有的鞋企不共用，这个不可一概而论，这里仅以主跟里举例。

当一些部件共码的时候，整个鞋帮的长度与原鞋面长度是相一致的，不会因为共码后变长或者缩短，那么共码的长度变化就需要多维级放来互补，让共码没有级放部分的级放量平均分摊到未共码的部件上去。

第四，定主从（图3-176）。

主从1：主要是单项锁定，如锁定帮脚；主从2：主要是多个对象锁定某个基点或者某条线，避免重复操作锁定。

①等距偏移，锁定帮脚：由帮底口线向里偏移入帮量，一般取15mm。

②定主从。

步骤：

a. 面板的入帮量通常是偏移15mm（这不是固定标准）。

b. 选择【主从1】工具，定主从线时，先点从线，再点主线。

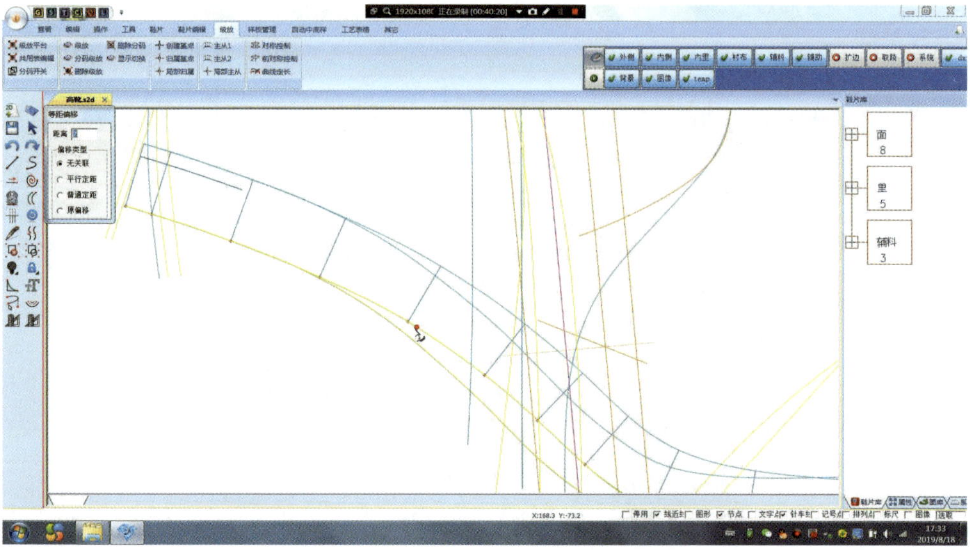

图3-176

③其他部件定主从，如接链皮。

④加线——切割属性：添加重要的定位线与参考线，如内腰拉链接合位置线（这里的级放前加线是让每个码相同分片相同位置都做上记号）。

⑤将从线转移至系统层。

步骤：

a. 从线上单击右键。

b. 选择【转移层】。

c. 在下拉框中选择【系统】。

d. 单击【确定】。

第五，创建基点（图3-177）。

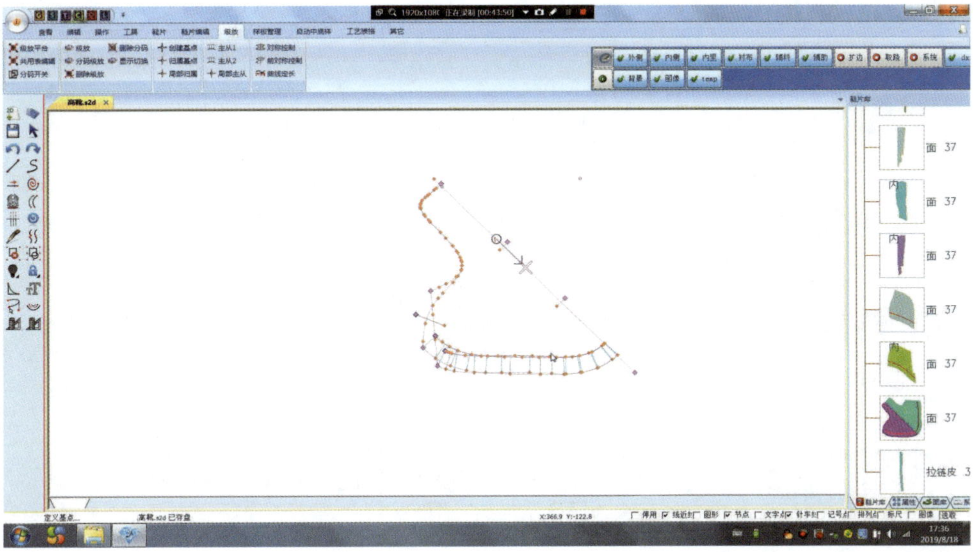

图3-177

步骤：

a. 鞋头葫芦口附近定级放基点。

b. 填写控制属性参数及要点。

c. 定级放方向，曲翘后方向会变，需要标示级放方向。

d. 设定好主要线条与级放基点相关系。

第六，归属基点（图3-178）。

步骤：

①要控制级放的分片归属某基点控制。

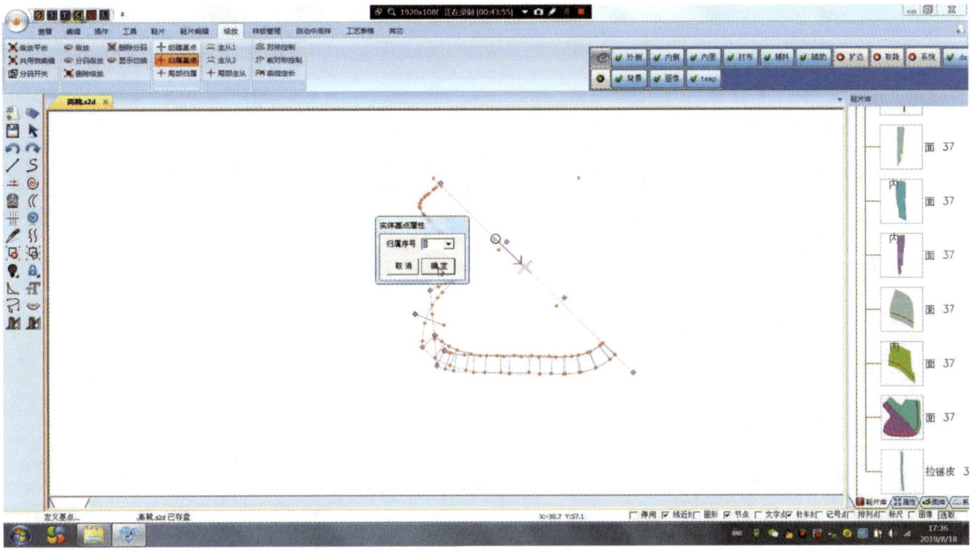

图3-178

②填写基点控制属性参数及要点。

第七，级放（图3-179）。

步骤：

①打开要级放的样片。

②单击工具栏标题栏级放，单击【级放】。

③勾选要输出码数。

④确定。

⑤等待级放完毕。

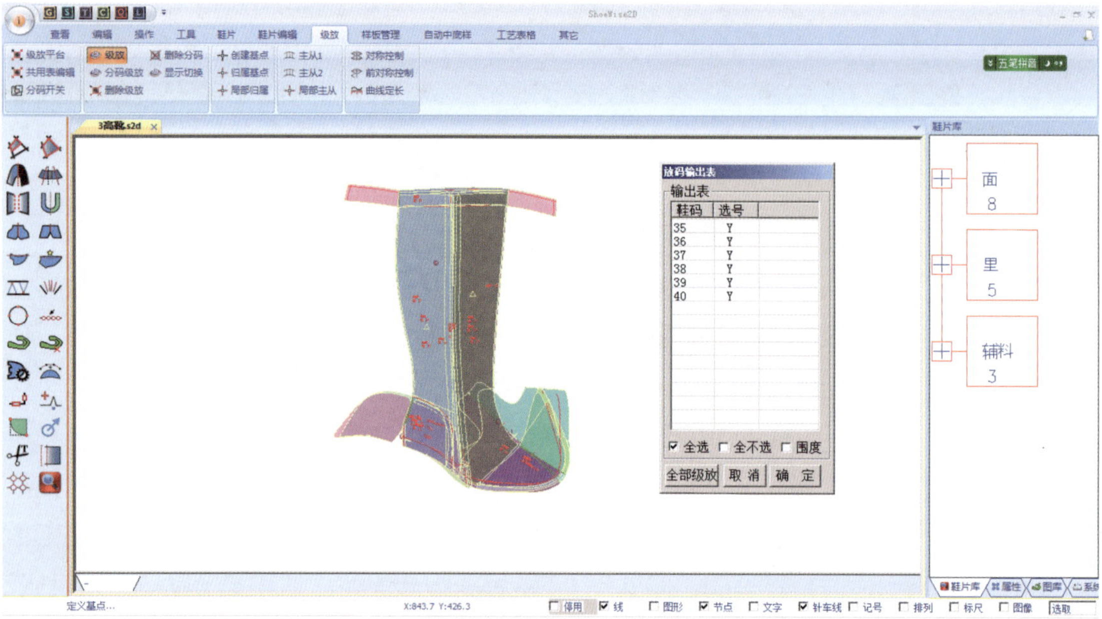

图3-179

（6）切割（图3-180）

①打开切割控制台：按F7或者单击标题栏 C 按钮，打开切割控制台。

②输出级放——选码排板切割。

步骤：

a. 右键单击鞋片库分片组。

b. 单击【输出】。

c. 勾选要输出码数。

d. 选码排板切割。

e. 在控制台排板区排板。

f. 单击切割控制台 切割。

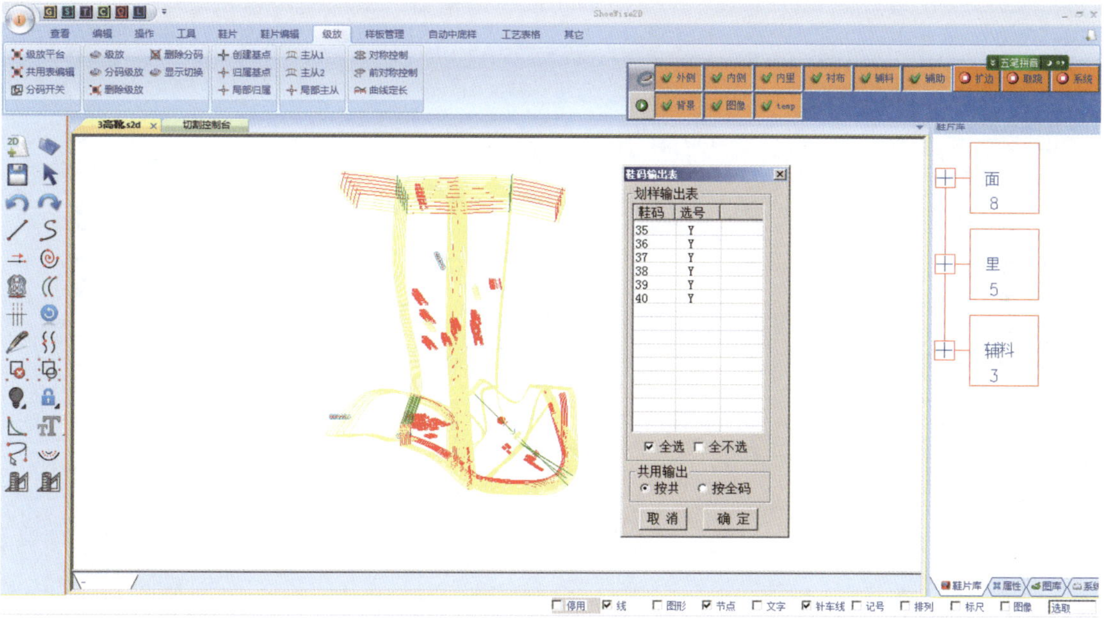

图3-180

成鞋鞋款制作效果如图3-181所示。

图3-181 成鞋效果

第四章

技术转移

技术转移简称技转，是指技术在国家、地区、行业内部或之间以及技术自身系统内输入与输出的活动过程。技术转移包括技术成果、信息、能力的转让、移植、吸收、交流和推广普及。

从技术功能上看，技术转移分为工艺技术转移和产品技术转移两种基本模式。一般来说，在产业技术系统内部，并存着工艺技术形态和产品技术形态两大系统，而每种技术形态又包含若干相关性极强的单元技术，它们共同构成社会生产活动的技术基础。从具体生产过程看，工艺技术是产品技术形成的技术前提和物质手段，直接决定了产品的技术性能和生产能力；而从生产总过程看，产品技术往往又构成工艺技术的单元技术，它又影响着工艺技术的总体水平和效率。

事实上，任何产业技术就其功能而言，都不是万能的，而是有其不同的侧重点：当技术侧重于影响生产流程，具有提高效率和扩张产量作用时，把这种技术的转移称为工艺技术转移；而当技术侧重于影响生产过程的结果，有助于提升产品的技术含量及功能拓展时，把这种技术的转移称为产品技术转移。一般来说，农业、采掘业领域的技术转移多属前者，而制造业、信息产业等领域的技术转移多属后者。同时，工艺技术和产品技术在功能上又具有极强的相关性。因此，技术转移过程，又往往是通过工艺技术的转移来达到产品技术的升级或通过产品技术的转移来实现工艺技术的改造。

第一节　制鞋技术转移概述

制鞋企业内部技术转移属于产品技术转移，即将新开发的鞋品规格、生产技术、生产要求、工艺要求等，由开发部门转移到生产部门的活动，其目的是确保新开发的鞋品所获得的订单能够在生产部门顺利开展批量生产活动，并确保新开发的鞋品在订单批量生产阶段的产品品质与样品及客户标准保持一致，并对产品交货期提供技术保障。

一、技术转移工作的原则

技术转移工作水平是鞋企提升量产能力的基本保障。优秀的技术转移工作能够在保证产品品质的前提下，使员工准确把握产品的生产要求、操作技巧和要领，提高生产效率，从而保障生产进程推进顺畅。鞋企一线生产多采用计件的方式核算员工的工资，好的技术转移工作最终能为一线员工的收入提供切实保障。技术转移工作应遵循以下原则：

1. 标准化原则

鞋类行业生产目前采用的标准有以下四种：国家标准、行业标准、企业标准和客户标准。无论何种标准，都必须与企业的生产实际结合起来，因此技转工作需要形成一系列针对所生产的鞋款的生产标准，才能使得企业生产得到规范，生产效率得以提升。技转工作所涉及的各类文本要格式规范、行文规范、逻辑清晰易懂、内容详尽无冗余。

2. 质量原则

产品品质是产品的生命，鞋产品在生产过程中，除了有效调动生产工人的积极性和责任心，保证规范、正确的操作之外，完善的质量监控体系是必不可少的。鞋产品质检一般分为分步操作检验、成鞋质量检验和仓库抽检，其中，前两项是在生产线上完成的，仓库抽检则是在产品出库前完成的。技转部门要根据所生产的鞋品的特点，科学设置各步检验，保证产品不“带病下线”，避免造成无法挽回的质量问题，造成浪费。

3. 经济性原则

提高售价和降低成本都是鞋企提升利润的基本手段。提高售价不是技转工作需要考虑的内容，但降低成本是技转工作的重要原则之一。成本降低往往跟产量增加、技术进步、新材料应用等有关，技转工作要关注前沿科技发展，提高市场洞察力，在确保产品质量的前提下，采用一切可使用的手段，降低生产成本，获取更大的利润。

4. 对等沟通原则

技转工作与一线生产必须保持密切沟通，技转工作人员和一线员工以及各级生产管理人员都应该有合理提出问题、研究问题和解决问题的权利。各层级工作人员都应有对等的发起有关技术问题沟通的机制，反应迅速，管理交流畅通，为产品生产进程流畅、产品质量合格保驾护航。

二、技术转移工作内容及要求

1. 全套生产样板、鞋楦、刀模的级放与制作

鞋产品开发阶段选用中间型号的鞋楦进行单一尺码开板并制作开发样鞋，而批量生产阶段是全尺码生产，因此技转部门需要对开发制板部门转移过来的样板进行级放，并对接配套鞋楦厂和刀模厂完成全码鞋楦和刀模的制作。

生产样板主要包含做帮样板、划料样板、里样板，有些鞋款根据材料和工艺需求，可能还需要制作衬布样板等。刀模板是制作刀模的基础，是在划料样板基础上制作的。

（1）做帮样板

做帮样板是面部装配工段制作帮部件所用的样板。做帮工人的主要工作是把做帮样板上的全部标志点、标志线转移到鞋帮部件上，并完成部件折边、打孔、穿编、装饰等非缝纫工作。做帮样板的制作方法如下：

①完整复制标准样板，包括标准样板上所有的标志点、标志线。

②加放除折边量之外的全部装配加工量。

③对需要画线对位缝纫的装配加工量（如压茬量）标记出标志点、标志线。

（2）划料样板

划料样板是划裁工段进行样板套划所用的样板。帮部件下裁前，划裁工需要在皮料上做出下裁方案（均质材料可以不将套划方案画在皮料上，非均质材料需要把套划方案画在皮料上），作为裁断的依据。划料样板的制作方法如下：

①完整复制做帮样板的轮廓线、中线标记、内怀标记，其他标记不用复制。

②加放折边量，折边量不需要标记。

（3）刀模板

刀模板是以划料样板为基础制作的用于刀模打造依据的样板。均质材料（一般指人造材料与合成材料）一般采用叠裁的方式下裁，只需要制作单只鞋的刀模；非均质材料（一般指天然皮革）一般采用单层下裁的方式，需要制作整双鞋的刀模。

一般来说，刀模板的中线标记、内怀标记多采用“凸牙”（由向内的剪口变为向外的凸起）形式。另外，为了节约刀模制作成本，部分可以共用刀模的小部件，采取跳码方式制作刀模。刀模边口要根据企业的打码规范制作齿号标记（表4-1）。

表4-1 尺码号与刀模齿号对照示例

尺码号	225	230	235	240	245	250	255	260	265	270	275	280	285	290
刀模齿号	∧	∧∧	∧∧∧	∧∧∧∧	∧∧∧∧∧	п	п∧	п∧∧	п∧∧∧	п∧∧∧∧	пп	пп∧	пп∧∧	пп∧∧∧

燕尾三接头式（花三接头）皮鞋由于较多的部件边缘有齿牙装饰，部件内部有孔洞装饰，为了提高鞋帮制作效率，可以将齿牙花边和装饰孔洞相关的元素集成到刀模里，制作多功能刀模（图4-1），可有效提高生产效率。

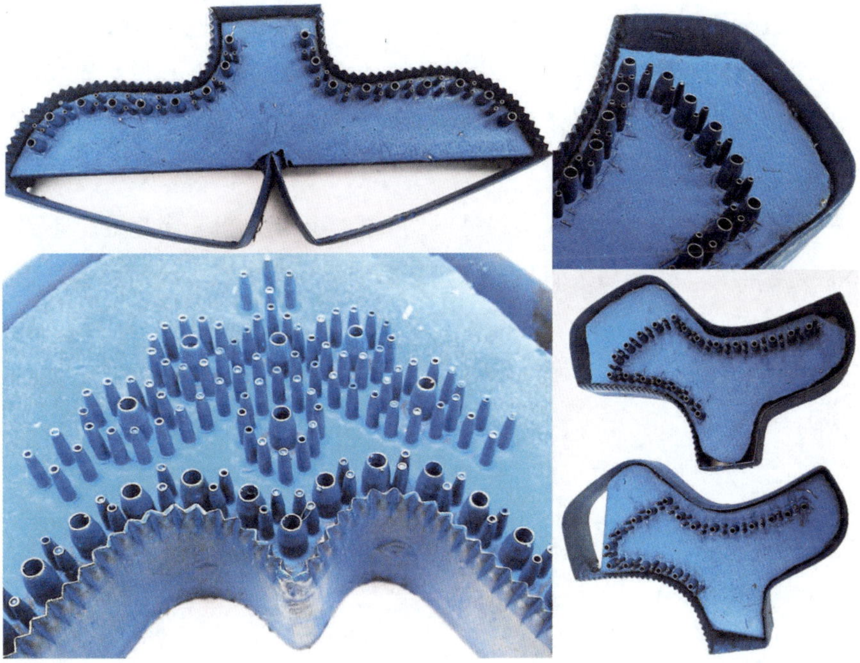

图4-1 多功能刀模示例

（4）样板级放

级放，也称放板、扩缩、放格，它是根据标准的规格，通过放大与缩小来仿制相同造型而不同大小的形体的方式。简单来说，就是用基本码鞋楦为扩缩依据，扩缩其他鞋码。目前，级放工作一般由计算机完成，手工方法由于效率低、操作难度大，已很少采用。级放的准确度，与企业生产的盈亏有很大关系，有时甚至可以影响企业的生存。从事量产调板和级放的从业人员的专业能力对生产成本的控制有着至关重要的作用。

鞋样的级放以鞋楦为依据，脱离鞋楦进行级放是没有意义的。不同国家的号差与型差不一样，但级放的方法是一样的。不管使用何种级放软件或手工级放，都是以相似三角形或平行四边形对应边成比例的原理来进行的，面积大小不等，但形状相同，对应边成比例，另外，帮样的长度等差与围差一定大于楦的长度等差与围差。

鞋样级放工作中，影响放板精确度的因素：

①基本样板的准确度达不到标准；

②基本码不是中间码，放板的码数太多；

③对级放的原理理解不清楚；

④对放板工具（电脑）掌握不熟练；

⑤对鞋型构造组合分析不到位；

⑥不了解鞋材。

鞋样级放完成后，需要检查校对，检查校对主要包含以下三项内容：

①放板后的纸板审核：即检查放板的正确性与准确性。纸板审核关键是要回答以下9个问题：级放的码数是否正确？是否有共码、鞋楦数据表？部件数量是否正确？每个部件所需的号码是否正确？长度是否放板正确？肥度是否放板正确？鞋口、靴筒是否放变形？特殊位置、特殊部件是否放板正确（如耳式鞋的鞋舌是否随鞋耳级放）？半码级放是否正确？

②比对基本码：放板前拼对基本码纸板；用切割机割出来的基本码原板比对放板之后基本板是否相符；算出最大码与最小码之间的级放总差数，比对原板：用原板比对基本码，基本码与原板一定要相符。

③其他问题：后跟高度级放是否正确？内外怀高度级放是否正确？鞋头高度级放是否正确？

2. 新鞋款的量产试做

技转部门要向生产部门提供全系样品鞋（图4-2）及相关成鞋标准，作为量产成鞋标准。

图4-2 系列样品鞋示例

技转部门需要联合研发、生产、品管等部门共同进行产品量产试做、《生产工艺说明书》

修编等工作，以便相关生产、管理人员全面把握新鞋款的设计方案、生产规范、质量标准等，确保新鞋款上线后能顺利完成生产任务。

量产试做时，技转部门应亲临生产现场进行生产试做指导，并详细记录在量产试做过程中存在的各种问题；量产试做完成后，技转部门则应立即召开由各现场生产部门主管、品质主管、开发主管等参加的量产试做讨论会。讨论会应主要讨论在量产试做过程中出现的各种问题，包括技术问题、方法问题、工艺问题、流程问题、开发问题、品质问题等，并就所存在的问题提出详细和切实可行的解决方案，进而在正式量产前解决一切可能影响新鞋款正常生产的问题，确保现场生产的顺利进行，生产出符合标准要求的产品。量产试做讨论会后，技转部门应及时编修《生产工艺说明书》，并正式颁布执行。

3. 新鞋款《生产工艺说明书》的制作

就《生产工艺说明书》来说，其要求就是：详细、全面、准确、精确、图文并茂，其主要内容应包括以下几方面。

（1）部件裁断工艺说明

裁断包含鞋帮面料的等级划分、点伤、套划和裁断等工序。在《生产工艺说明书》中，对于裁断工作的操作说明至少应包括部件名称、部件图片、材料规格（包括材料名称、质量等级、颜色等）、单双鞋部件数、裁断层数（非均质材料单层裁断或均质材料多层叠裁）、裁断方向、刀模摆放以及设备操作注意事项等。均质材料（一般为人造材料、合成材料）可采用单部件套划方案实施裁断工作，非均质材料（一般为天然皮革）的厚薄、延伸性、外观质量等存在部位差，需要注明部件应选取的材料位置、需要避开的伤残等，多采用整双部件套划的方式，实现好坏搭配、提升材料利用率的目标。

（2）部件做帮工艺说明

做帮也称为“案板工”，工作内容主要包括标画标志点、标志线、折边、油边等单个部件的加工制作工序。在《生产工艺说明书》中，对于分拣好的帮面部件的制作至少应包括部件名称（编号）、加工图示、加工方法、加工标准、工序以及所需要的折边机、打孔机等设备或工具。

（3）部件装配工艺说明

帮部件的组合方式主要包括缝合、黏合、编织等，鞋帮部件的装配包括面部件装配、里部件装配、帮里组合装配、装饰配件装配等。在《生产工艺说明书》中，对于部件装配的说明至少应包括装配方法、装配标准、装配顺序、质量标准、装配所需设备要求等。以缝合装配为例，《生产工艺说明书》应包含缝纫机规格、针线规格、针距规格、缝合顺序、质量标准等。

（4）成型工艺说明

成型以绷帮成型和帮底组合两个工序为核心工序。在《生产工艺说明书》中，对于成型工艺的说明至少应该包括设备规格、设备（流水线）加工速度、定型设备（冷热定型设备）温度值、耗材（胶水、处理水等）规格、加工工序、加工方法、加工质量要求，对于纯文字难以明确说明的部分，需针对性地配加工样图。

第二节　技术转移案例

根据企业不同的生产需求，技转技术文件可以制作详单，也可以制作简表，本节选取某外销劳保男鞋技转案例、某内销女鞋技转案例各一例，展示技转相关文件的结构和编撰示例。

【案例一】某外销劳保男鞋技术转移案例

表4-2为制作说明书（封面），表4-3为裁断工艺。

表4-2　　制作说明书

文件编号：		版　　本：
制订日期：		生效日期：
修订日期/版次：	页数：	修改内容/摘要：

续表

客户：	客户A			分发单位			
标准：	标准A			1	□生管课	3	□裁断课
型体：	A-508			2	□成型课	4	□针车课
楦头：	278						
尺码：	225～290						
塑头：	604复合塑头+PVC条						
大底：	2001						
盖章	核准	审核	技转	板师	制订	制订单位	
						开发课	

表4-3 裁断

部件名称	图示	材料	部件名称	图示	材料
外包头	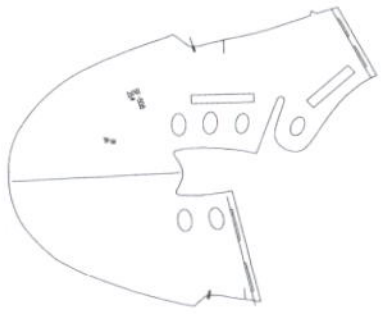	磨砂头层革	中护眼下饰	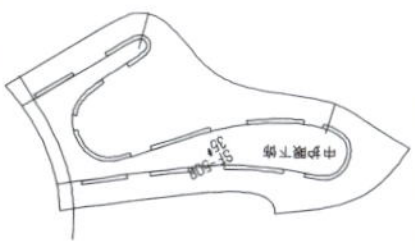	磨砂革
后护眼	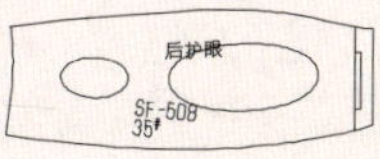	磨砂头层革	下后方	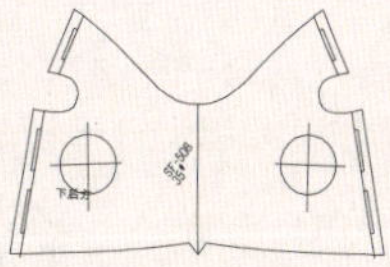	磨砂头层革
后中片		磨砂头层革	领口小饰片	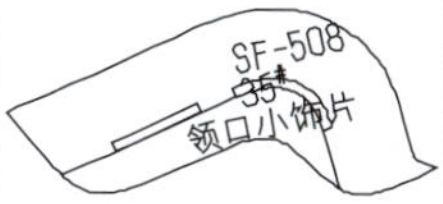	R8纹透气太空革
后领口	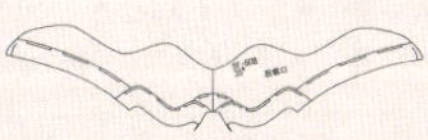	头层猪革	舌面	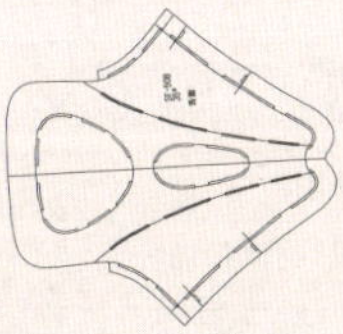	头层猪革
上舌饰	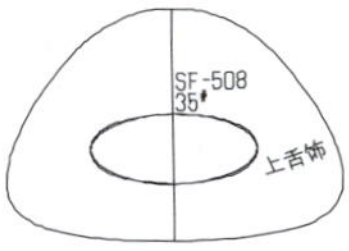	磨砂头层革	下舌饰	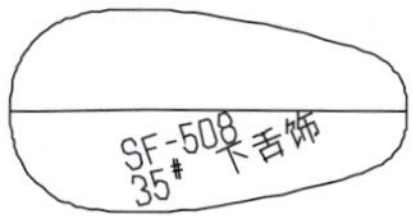	磨砂头层革

续表

部件名称	图示	材料	部件名称	图示	材料
内侧边肚	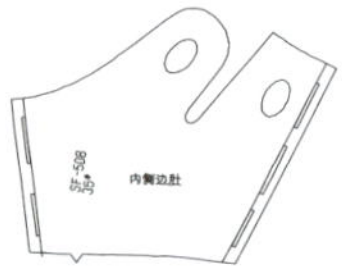	磨砂头层革	舌棉	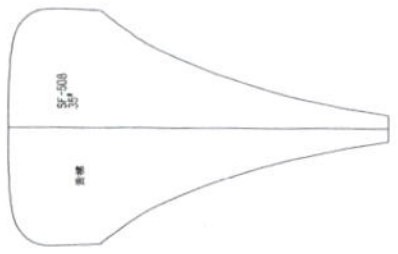	10mm海绵
舌里	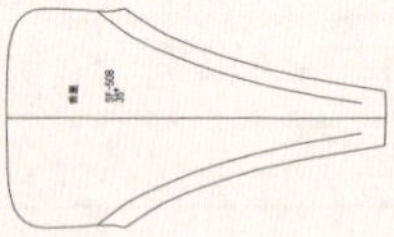	头层猪革	鞋身补强	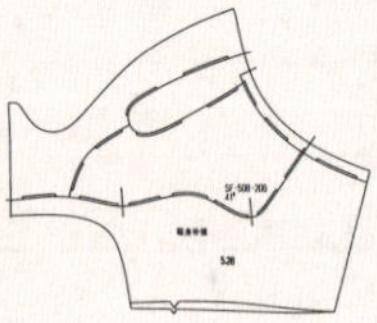	1.2mm厚灰色KP布
头里	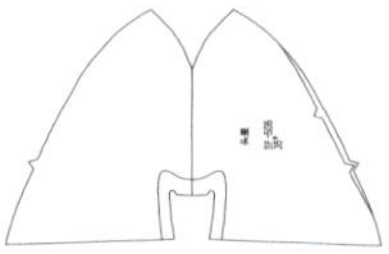	白灰反绒革+3F+TC	边里	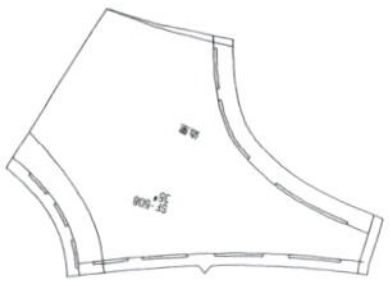	灰色反绒皮+3F+TC
内主跟里	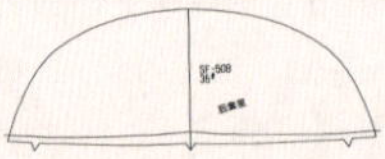	灰色反绒革+3F+TC	领口里	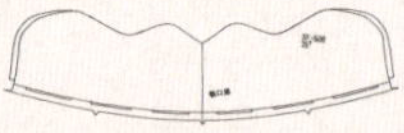	头层猪革
大领口海绵	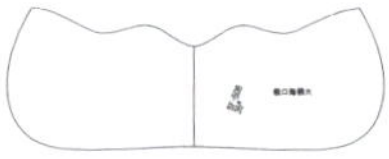	8mm海绵	小领口海绵		10mm海绵
后领口补强		1.8mm切片	外头补强	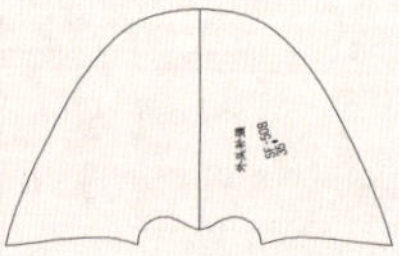	烫布
下后方补强	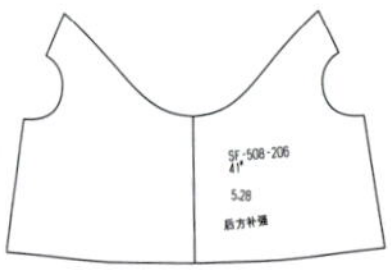	1.0mm切片	后护眼	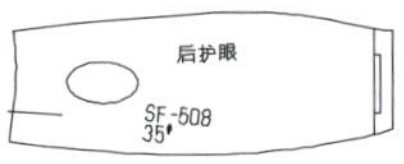	磨砂头层革

续表

部件名称	图示	材料	部件名称	图示	材料
后衬	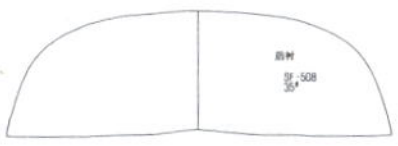	2.0mm双面过胶港宝	边肚补强	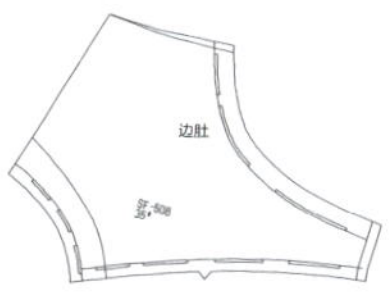	烫布
中底	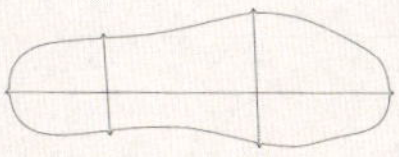	针织棉+双钩腰铁			

备注：1. 请核对刀模与纸板是否一致，左右刀是否大小一致，记号齿是否正确；
2. 材料的外露部位不可以缺刀；
3. 有带内冲部位要定时检查，不可以变形或者脱落与堵塞。

原辅材料需要仓库提供，因此原辅材料的管理工作是裁断工作顺利实施的基本保障。原辅材料的材料账和库存账需要每天及时更新，一般来说，企业大都采用相关的计算机软件管理。原辅材料进仓库时，必须交由质检人员根据一定的标准（国家标准、行业标准、企业标准或客户标准等）进行品质质量等级的检验，合格后才能进库。原辅材料的发放工作需要专人与裁断车间的领料人对接，出库账与材料必须严格校对，以免出错。

领料人将从原辅材料车间领取的材料按作业要求分发到各班组长处，由班组长统一分配给员工。裁断有单层裁断和多层叠裁两种方式，前者适用于非均质材料（一般指真皮等天然材料）的裁断，后者适用于均质材料（一般指人造材料、合成材料等，如人造革、尼龙布等）的裁断。单层裁断需要“看皮下刀”，即裁断前需要对皮革进行部位区分，理清不同帮面部件的下裁区域，并用划料样板在皮料上用水银笔进行套划，裁断工再将皮料放置到裁断机上，用与画出的部件一致的刀模进行下裁；由于均质材料各部位性能一致，多层叠裁只需要提前根据帮面部件的方向要求制作好完整的套划方案，由裁断工进行下裁即可，熟练的裁断工可以不用在均质材料上画出套划方案，可直接使用刀模下裁。裁出的部件要及时清点，做好配色、配双和质检工作，以便于材料转到针车部门时可直接使用。

裁断车间主管需要做好裁断设备、刀模、工具等的维护和保养，确保设备正常运行，管理人员需随时巡视裁断工的操作是否规范，并及时解决相关技术问题。

裁断好的部件交由调配中心处理。调配中心需要按鞋码等要求整理好已裁断的部件，如有需要印刷、削皮（表4-4）、烫印、贴衬等加工的，按工艺要求进行加工处理。加工好的部件材料整理统计后交付中仓，再由中仓转发到针车车间。裁断好的中底、鞋垫、EVA垫等不需要缝纫的部件，在调配中心处理后直接发到半成品仓库备用。

表4-4　　削皮、印线

流程名称	图示	操作方法及注意事项	流程名称	图示	操作方法及注意事项
外头：印线，空压，削皮	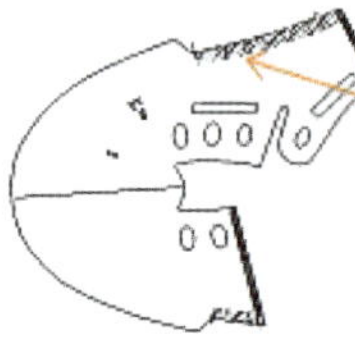	印线，空压 磨正面5mm 阴影部位需要削边，削边宽度8mm，厚度1.2mm	中护眼下饰：印线，削皮	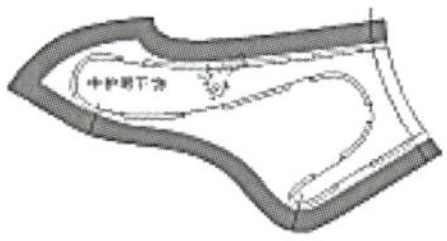	画线 阴影部位需要削边，削边宽度8mm，厚度1.2mm
后护眼：印线，空压，削皮	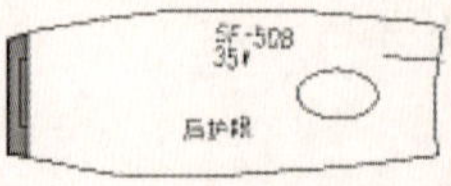	印线 整片片皮至2.0mm 注：将皮反面毛片掉 阴影部位需要削边，削边宽度8mm，厚度1.2mm	下后方：空压，削皮	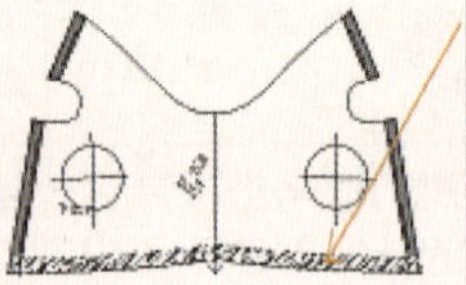	空压，磨正面5mm 整片片皮至2.0mm 注：将皮反面毛片掉 阴影部位需要削边，削边宽度8mm，厚度1.2mm
后中片：印线，削皮	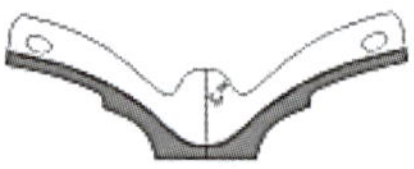	印线 整片片皮至2.0mm 注：将皮反面毛片掉 阴影部位需要削边，削边宽度8mm，厚度1.2mm	舌面：印线	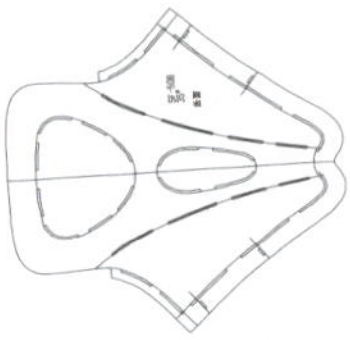	印线
后领口：印线	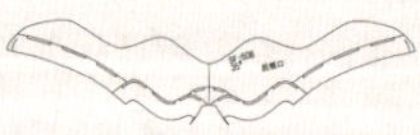	画线	下舌饰：片皮	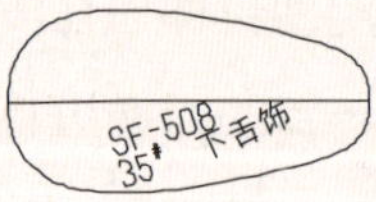	正片片薄至1.5mm
上舌饰：片皮	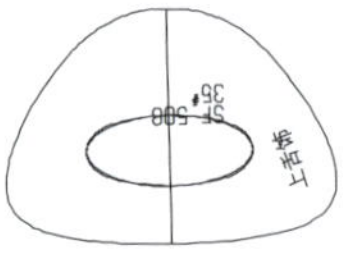	空压 正片片薄至1.5mm	内后护眼：印线，削皮	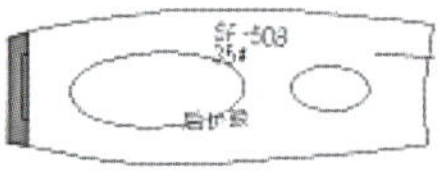	印线，削皮 阴影部位需要削边，削边宽度8mm，厚度1.2mm

续表

流程名称	图示	操作方法及注意事项	流程名称	图示	操作方法及注意事项
内侧边肚：印线，削皮	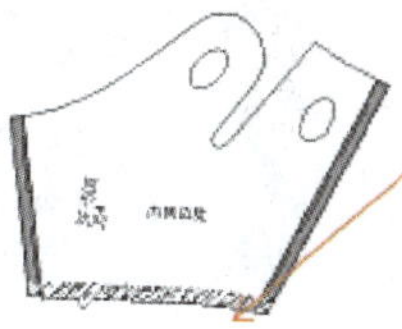	印线，磨正面5mm	后衬削皮	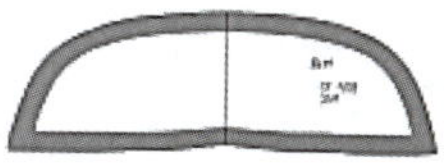	阴影部位需要削边，削边宽度8mm，厚度1.2mm
		整片片皮至2.0mm 注：将皮反面毛片掉			
		阴影部位需要削边，削边宽度8mm，厚度1.2mm			
中底：印线	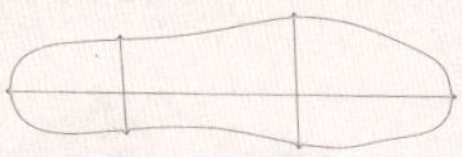	印线			

备注：1. 请核对网板与纸板是否一致，号码是否正确，网板和材料要对齐，不可歪斜；
2. 削边时请按作业标准进行。

缝纫操作必须严格按照工艺标准执行，针距、边距、双线间距等控制到位，各类饰件和配件要按鞋面上的标志点和标志线准确装配，若缝纫装配出现与标准不符的情况，将会造成后续绷帮成型歪斜，甚至无法完成成型工作。缝好的鞋帮要经过针车质检员的缝纫质量检验，才能分码整理后转送至半成品仓库，如果鞋款缝纫操作较为复杂，针车流水线可在关键节点增设质检员，以便及时发现并解决相关问题。针车车间按常规配置，一条日产1500双帮套的针车流水生产线，需要80～90人，其中包括缝纫工70人左右，其他人员10人左右。

缝纫操作是制鞋工作的核心工种之一，针车车间多为熟练技工，为了方便缝纫操作，生产部门也可以根据缝帮流程说明书（表4-5）制作缝纫操作简表（表4-6），提供给针车车间使用。

表4-5　　缝帮流程说明书

流程	头里，鞋身补强拼缝			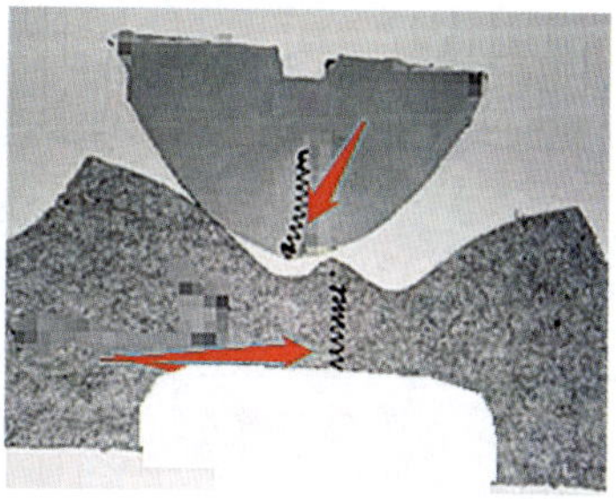
车线	4股	间距		
针距	3.5针/cm	宽幅	8mm	
针号	16#	边距		
机器、工具		胶水		
说明	拼缝里两端要对齐，线路松紧要调好，不可重叠及跳针浮线。头里收针需回2～3针			

续表

流程	领口、下后方、外头，内边肚贴补强			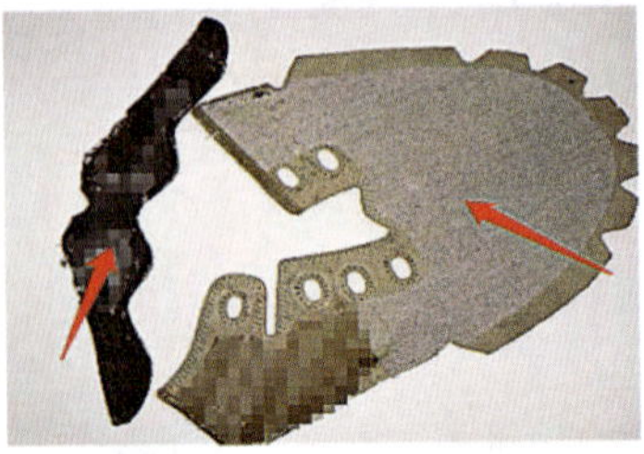 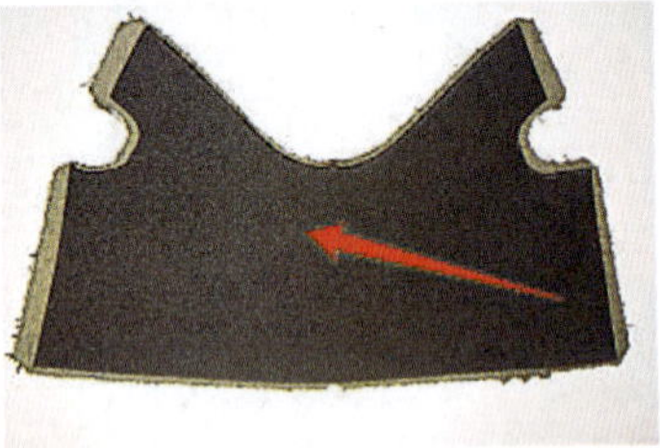 
车线		间距		
针距		宽幅		
针号		边距		
机器、工具	过胶机、平烫机	胶水	热熔胶	
说明	1. 领口补强，下后方补强过热熔胶贴； 2. 鞋头内边肚补强用烫压。补强要贴牢，不可以包空			
流程	鞋身补强，贴中护眼下饰片			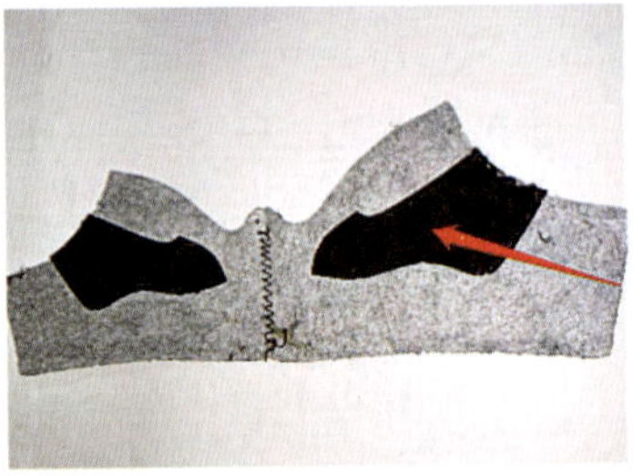
车线		间距		
针距		宽幅		
针号		边距		
机器、工具	过胶机	胶水	热熔胶	
说明	按记号点贴，位置要正，中护眼需高出鞋身补强2～3mm			
流程	领口里边里反接			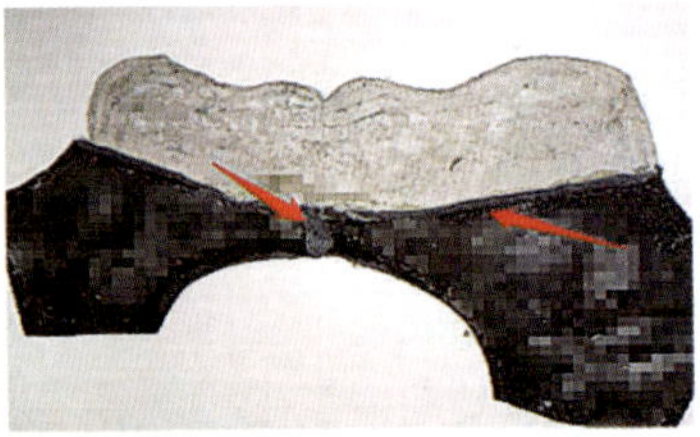
车线	4股	间距		
针距	3.5针/cm	宽幅		
针号	16#	边距	4mm	
机器、工具	罗拉单针车	胶水		
说明	反接部位要对齐，针距边距要一致，不可跳针浮线；反接后要平顺，底面线松紧要调好；起收针要倒针			

续表

流程	车内主跟里			
车线	4股	间距		
针距	3.5针/cm	宽幅	8mm	
针号	$16^{\#}$	边距	1.5mm	
机器、工具	单针、万能车	胶水		
说明	先单针车，再万能车，线路松紧要调好，不可有跳针及浮线现象			
流程	头里与后里拼缝加强带			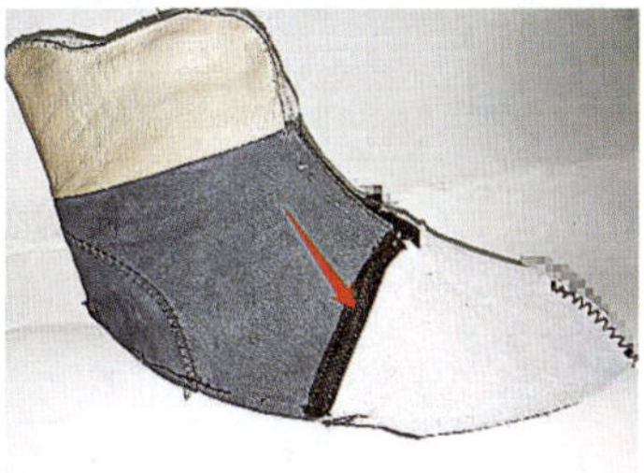
车线	4股	间距		
针距	3.5针/cm	宽幅	8mm	
针号	$16^{\#}$	边距		
机器、工具		胶水		
说明	不要跳针及浮线，起收针要对齐			
流程	外头与内侧边肚/后方与后护眼反接			
车线	4股	间距		
针距	4针/cm	宽幅		
针号	$16^{\#}18^{\#}$	边距		
机器、工具	罗拉单针车	胶水		
说明	反接部位要对齐，针距边距要一致，不可跳针浮线；反接后要平顺，边距不可有大小；起收针要倒针			
流程	车鞋眼扣			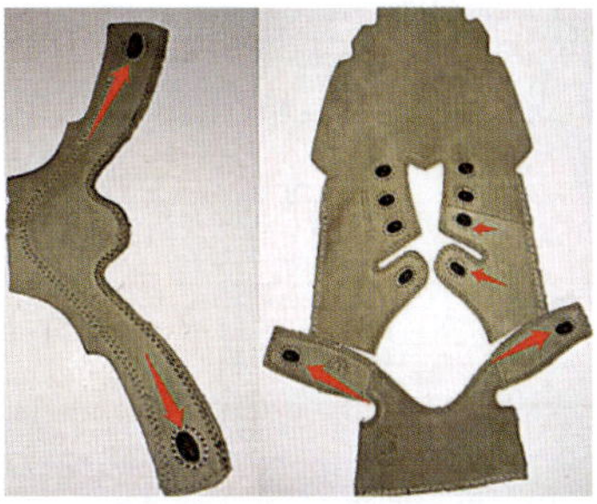
车线	4股	间距		
针距	3.5针/cm	宽幅		
针号	$20^{\#}$	边距	1.5mm	
机器、工具	电脑车	胶水		
说明	电脑车时扣子要放在正中央，不可车偏放倒			
流程	舌面折边压线、舌面、上舌饰、下舌饰车缝			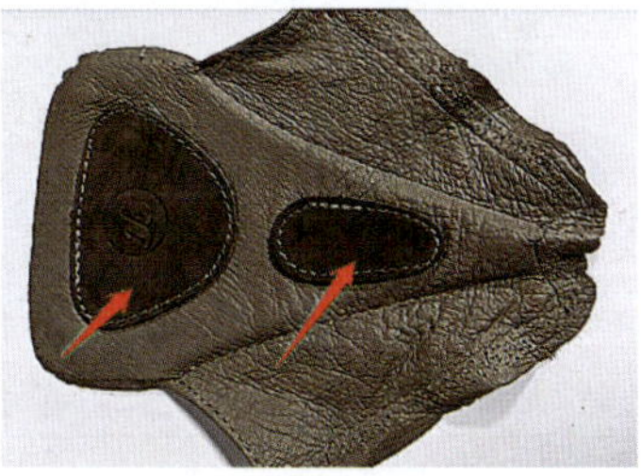
车线	6股	间距		
针距	3.5针/cm	宽幅		
针号	$20^{\#}$	边距	1.5mm	
机器、工具	罗拉单针车	胶水		
说明	舌面折边宽度5mm压线，起收针处重3针			

续表

流程	车鞋里布标			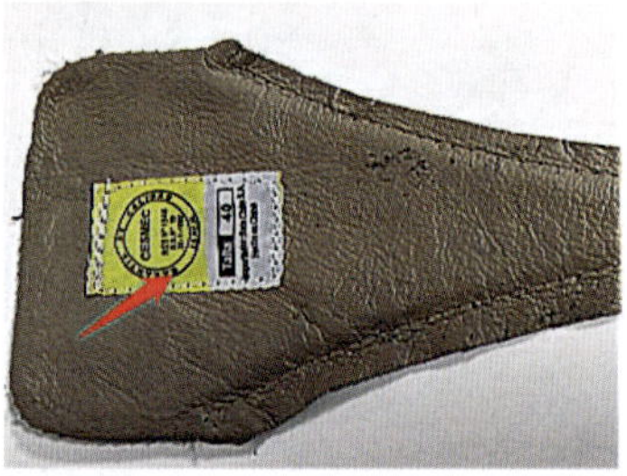
车线	4股	间距		
针距	3.5针/cm	宽幅		
针号	16#	边距	1.8mm	
机器、工具	平车	胶水		
说明	线路松紧要调好，边距要均匀，不可掉边；转弯处要处理好，起收针要重4～5针，按点作业			
流程	缝制舌棉、舌面、舌里			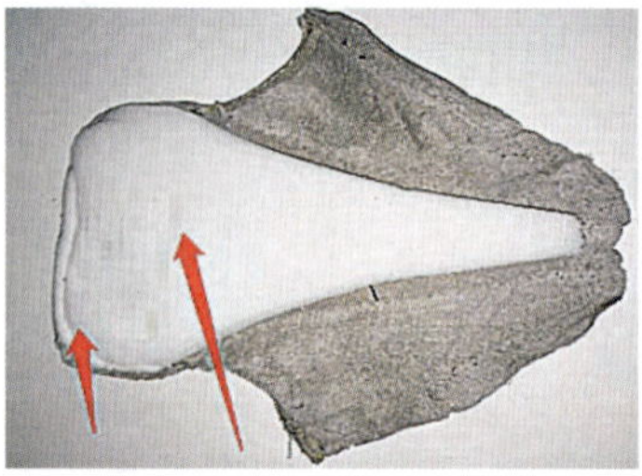
车线		间距		
针距		宽幅		
针号		边距	2.5mm	
机器、工具	过胶机	胶水	过热熔胶	
说明	1. 先将鞋棉上半段过热熔胶与舌面平齐贴； 2. 舌面与鞋里平齐车，起收针要回针			
流程	翻鞋舌棉			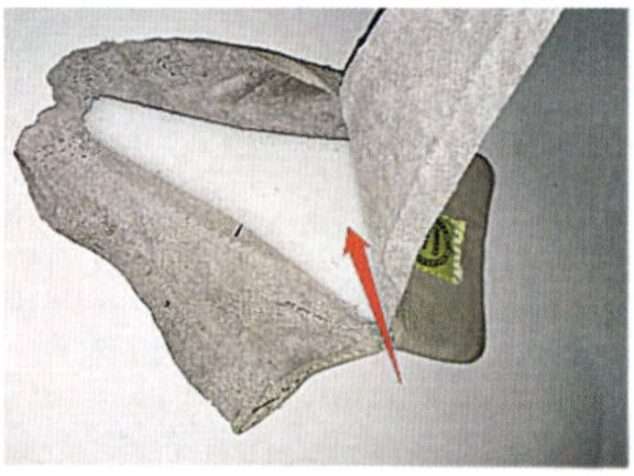
车线		间距		
针距		宽幅		
针号		边距		
机器、工具		胶水	喷热熔胶	
说明	翻完鞋舌后，鞋舌要顺，不可起波浪状；鞋舌里上半段喷热熔胶贴顺，再敲鞋舌			
流程	压鞋舌			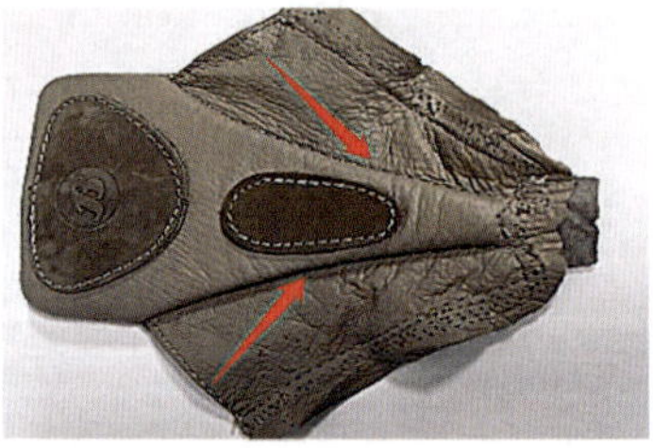
车线	6股	间距	1.8mm	
针距	3.5针/cm	宽幅		
针号	20#	边距	1.5mm	
机器、工具	罗拉单针车	胶水		
说明	按记号点及画线位置作业，线路松紧要调好，不可产生跳针及浮线。起收针要倒3针			
流程	后领口与领口小饰片车缝			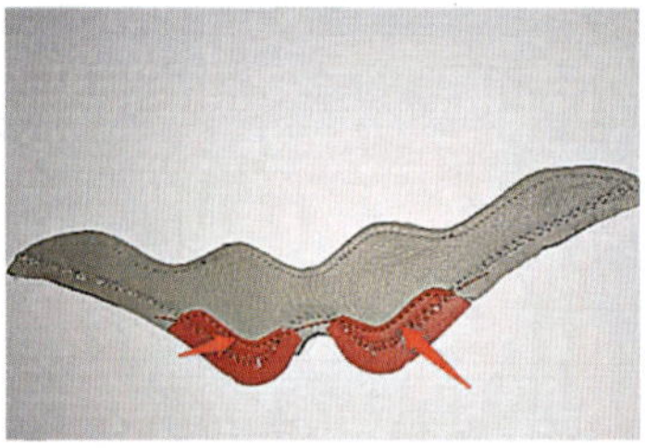
车线	6股	间距	1.8mm	
针距	3.5针/cm	宽幅		
针号	20#	边距	1.5mm	
机器、工具	罗拉单针	胶水		
说明	按记号点及画线位置作业，注意号码分段不要弄错			

续表

流程	车后中片			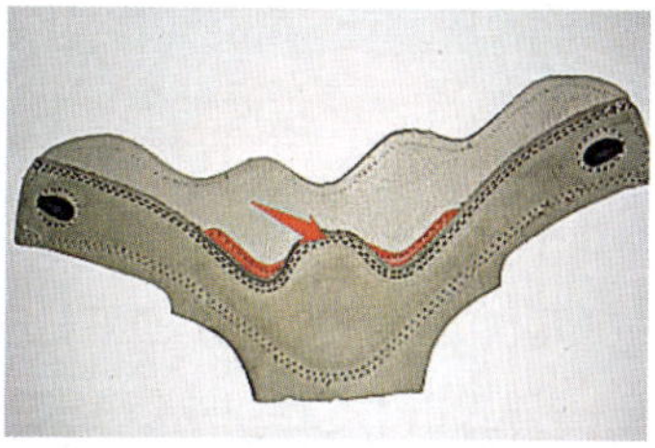
车线	6股	间距	1.8mm	
针距	3.5针/cm	宽幅		
针号	$20^{\#}$	边距		
机器、工具	罗拉双针	胶水		
说明	线路松紧要调好，边距要均匀，不可掉边。按盖线标准1.5mm车缝。起收针要倒3针，按点作业			
流程	内侧边肚/外头下后方反接			
车线	4股	间距		
针距	3.5针/cm	宽幅		
针号	$16^{\#}18^{\#}$	边距	3mm	
机器、工具	罗拉单针	胶水		
说明	反接部位要对齐，针距边距要一致，不可跳针浮线；反接后要平顺，不可有扭曲收缩现象			
流程	敲合缝			
车线		间距		
针距		宽幅		
针号		边距		
机器、工具	自动上胶机	胶水	热熔胶	
说明	刷白胶，待胶水干后再往两边敲开，敲平			
流程	腰身反接处贴牛津布补强			
车线		间距		
针距				
针号		边距		
机器、工具		胶水		
说明	上自粘牛津布补强要贴平顺，贴牢			
流程	上鞋舌			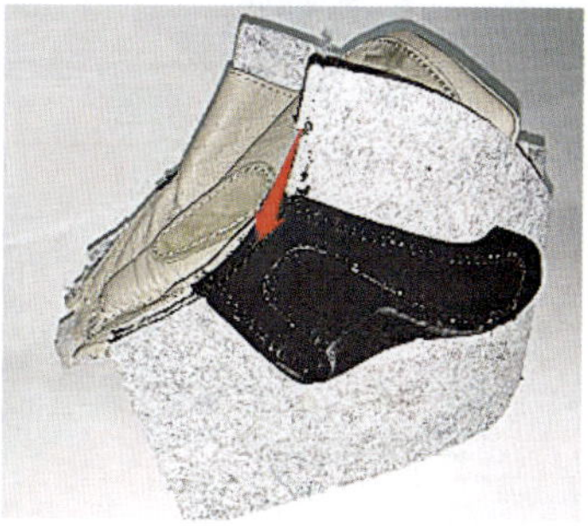
车线	6股	间距		
针距	3.5针/cm	宽幅		
针号	$20^{\#}$	边距	1.5mm	
机器、工具	罗拉双针车	胶水		
说明	线路松紧要调好，边距要均匀，不可掉边，起收针要倒3～4针；上鞋舌时按点作业，对正中心点			

续表

流程	外头、内侧边肚、后护眼、后方、中护眼、鞋舌缝制		
车线	6股	间距	
针距	3.5针/cm	宽幅	
针号	20#	边距	1.5mm
机器、工具	罗拉双针车	胶水	
说明	线路松紧要调好，边距要均匀，不可掉边；按盖线标准1.5mm车缝，起收针要倒3针		

流程	上内里		
车线	4股	间距	
针距	3.5针/cm	宽幅	
针号	14#	边距	3mm
机器、工具	罗拉单针车	胶水	
说明	线路松紧要调好，边距要均匀，起收针要倒3针		

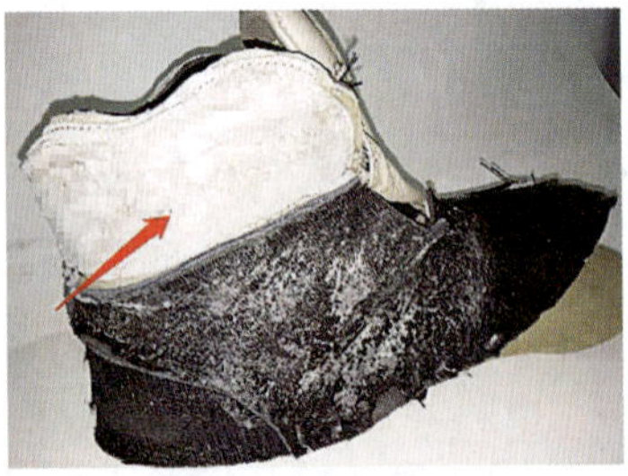

流程	贴后衬		
车线		间距	
针距		宽幅	
针号		边距	
机器		胶水	热熔胶
说明	对准中后方中心点，平齐皮边贴，不可以贴歪		

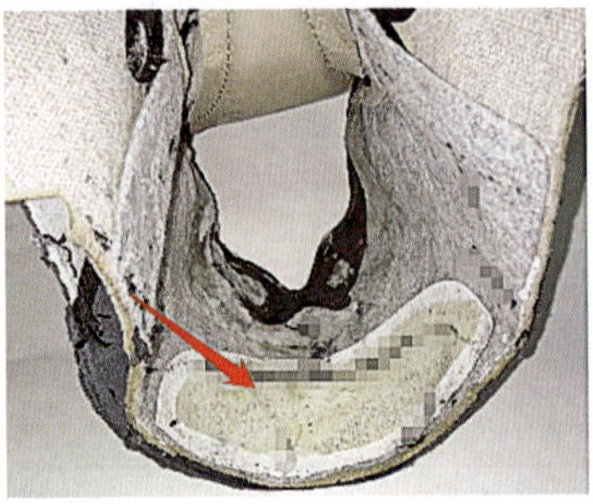

流程	大小领口棉组合		
车线		间距	
针距		宽幅	
针号		边距	
机器、工具	过胶机	胶水	热熔胶
说明	领口棉上端平齐，下端错开		

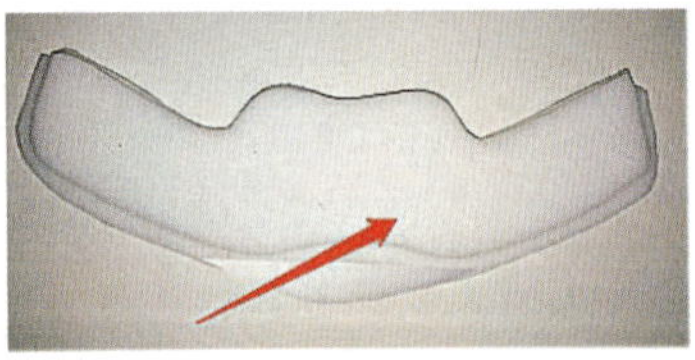

流程	贴领口棉		
车线		间距	
针距		宽幅	
针号		边距	
机器、工具		胶水	热熔胶
说明	领口棉喷热熔胶贴，后棉高出领口5mm		

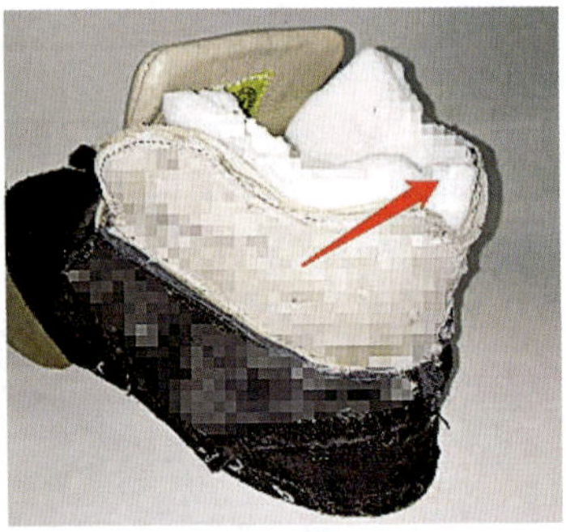

续表

流程	包后棉			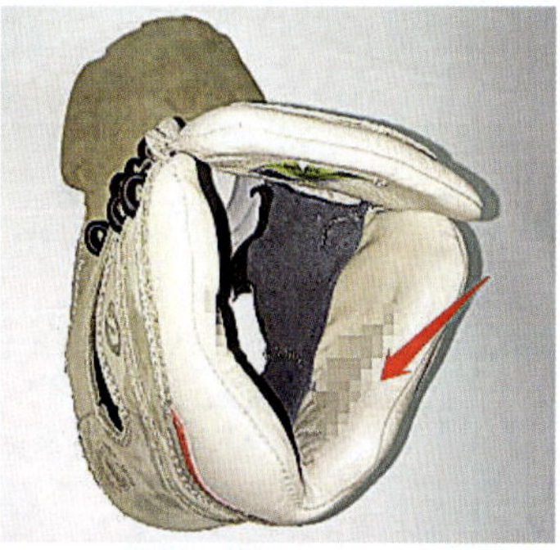
车线		间距		
针距		宽幅		
针号		边距		
机器、工具		胶水	喷热熔胶	
说明	包后棉时内里要贴平顺，不能皱褶；领口里要往两端拉顺贴，头里中心点要对正			
流程	压口门			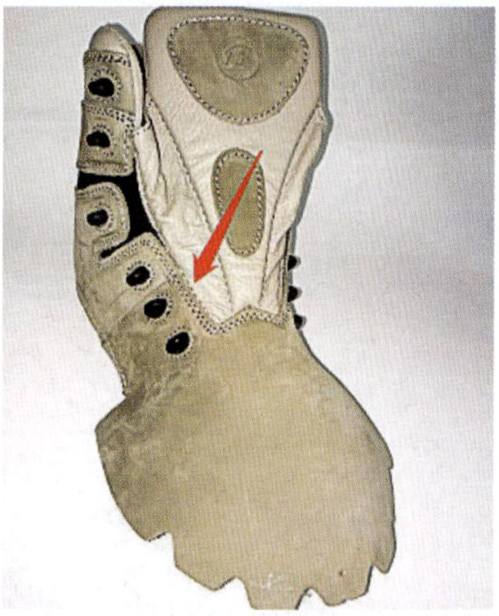
车线	6股	间距		
针距	3.5针/cm	宽幅		
针号	20#	边距	紧靠护眼	
机器、工具		胶水		
说明	不可跳针及浮线，线路松紧要调试好，紧靠护眼车			
流程	压边线			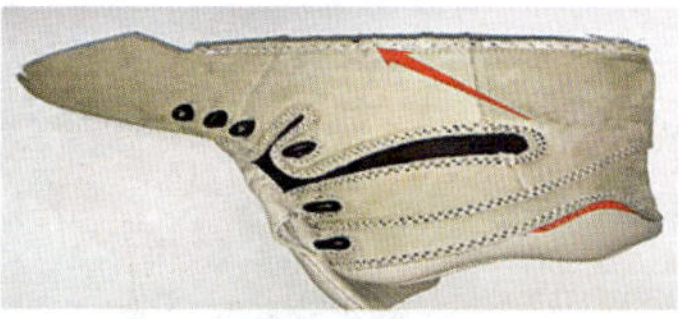
车线	4股	间距		
针距	2针/cm	宽幅		
针号	20#	边距	3mm	
机器、工具	罗拉单针车	胶水		
说明	压边线不可以跳针及浮线，压住内里			
流程	后跟定型			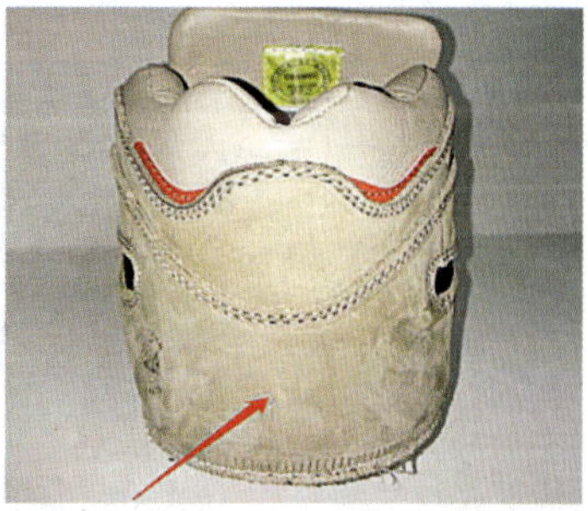
皮里温度	100～130℃	加热时间	18s	
布里温度	80～100℃	冷时间	18s	
冷定温度	0℃	边距	平齐皮边	
机器	后跟定型机			
说明	高帮定型模具；高帮模，定型时用手将鞋面放正，拉顺			

续表

流程	拉帮			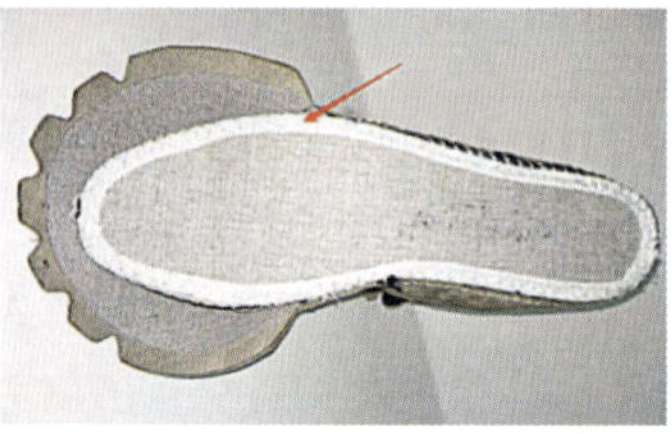
车线	4股	间距		
针距	2针/cm	宽幅	3mm	
针号	22#和23#圆头针	边距		
机器、工具	拉帮机	胶水		
说明	对准后跟中心点起针，中底记号点需与鞋面记号点对正，松紧适宜，收针时重3～5针			

表4-6 缝纫操作简表

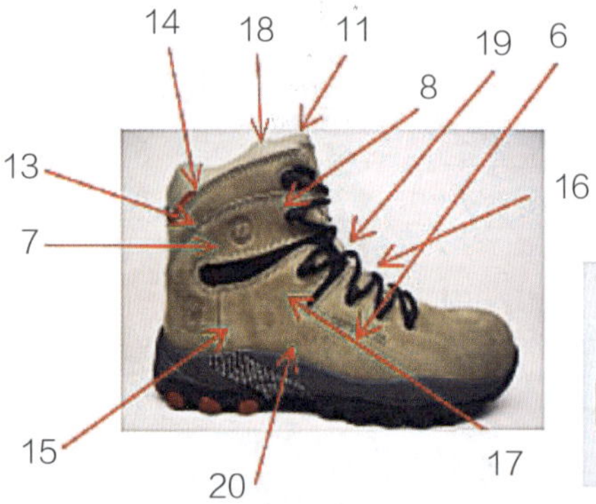

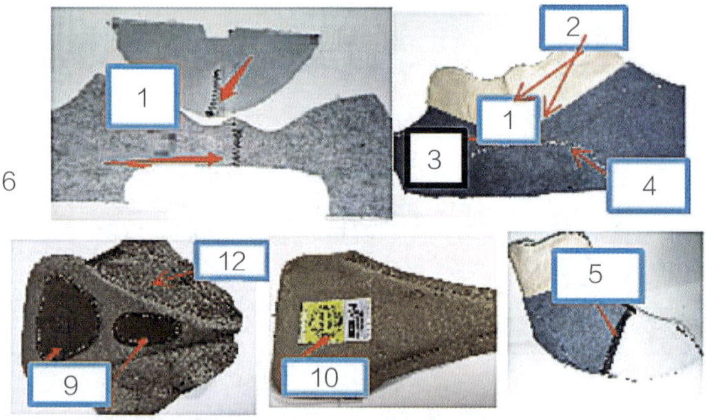

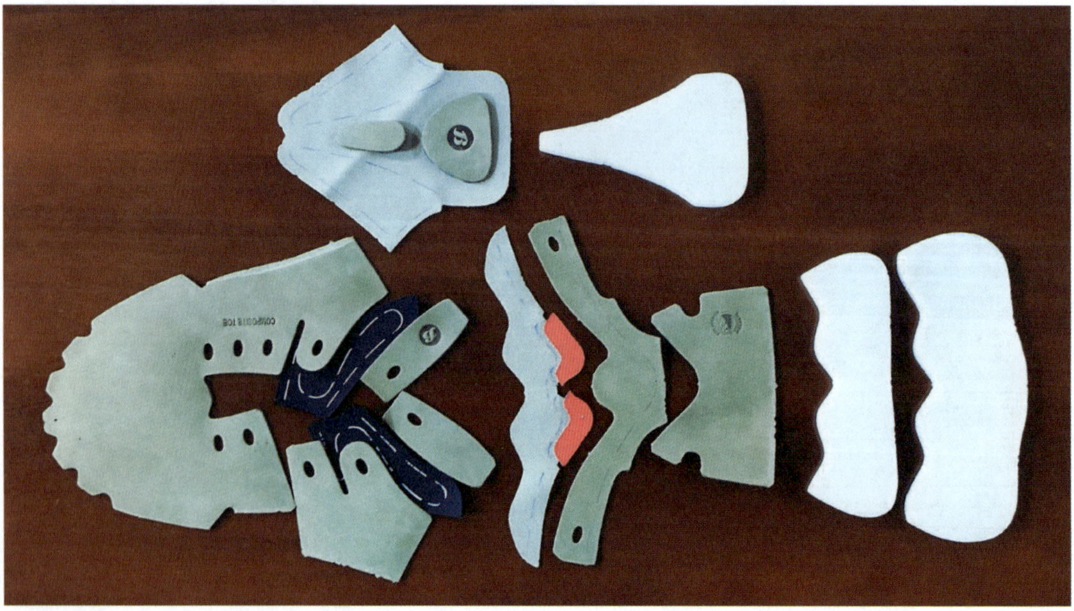

续表

缝合类型	车线规格	车帮规格			车针	材料编号		备注
		针距/2cm	边距	车线道及间距		鞋扣	塑料扣	
1. 鞋身补强、头里拼缝	4股	7～8针	宽幅8mm	单针	16号	松紧带		1. 领口贴补强：内缩3mm贴，要贴正，不可歪斜，不可打皱 2. 下后方、外头、内边肚烫压补强：内缩3mm烫压，烫平顺，不可皱褶 3. 鞋身补强贴中护眼下片：中护眼下片过胶，按印线贴，位置要正，不可歪斜 4. 舌面贴舌棉：舌棉上端喷20mm宽胶，平齐舌面贴 5. 翻舌棉：舌棉要翻圆顺，不可有波浪形 6. 内侧边肚、外头下后敲合缝：在合缝处刷胶，待干后往两边敲开，要敲平顺，不可爆开 7. 腰身反接处贴牛津布补强：反接处补强刷胶，待干后贴牛津布补强，要贴平顺，不可皱折 8. 贴后衬：鞋面、后衬喷胶，待干后贴合，后衬对中心点，平齐皮料往上2mm贴，位置要正，不可歪斜 9. 大小领口棉贴合：大小棉喷胶，待干后小领口棉平齐大领口棉上端贴合 10. 鞋面贴后棉：鞋面领口喷胶，待干后贴后棉，后棉贴鞋面领口高5mm 11. 包后棉：包后棉时内里要贴平顺，不能皱褶。领口里要往两端拉顺，头里中心点要对正
2. 领口里与边里反接	4股	9针	4mm	单针	16号	帮面线	6股、4股	
3. 车内主跟里	4股	7～8针	1.5mm	单针	16号	底线	4股	
4. 内主跟里拼缝	4股	7～8针	宽幅8mm	单针	16号	加强带		
5. 头里与后里车加强带	4股	7～8针	宽幅8mm	单针	16号			
6. 外头与内侧边肚反接	4股	9针	4mm	单针	16号	做帮面胶	水胶、热熔胶	
7. 后方与后护眼反接	4股	9针	4mm	单针	16号			
8. 车鞋眼扣	4股	7～8针	1.5mm	单针	20号			
9. 舌面车舌饰片上下	6股	7～8针	1.5mm	单针	20号			
10. 舌里车舌里标	4股	7～8针	1.5mm	单针	16号			
11. 舌里与舌面车合	4股	9针	4mm	单针	16号			
12. 压鞋舌	6股	7～8针	按画线压	单针	20号			
13. 后领口与领口小饰片车缝	6股	7～8针	1.5mm	单针	20号			
14. 车后中片	6股	7～8针	1.5mm	双针	20号			
15. 内侧边肚与外头后下方反接	4股	9针	4mm	单针	16号			
16. 上鞋舌	6股	7～8针	1.5mm	双针	20号			
17. 外头/内侧边肚/后护眼/后方/中护眼/鞋舌车缝	6股	7~8针	1.5mm	双针	20号			
18. 上内里	4股	9针	2mm	单针	14号			
19. 上口门	6股	7～8针	靠近护眼	单针	20号			
20. 压边线	4股	9针	3mm	单针	16号			

续表

帮面部件组合缝纫流程： 部件裁剪 ⟶ 削边 ⟶ 烧毛边、涂边 ⟶ 画线 ⟶ 贴补强 ⟶ 鞋身补强拼缝 ⟶ 头里拼缝 ⟶ 领口、下后方、外头、内边肚贴补强 ⟶ 鞋身补强贴中护眼下饰片 ⟶ 领口里边里反接 ⟶ 车后套里 ⟶ 后套里拼缝 ⟶ 头里与后里拼缝 ⟶ 外头、内侧边肚、后护眼、后方、中护眼反接 ⟶ 压反接 ⟶ 车鞋眼扣 ⟶ 舌面折边 ⟶ 舌面折边出车线 ⟶ 舌面车舌饰上下 ⟶ 舌里车标 ⟶ 舌面与舌棉、舌里车合 ⟶ 翻舌棉 ⟶ 压鞋舌 ⟶ 后领口车后领口小饰片 ⟶ 车后中片 ⟶ 内侧边肚与外头下后方反接 ⟶ 敲合缝 ⟶ 腰身反接处贴牛津布补强 ⟶ 上鞋舌 ⟶ 外头、内侧边肚、后护眼、后方、中护眼、鞋舌车缝 ⟶ 上内里 ⟶ 贴后衬 ⟶ 大小后棉贴合 ⟶ 鞋面领口贴后棉 ⟶ 包后棉 ⟶ 压口门 ⟶ 压边线 ⟶ 后跟定型 ⟶ 拉帮

成型作业流程如图4-3所示，定型使用对照见表4-7，刀模使用及刀模齿号对照见表4-8。

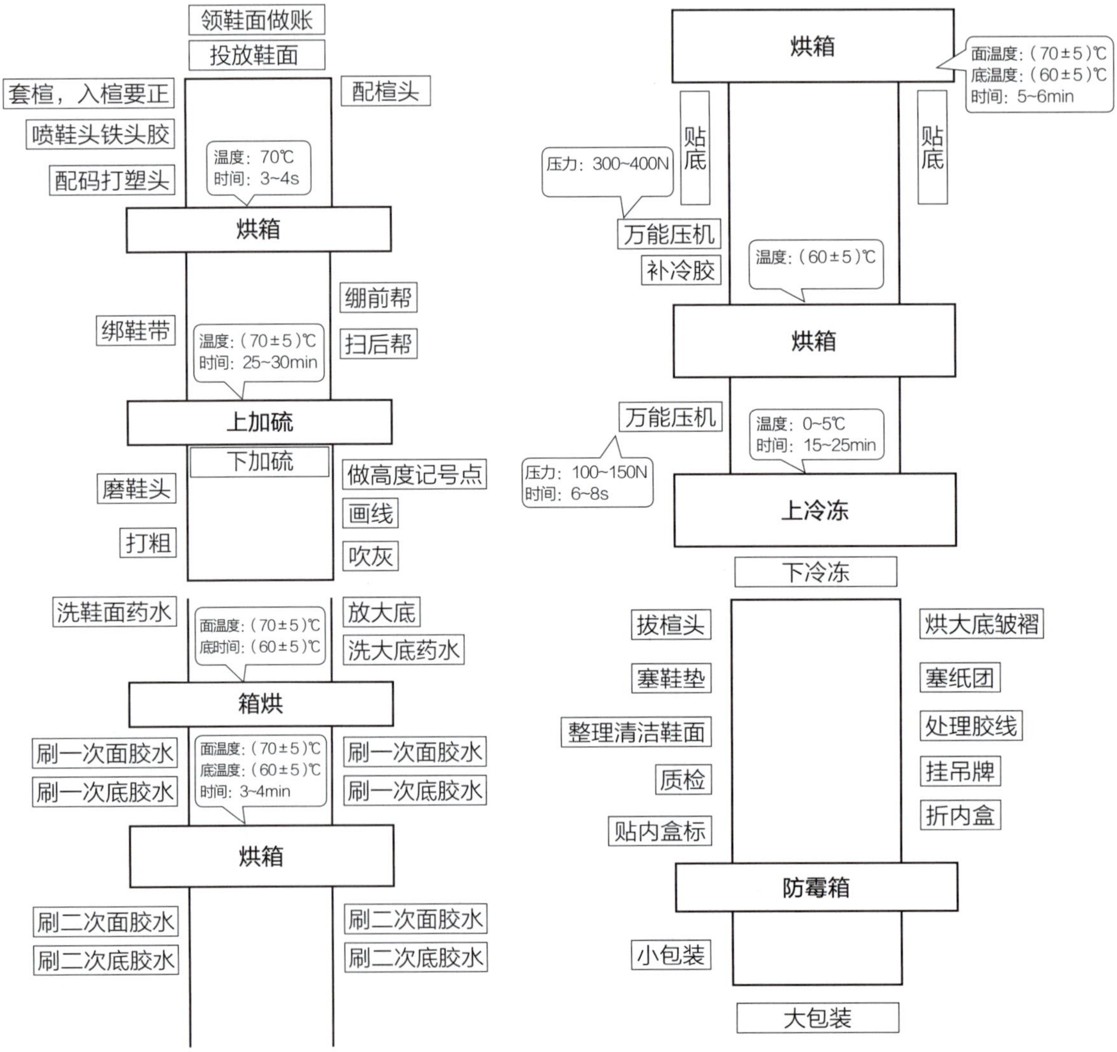

图4-3 成型作业流程

表4-7　　定型使用对照表

尺码号		225	230	235	240	245	250	255	260	265	270	275	280	285	290
刀模齿号		∧	∧∧	∧∧∧	∧∧∧∧	∧∧∧∧∧	π	π∧	π∧∧	π∧∧∧	π∧∧∧∧	ππ	ππ∧	ππ∧∧	ππ∧∧∧
楦头	109	225	230	235	240	245	250	255	260	265	270	275	280	285	290
大底	2001	225	230	235	240	245	250	255	260	265	270	275	280	285	290
鞋垫		225	230	235	240	245	250	255	260	265	270	275	280	285	290
塑头	604	6	6	6	6	7	7	8	8	9	9	10	10	11	11
后跟高度/mm		25.5	26.5	28.5	30.0	31.5	33.0	34.5	36.0	37.5	39.0	40.5	42.0	43.5	45.0
鞋头长度/mm		90.5	93.0	95.5	98.0	100.5	103.0	105.5	108.0	110.5	113.0	115.5	118.0	120.5	123.0
鞋带长度/cm		155					160					165			

表4-8　　刀模使用及刀模齿号对照表

<table>
<tr><td>刀模尺码
部件名称</td><td>225</td><td>230</td><td>235</td><td>240</td><td>245</td><td>250</td><td>255</td><td>260</td><td>265</td><td>270</td><td>275</td><td>280</td><td>285</td><td>290</td></tr>
<tr><td>刀模齿号</td><td>∧</td><td>∧∧</td><td>∧∧∧</td><td>∧∧∧∧</td><td>∧∧∧∧∧</td><td>π</td><td>π∧</td><td>π∧∧</td><td>π∧∧∧</td><td>π∧∧∧∧</td><td>ππ</td><td>ππ∧</td><td>ππ∧∧</td><td>ππ∧∧∧</td></tr>
<tr><td>外头</td><td>—</td><td>—</td><td>—</td><td>—</td><td>—</td><td>—</td><td>—</td><td>—</td><td>—</td><td>—</td><td>—</td><td>—</td><td>—</td><td>—</td></tr>
<tr><td>内侧边肚</td><td>—</td><td>—</td><td>—</td><td>—</td><td>—</td><td>—</td><td>—</td><td>—</td><td>—</td><td>—</td><td>—</td><td>—</td><td>—</td><td>—</td></tr>
<tr><td>下后方</td><td>—</td><td>—</td><td>—</td><td>—</td><td>—</td><td>—</td><td>—</td><td>—</td><td>—</td><td>—</td><td>—</td><td>—</td><td>—</td><td>—</td></tr>
<tr><td>后护眼</td><td>—</td><td>—</td><td>—</td><td>—</td><td>—</td><td>—</td><td>—</td><td>—</td><td>—</td><td>—</td><td>—</td><td>—</td><td>—</td><td>—</td></tr>
<tr><td>后中片</td><td>—</td><td>—</td><td>—</td><td>—</td><td>—</td><td>—</td><td>—</td><td>—</td><td>—</td><td>—</td><td>—</td><td>—</td><td>—</td><td>—</td></tr>
<tr><td>上舌饰</td><td colspan="2">—</td><td colspan="2">—</td><td colspan="2">—</td><td colspan="2">—</td><td colspan="2">—</td><td colspan="2">—</td><td colspan="2">—</td></tr>
<tr><td>下舌饰</td><td colspan="2">—</td><td colspan="2">—</td><td colspan="2">—</td><td colspan="2">—</td><td colspan="2">—</td><td colspan="2">—</td><td colspan="2">—</td></tr>
<tr><td>领口小饰片</td><td>—</td><td>—</td><td>—</td><td>—</td><td>—</td><td>—</td><td>—</td><td>—</td><td>—</td><td>—</td><td>—</td><td>—</td><td>—</td><td>—</td></tr>
<tr><td>后领口</td><td>—</td><td>—</td><td>—</td><td>—</td><td>—</td><td>—</td><td>—</td><td>—</td><td>—</td><td>—</td><td>—</td><td>—</td><td>—</td><td>—</td></tr>
<tr><td>舌面</td><td>—</td><td>—</td><td>—</td><td>—</td><td>—</td><td>—</td><td>—</td><td>—</td><td>—</td><td>—</td><td>—</td><td>—</td><td>—</td><td>—</td></tr>
<tr><td>中护眼下饰</td><td>—</td><td>—</td><td>—</td><td>—</td><td>—</td><td>—</td><td>—</td><td>—</td><td>—</td><td>—</td><td>—</td><td>—</td><td>—</td><td>—</td></tr>
<tr><td>领口里</td><td>—</td><td>—</td><td>—</td><td>—</td><td>—</td><td>—</td><td>—</td><td>—</td><td>—</td><td>—</td><td>—</td><td>—</td><td>—</td><td>—</td></tr>
<tr><td>舌里</td><td>—</td><td>—</td><td>—</td><td>—</td><td>—</td><td>—</td><td>—</td><td>—</td><td>—</td><td>—</td><td>—</td><td>—</td><td>—</td><td>—</td></tr>
<tr><td>头里</td><td>—</td><td>—</td><td>—</td><td>—</td><td>—</td><td>—</td><td>—</td><td>—</td><td>—</td><td>—</td><td>—</td><td>—</td><td>—</td><td>—</td></tr>
<tr><td>边里</td><td>—</td><td>—</td><td>—</td><td>—</td><td>—</td><td>—</td><td>—</td><td>—</td><td>—</td><td>—</td><td>—</td><td>—</td><td>—</td><td>—</td></tr>
<tr><td>主跟里</td><td>—</td><td>—</td><td>—</td><td>—</td><td>—</td><td>—</td><td>—</td><td>—</td><td>—</td><td>—</td><td>—</td><td>—</td><td>—</td><td>—</td></tr>
<tr><td>头里补强</td><td colspan="2">—</td><td colspan="2">—</td><td colspan="2">—</td><td colspan="2">—</td><td colspan="2">—</td><td colspan="2">—</td><td colspan="2">—</td></tr>
<tr><td>鞋身补强</td><td>—</td><td>—</td><td>—</td><td>—</td><td>—</td><td>—</td><td>—</td><td>—</td><td>—</td><td>—</td><td>—</td><td>—</td><td>—</td><td>—</td></tr>
<tr><td>外头补强</td><td colspan="2">—</td><td colspan="2">—</td><td colspan="2">—</td><td colspan="2">—</td><td colspan="2">—</td><td colspan="2">—</td><td colspan="2">—</td></tr>
<tr><td>领口补强</td><td colspan="2">—</td><td colspan="2">—</td><td colspan="2">—</td><td colspan="2">—</td><td colspan="2">—</td><td colspan="2">—</td><td colspan="2">—</td></tr>
<tr><td>后衬</td><td colspan="2">—</td><td colspan="2">—</td><td colspan="2">—</td><td colspan="2">—</td><td colspan="2">—</td><td colspan="2">—</td><td colspan="2">—</td></tr>
<tr><td>舌棉</td><td colspan="2">—</td><td colspan="2">—</td><td colspan="2">—</td><td colspan="2">—</td><td colspan="2">—</td><td colspan="2">—</td><td colspan="2">—</td></tr>
<tr><td>大领口海绵</td><td colspan="2">—</td><td colspan="2">—</td><td colspan="2">—</td><td colspan="2">—</td><td colspan="2">—</td><td colspan="2">—</td><td colspan="2">—</td></tr>
<tr><td>小领口海绵</td><td colspan="2">—</td><td colspan="2">—</td><td colspan="2">—</td><td colspan="2">—</td><td colspan="2">—</td><td colspan="2">—</td><td colspan="2">—</td></tr>
<tr><td>舌饰滴塑</td><td colspan="6">—</td><td colspan="8">—</td></tr>
<tr><td>边侧滴塑</td><td colspan="6">—</td><td colspan="8">—</td></tr>
</table>

【案例二】某内销女鞋技术转移案例

本案例展示了某内销鞋企的技转方案制作方式，省去了企业默认的技术指标和操作要求。针对此款浅口女鞋，就边口片削（表4-9）、做帮（表4-10）（部件制作，点画标志点和标志线、折边等部件处理工作）、缝帮（表4-11）和成型工艺（表4-12）做了技术说明，方案简洁明了，车间生产使用更为便利。

表4-9　　片皮工艺规程说明

<table>
<tr><td>产品货号:</td><td>（1）帮面片皮</td></tr>
<tr><td>研发货号:</td><td rowspan="6">款式图:
</td></tr>
<tr><td>面皮平均厚度：1.2～1.4mm</td></tr>
<tr><td>制表:</td></tr>
<tr><td>样板审核:</td></tr>
<tr><td>片皮审核:</td></tr>
</table>

①

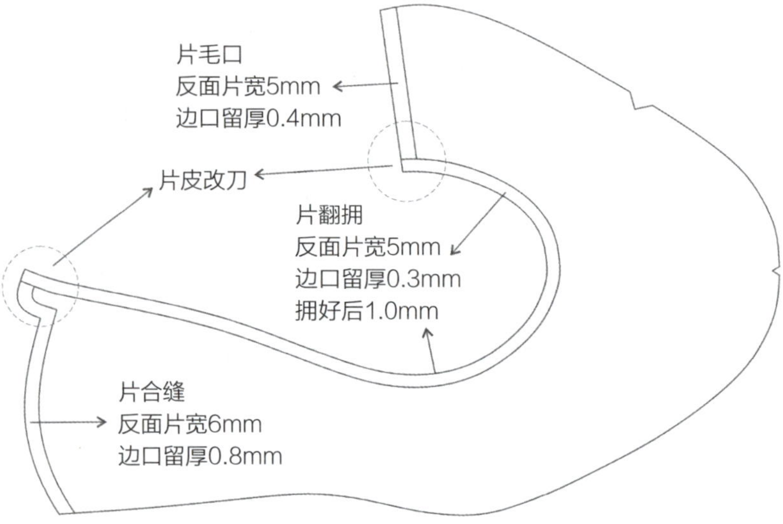

续表

②

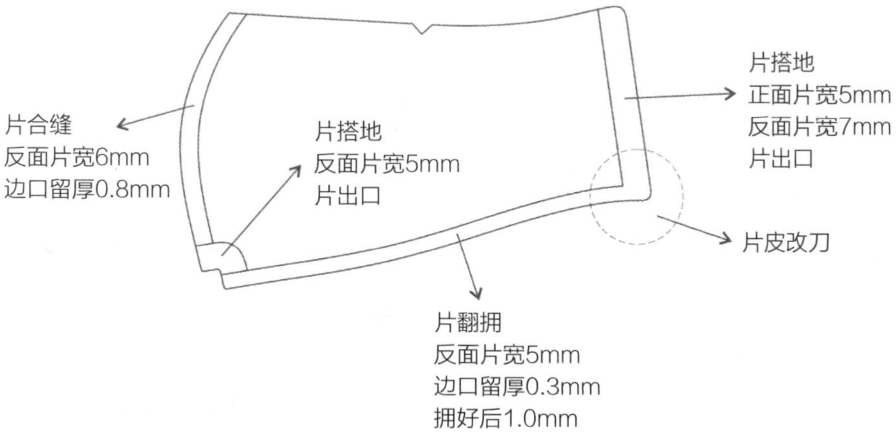

③

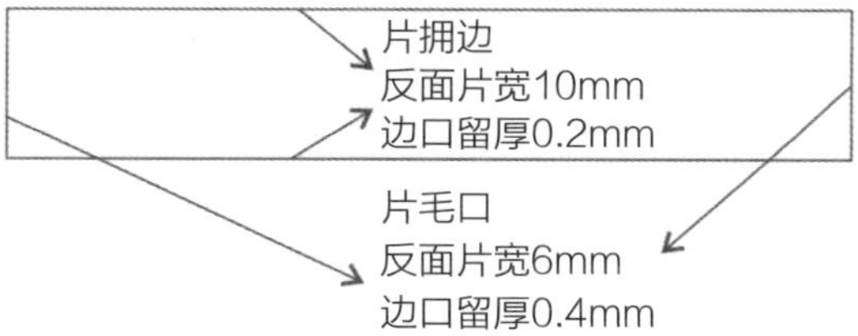

（2）里皮片皮

①

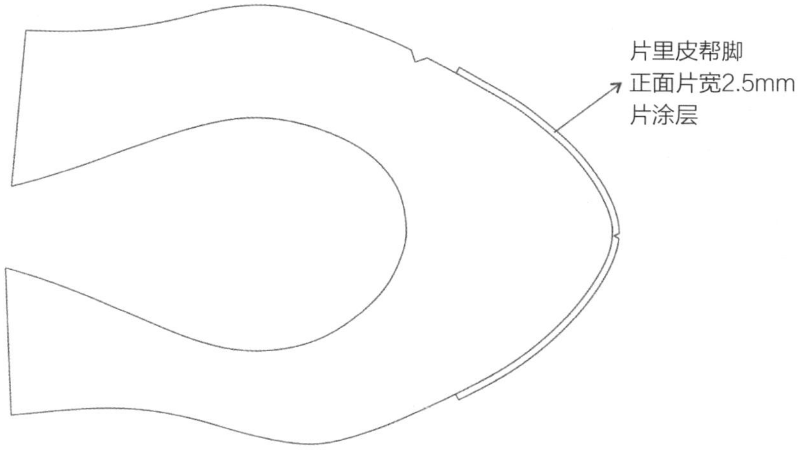

②

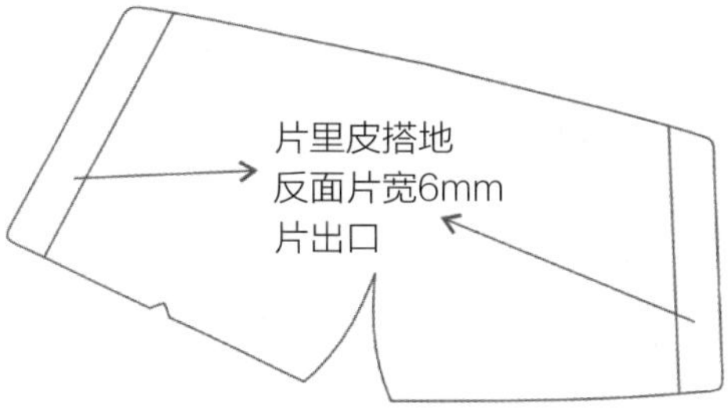

③

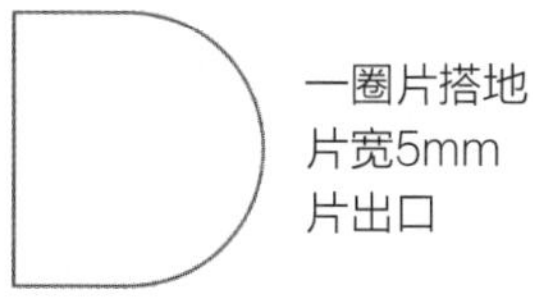

表4-10　　　　做帮工艺规程说明

产品货号：	帮面片皮
研发货号：	款式图：
面皮平均厚度：1.2～1.4mm	
制表：	
样板审核：	
做帮审核：	

综合视图

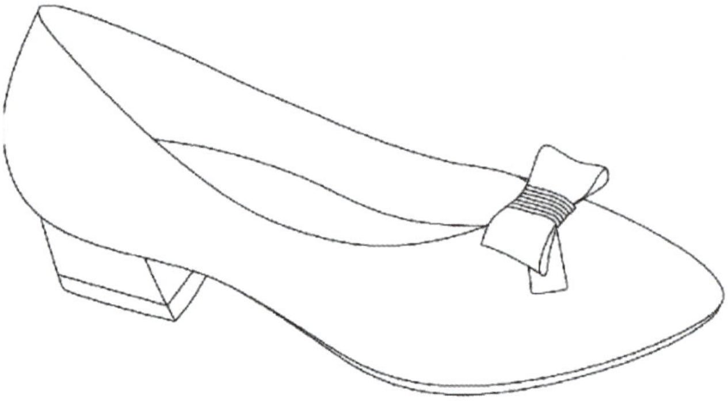

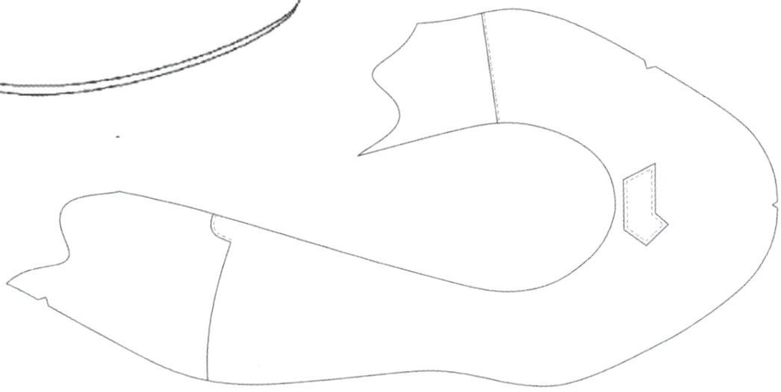

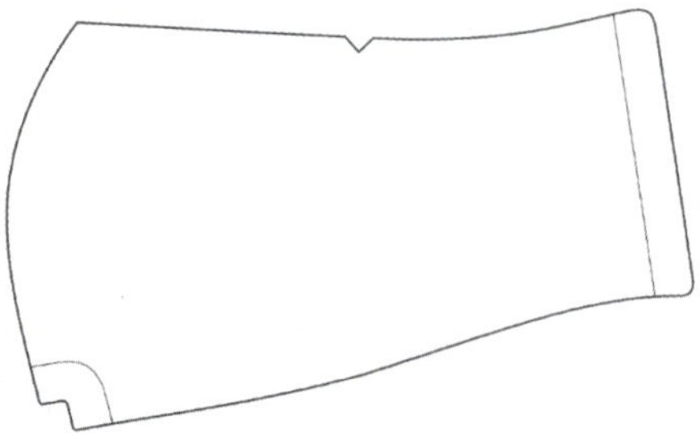	做帮工序一： 画线：用画线样板，根据要求，用高温水银笔画好相应的线条

续表

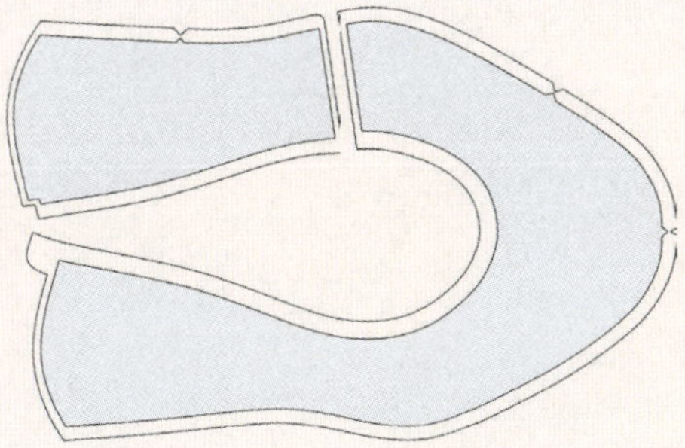	做帮工序二： 贴衬布：将面皮反面朝上放于工作台上，用对应衬布胶面与肉面相对放置，放置时要均匀、平整，留边宽度参照工艺单，位置准确
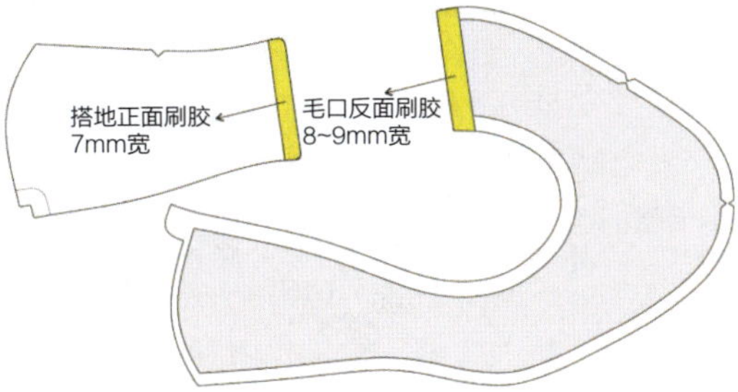	做帮工序三： 内怀搭接刷胶：中帮搭接处刷185WM胶水，操作时，反面刷胶8～9mm宽，后帮搭地正面刷胶7mm宽
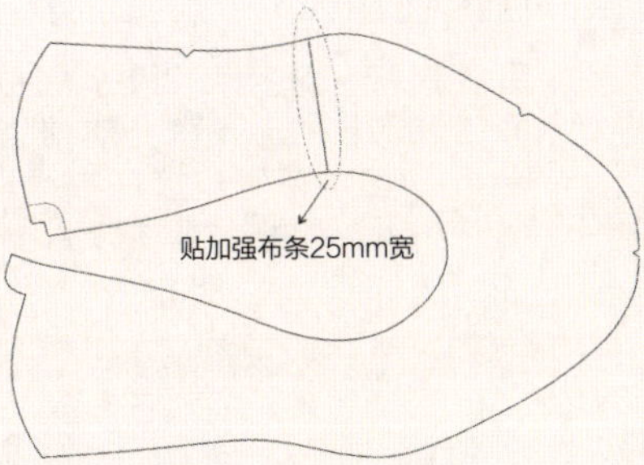	做帮工序四： 帮面搭接粘贴：刷胶完毕活化后，内角粘贴以盖线为准，完毕后反面用榔头敲平
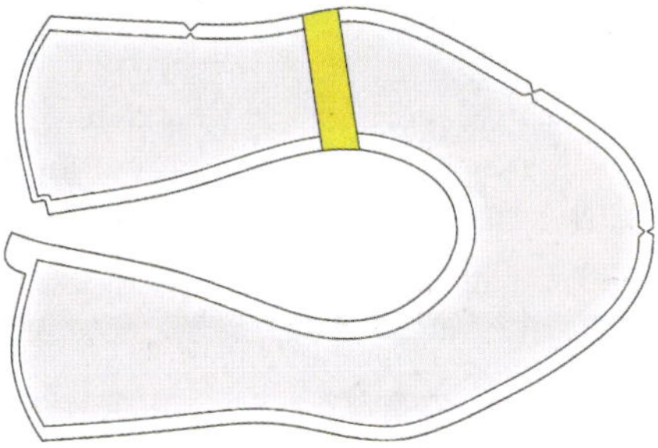	做帮工序五： 搭接处贴加强布条：中帮粘贴后，反面刷103胶水，贴25mm宽T04加强布条
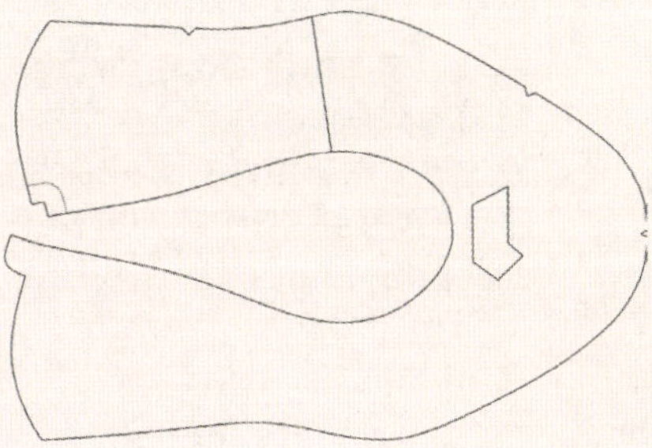	做帮工序六： 按定针刷胶，贴好花垫革

续表

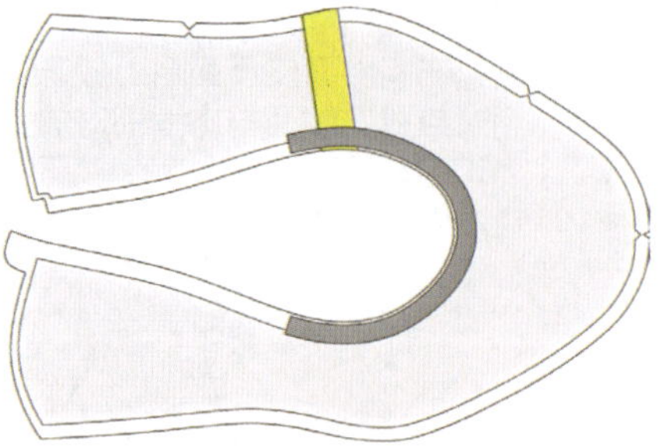	做帮工序七： 贴翻拥衬：鞋口反面一圈刷103胶水，宽度13mm，距边1mm对准中心点贴T19衬布
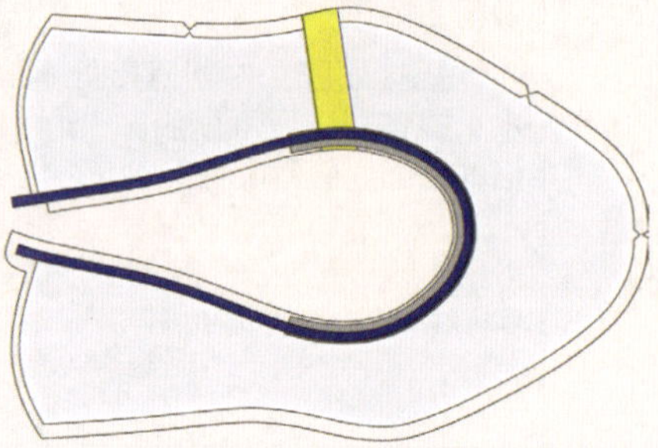	做帮工序八： 放保险带：将鞋帮反面朝上，从外脚主跟小皮处缩进帮面3mm，内怀长出边口7mm，左手压住帮面，右手拿保险带自左向右移动，左手食指与中指紧跟后面按平鞋帮。注意转弯时松紧度需适中，放好一圈要平整，再用锤子轻轻敲平
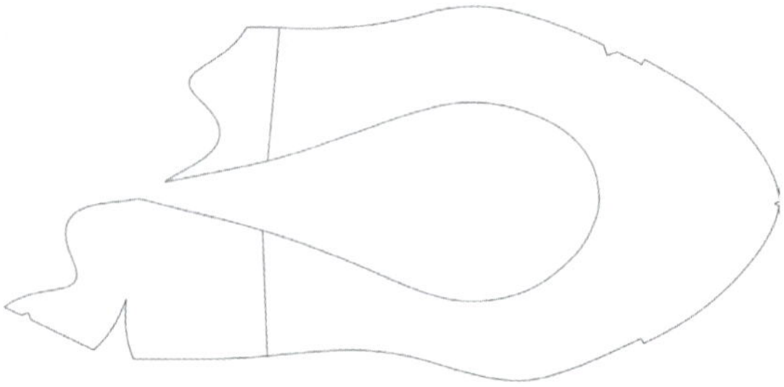	做帮工序九： 里皮搭接：采用103胶水，主跟正面距边口刷胶5～6mm宽，前帮里反面刷胶7mm。将中帮里皮接在主跟里上，搭接量为7mm，搭接位置按牙尖
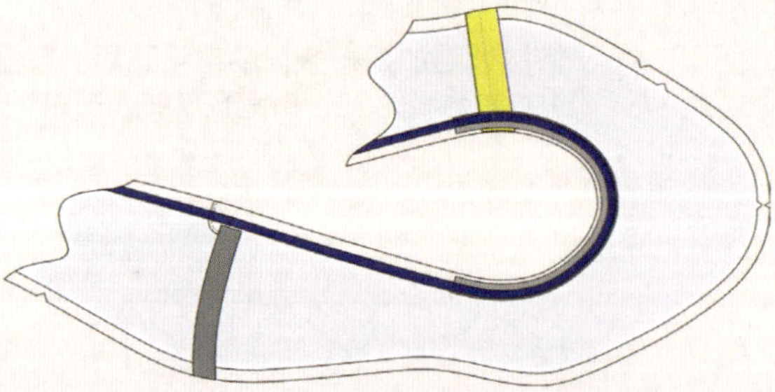	做帮工序十： 贴眉敲眉：后眉反面贴眉，用毛刷蘸取少量103胶水，刷在需要贴眉的帮面合缝处，宽度为12～13mm，贴眉操作时，用手拉着两边皮面，将后跟位置放入压脚下进行贴眉、敲眉，用手拉住两边皮面，将帮面正面的合缝位置放入锤头之间进行敲眉
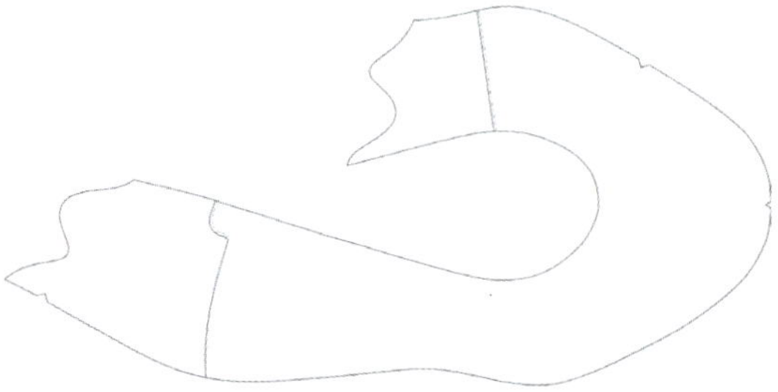	做帮工序十一： 翻拥：翻拥时左手食指压住帮面，中指勾起需要翻拥的边缘，食指按下中指勾起鞋面边缘。右手握捶把将折下的部件边缘捶平，拥好后里皮比翻拥鞋口低2mm，一圈要均匀

表4-11　　　　缝帮工艺规程说明

产品货号:	帮面片皮
研发货号:	款式图: 
面皮平均厚度:1.2~1.4mm	
制表:	
样板审核:	
缝帮审核:	

综合视图:

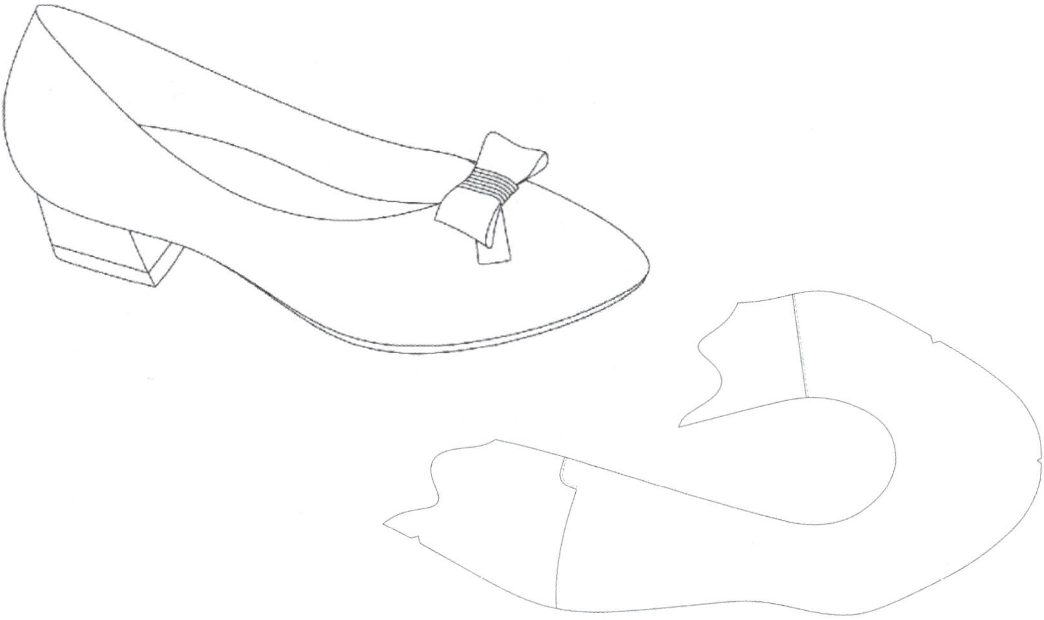

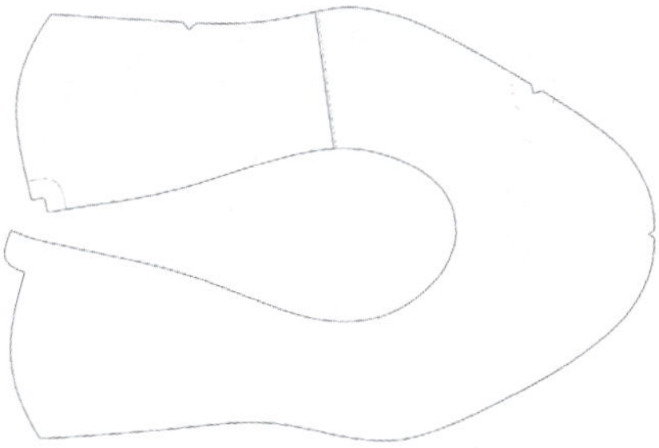	缝帮工序一: 内怀搭接缝线:11#针,针距9~10针,距边1.2mm,缝合一道线。帮脚位置退3针

续表

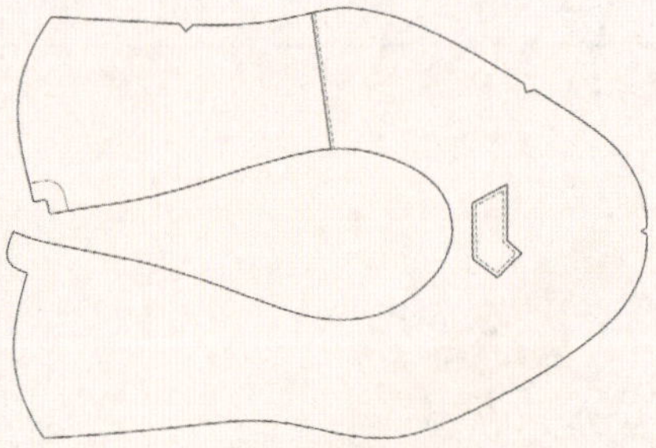	缝帮工序二： 平缝花垫革：11#针，针距9～10针，40#线，距边5mm，缝合一道线
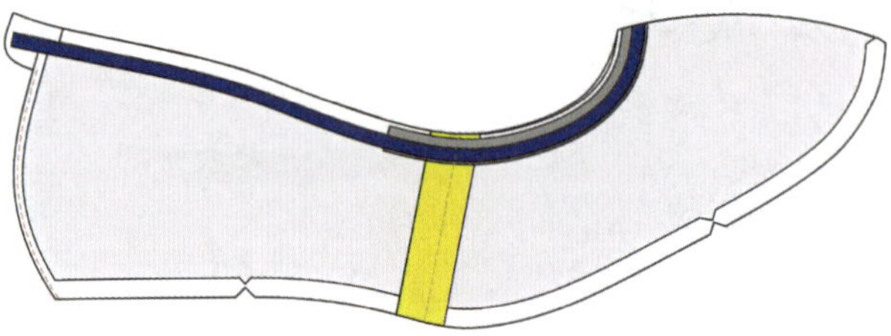	缝帮工序三： 后弧内合缝：8#针，针距10～11针，距边1.2mm，缝合一道线。帮面后弧内合缝时避免针眼过大撕裂帮面。操作时，将两块部件粒面相对，边口对平，右手捏紧部件，放入压轮下压住，防止错位，帮脚处退3针，鞋口小皮处退针时要退回原洞
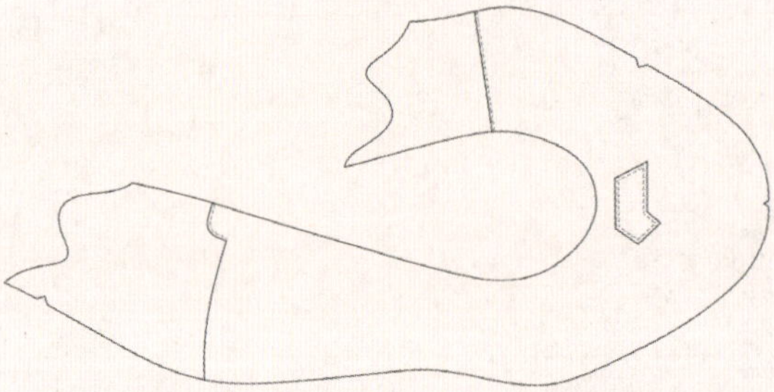	缝帮工序四： 后弧内合缝：9#针，针距9～10针，距边1.1mm，缝合一道线。鞋口处留线10mm不退针，合缝位置线头留100mm，拉至反面刷胶粘贴
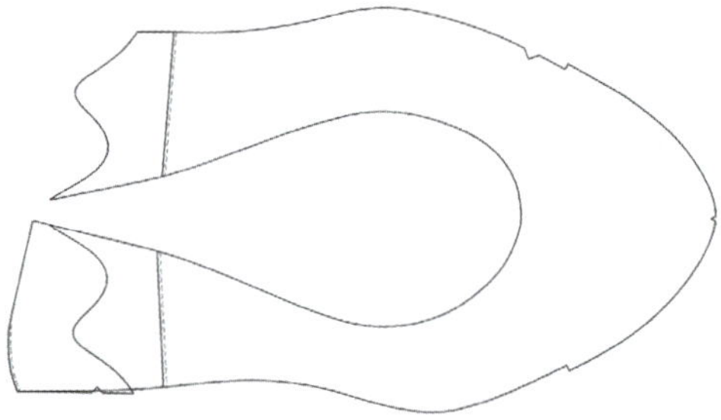	缝帮工序五： 里皮搭接缝线：11#针，针距8～9针，40#线，距边1.2mm，缝合一道线
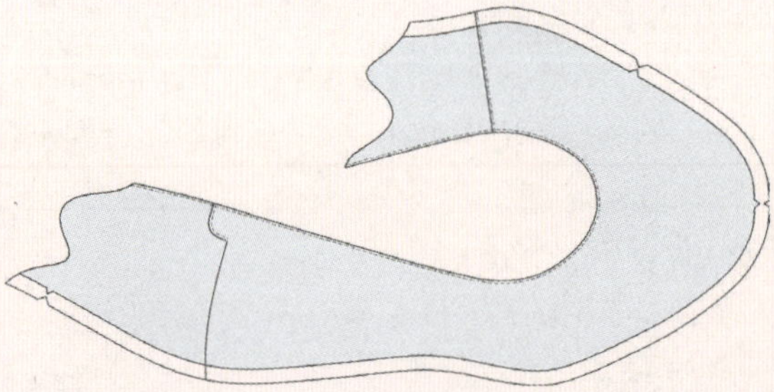	缝帮工序六： 后弧内合缝：8#针，针距10～11针，60#线，距边1.3mm，缝合一道线。里皮与帮面里面相对，帮面在上，里皮在下，鞋口对平，按照帮面和里皮定针对位，从内角起针缝线，不允许有断线、跳线、开线和越轨现象

续表

<table>
<tr><td>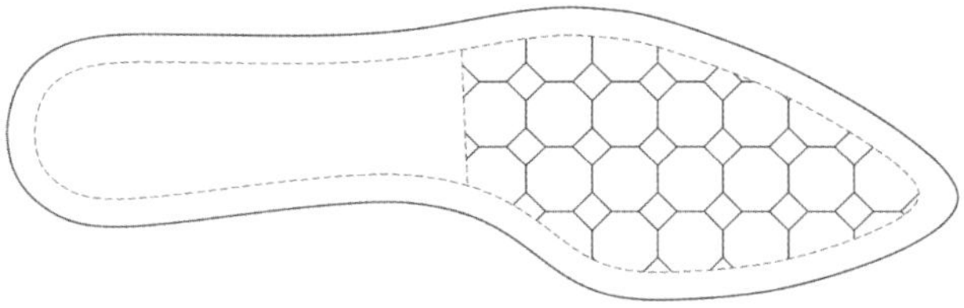</td><td>缝帮工序七：
垫底外加工电绣</td></tr>
</table>

表4-12　　　　成型工艺操作规程说明

产品货号：　　　　　　　　编号：

<table>
<tr><td colspan="4">钳帮工艺：机器</td><td colspan="5">制底工艺：组合底</td><td colspan="4">胶水：刷环保胶水</td></tr>
<tr><td colspan="3" rowspan="6">产品图案：
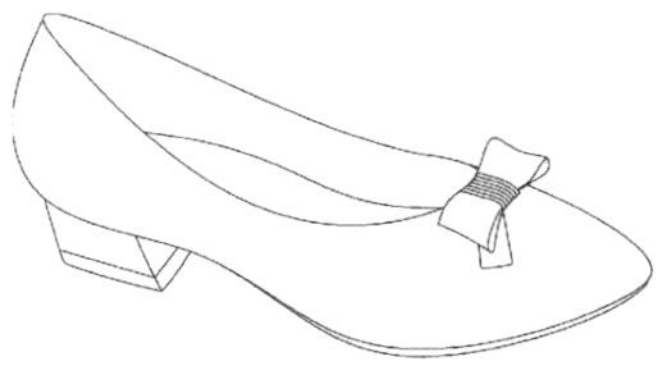</td><td>鞋码</td><td>34</td><td>35</td><td>36</td><td>37</td><td>38</td><td>39</td><td>40</td><td></td><td></td></tr>
<tr><td>刻楦高/mm</td><td>52</td><td>53</td><td>54</td><td>55</td><td>56</td><td>57</td><td>58</td><td></td><td></td></tr>
<tr><td>拉包高/mm</td><td>59</td><td>60</td><td>61</td><td>62</td><td>63</td><td>64</td><td>65</td><td></td><td></td></tr>
<tr><td>脸长/mm</td><td>75</td><td>76</td><td>77</td><td>78</td><td>79</td><td>80</td><td>81</td><td></td><td></td></tr>
<tr><td>楦型</td><td>96037</td><td rowspan="2">中底</td><td colspan="3" rowspan="2">DR96037-1</td><td colspan="2">内包头</td><td colspan="2">FJ001W</td></tr>
<tr><td>型码</td><td>1.5</td><td colspan="2">内主跟</td><td colspan="2">NFD057007</td></tr>
<tr><td rowspan="2">36码成品鞋尺寸</td><td>头翘/mm</td><td></td><td colspan="2">内包头</td><td>M864</td><td colspan="7">34～35一个牙，36～37两个牙，38～39三个牙，40四个牙</td></tr>
<tr><td>跟高/mm</td><td></td><td colspan="2">内主跟</td><td>L2544</td><td colspan="7">34一个牙，35～36两个牙，37～38三个牙，39～40四个牙</td></tr>
<tr><td rowspan="7">绷帮</td><td colspan="12">①头排定型</td></tr>
<tr><td colspan="12">②内包头、内主跟：热熔胶内包头缩进帮脚5～6mm，刷黄胶贴；放内主跟时，粘内主跟上口的鞋包处刷黄胶</td></tr>
<tr><td colspan="12">③内主跟拉帮用单鞋跟高35mm模具，内主跟与内包头两头连接部位刷黄胶</td></tr>
<tr><td colspan="12">④钉中底，中底帮面刷白乳胶，热熔胶烘软，钳前帮时前帮长短按样品</td></tr>
<tr><td colspan="12">⑤高矮拼双热熔胶蒸软钳中帮，后跟热熔胶蒸软钳后帮</td></tr>
<tr><td colspan="12">⑥钳后帮时后帮按刻楦高度，捶鞋要一双平整</td></tr>
<tr><td colspan="12">⑦检验按样品一致，鞋面清洁，热定型，挖钉</td></tr>
</table>

续表

<table>
<tr><td rowspan="2">复底</td><td>①大底编号：DA96037-5</td><td>材料成分：仿底革</td><td rowspan="2">
<table>
<tr><td>活化</td><td>项目</td><td>第一烘箱</td><td>第二烘箱</td><td>第三烘箱</td></tr>
<tr><td rowspan="2">帮面</td><td>温度/℃</td><td>74±3</td><td>71±3</td><td>72±3</td></tr>
<tr><td>时间/min</td><td>2.5~3</td><td>4.5~5</td><td>5.5~6</td></tr>
<tr><td rowspan="2">鞋底</td><td>温度/℃</td><td>72±3</td><td>68±3</td><td>72±3</td></tr>
<tr><td>时间/min</td><td>2.5~3</td><td>4.5~5</td><td>5.5~6</td></tr>
</table>
<table>
<tr><td>机器类型</td><td>压力/MPa</td><td>时间/s</td></tr>
<tr><td>龙门式油压机</td><td>1.76~2.16</td><td>1.5~2.0</td></tr>
<tr><td>龙门式油压机</td><td>2.75~3.14</td><td>4~6</td></tr>
<tr><td colspan="3">按照跟的弧度垫片去压合</td></tr>
</table>
</td></tr>
<tr><td colspan="2">②鞋底拉毛
③批头、划线、打砂轮（一双高矮一致）、刷灰、擦线
④清洗鞋底：用硫化剂与硫化水1：1或鞋底用AD-R-31-1处理剂，加1%~5%的AB粉处理
⑤胶黏剂：用87MH（无三苯PU胶）刷两次：
第一次胶的配法：87MH与028H（或028_1）按7：3比例配好搅匀，再加入20%~30%的渗透剂到87MH和028混合体中搅拌均匀刷；第二次胶的配法：在87MH里加3%~5%RF651（或E750）搅拌均匀
⑥处理剂：鞋底用AD-R-31-1处理剂，加1%~5%的AB粉进行处理，前掌贴实心</td></tr>
<tr><td rowspan="4">装跟</td><td colspan="2">①装跟钉：小钉长18mm，4颗；大钉长20mm，3颗</td><td rowspan="4">鞋跟：DE2655-5
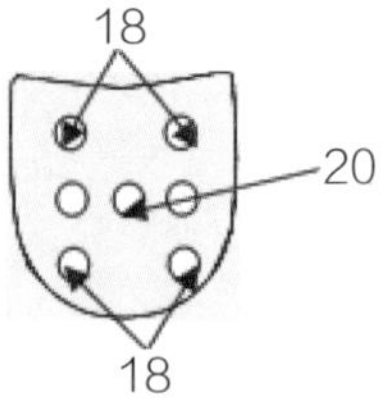
</td></tr>
<tr><td colspan="2">②鞋跟打砂轮</td></tr>
<tr><td colspan="2">③鞋跟与帮面打砂轮刷85胶粘牢</td></tr>
<tr><td colspan="2">④装跟后贴：Z07+S</td></tr>
<tr><td rowspan="5">包装整理</td><td colspan="2">①鞋带：/</td><td>①定型泡沫：UE003 2个</td></tr>
<tr><td colspan="2">②垫底衬：FH063-0601</td><td>②包装纸：NED095001 1张 | ①合格证：NEF021001 1张</td></tr>
<tr><td colspan="2">③鞋盒：NEB041002</td><td>③填充纸：UND004 4张 | ②隔纸板：UDN010 1张</td></tr>
<tr><td colspan="2">④外箱：NEA032002</td><td>④鞋撑：NEE044001 1双 | ③配置编号：BZB01</td></tr>
<tr><td colspan="2">⑤内包装袋：小号UCD009 2个</td><td>⑤防霉片：NEG023001 1块</td></tr>
<tr><td colspan="4">备注：鞋花流水线粘贴</td></tr>
</table>

制表： 日期：	样板： 日期：	样板审核： 日期：	成型审核： 日期：	批准： 日期：

附件 鞋产品开发技转阶段流程图

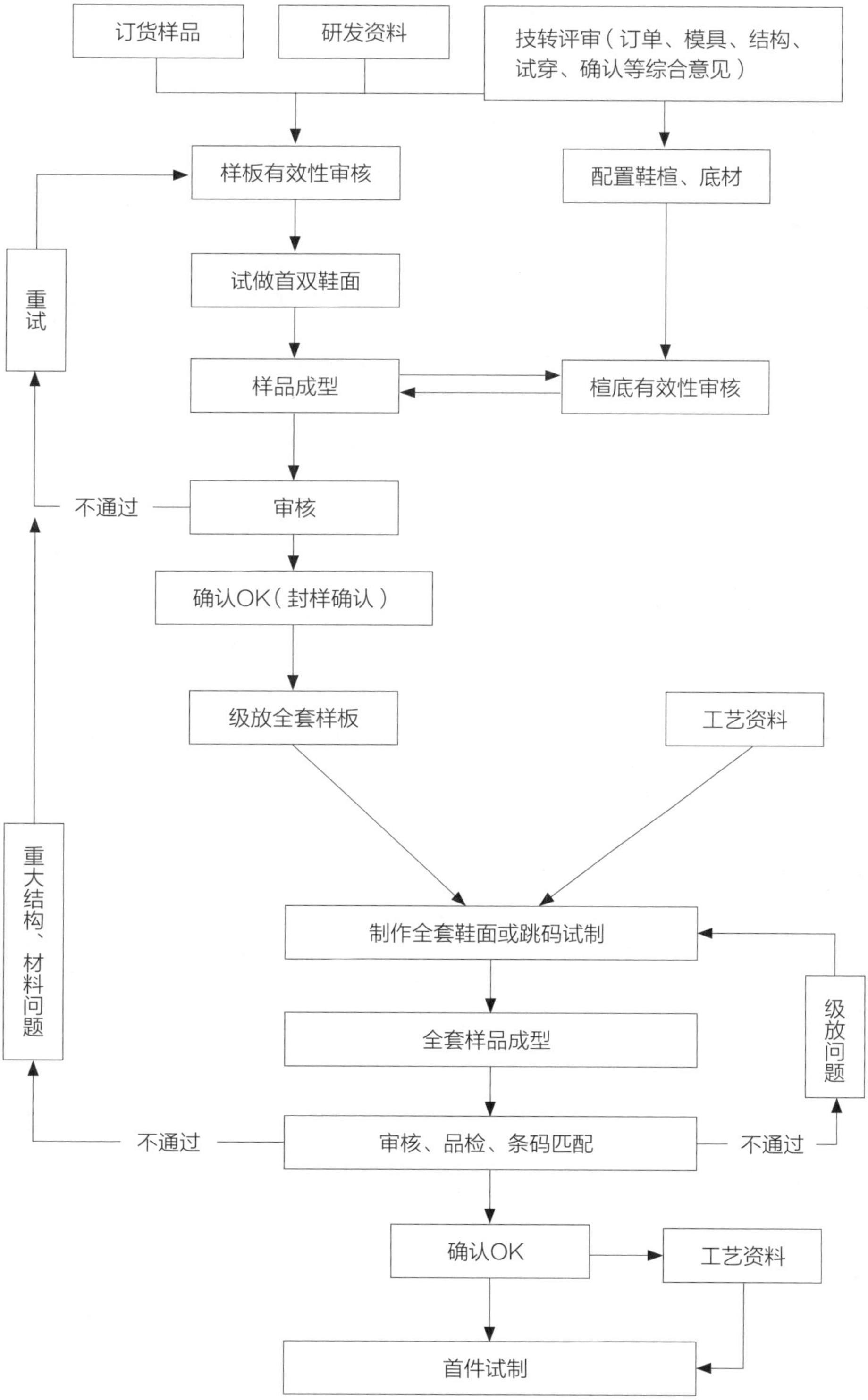

参考文献

[1] 高士刚，李维．鞋楦设计[M]．北京：中国轻工业出版社，2014.

[2] 周福民，徐伟波．鞋样设计实用教程[M]．北京：中国轻工业出版社，2015.

[3] 乔现玲，余晓庆，汤运启，等．黄金分割比例在女式鞋靴设计中的应用[J]．中国皮革，2015，44（13）：41-44.

[4] 雷切尔・博格斯泰．足下风光[M]．李孟苏，陈晓帆，译．重庆：重庆大学出版社，2017.

[5] 陈彬．服装设计的比例与均衡[J]．上海服饰，2000，000（004）：86-87.

[6] 任玉霞，刘娜，孟兆磊．创业企业市场营销[M]．北京：中国劳动社会保障出版社，2011.

[7] 冷芸．时装买手实用手册[M]．北京：中国纺织出版社，2011.

[8] 罗伯特・利奇．时装设计：灵感・调研・应用[M]．北京：中国纺织出版社，2017.